後期近代と
価値意識の変容

日本人の意識 1973-2008

太郎丸 博――[編]

東京大学出版会

CHANGING VALUES IN JAPAN, 1973-2008
Late Modernity and Its Social Consequences
Hiroshi TAROHMARU, Editor
University of Tokyo Press, 2016
ISBN 978-4-13-050189-7

はじめに

　この共同研究の発端は，NHK の「日本人の意識」調査（1973-2008）が SSJDA（東京大学社会科学研究所附属社会調査・データアーカイブ研究センター）に公開されたことにある．私は日本における価値意識の長期的な変化について興味を持っていたので，このデータの公開は「渡りに舟」であった．
　私はこれまで若年非正規雇用についていくつか論文や著書を発表してきたが，非正規雇用の増加は，しばしば若い世代の価値観の変化と結びつけて論じられることに不満を持っていた．なぜなら，非正規雇用の増加は労働市場の変容によるもので，個々の非正規労働者の価値観を強調することはしばしばミスリーディングであるとつねづね感じてきたからである．しかし，日本における世代による価値観の違いについては，少数の事例にもとづく印象論か，年齢による違いを出生コーホートによる違いであるとみなした研究がほとんどで，十分に信頼できる研究は非常に少なかった．それゆえ非正規労働者の増加と価値観の変容の関係もよくわからないままであった．
　これは私にとっては驚きであった．社会学では近代化やポストモダニティについてあれほど盛んに議論がなされてきたにもかかわらず，価値意識の長期的な変容についてほとんど研究されていないというのは，いったいどういうことなのか．断片的な事例に自分の社会観や歴史観を投影しただけのような研究ならいくらでもあるのだが，それだけでは学問としては不十分である．
　若い世代の価値観の特徴を明らかにするためには，本文で論じたように長期間繰り返し行われた調査の個票データが必要である．しかし，NHK の「日本人の意識」調査（1973-2008）が公開されるまではそのようなデータは一般の研究者には利用できなかったため，研究は不可能だったのである．NHK のデータの公開は，日本における価値意識の変容に興味を持つすべての研究者にとって福音であったと言える．私は関西計量社会学研究会のメーリングリストで共同研究者を募り，2013 年の日本社会学会で共同報告を行った．その後さら

に研究を進め，研究成果を本にまとめることにした．何人かの執筆者に追加で執筆を依頼し，現在のような構成が出来上がった．

　NHKの「日本人の意識」調査（1973-2008）で従業上の地位が調べられるようになったのは2008年からなので，本書では非正規雇用と価値観の関係については触れられなかったが，それでも今までわからなかった価値意識の変化に関する基礎的な事実を本にまとめることができたのは幸いだった．

　なお，本書の3，4，6，7章は，すでに発表された論文に加筆修正を加えたものである．それらの初出は以下の通りである．2013年の調査結果を反映できなかったのは残念だが，2013年データの単純集計を見る限り，本書の知見は，2013年のデータを加味しても依然として妥当であると思われる．

・3章：阪口祐介・柴田悠「生活目標のコーホート分析──いかなる時代・世代において日本人の生活目標は変化したのか？」『ソシオロジ』59 (1): 21-37, 2014年.
・4章：永瀬圭・太郎丸博「性役割意識のコーホート分析──若者は保守化しているか？」『ソシオロジ』58 (3): 19-33, 2014年.
・6章：田靡裕祐・宮田尚子「仕事の価値の布置と長期的変化──『日本人の意識』調査の2次分析」『社会学評論』66 (1): 57-72, 2015年.
・7章：伊藤理史「現代日本における大衆民主主義の変容に関する実証研究」平成26年度大阪大学大学院人間科学研究科博士論文, 2015年.

　また本書は以下の助成による研究成果の一部である．

・カシオ科学振興財団第30回（平成24年度）研究助成「現代日本における労働観と社会意識の変容に関するコーホート分析」（研究代表者：太郎丸博）
・JSPS科研費25285148

　本書をまとめるにあたっては，多くの方々のお世話になりました．東京大学出版会の宗司光治さんには，本書の構成など企画の段階から相談にのっていただき，たいへんお世話になりました．また，いちいちお名前はあげませんが，

科研費プロジェクトのメンバーのみなさんや本書の草稿やそれらの発表にコメントやアドバイスを下さったすべての方々にこの場を借りてお礼申し上げます．

2016 年 8 月 8 日

太郎丸 博

後期近代と価値意識の変容──目　次

はじめに　i

1章　後期近代と日本における価値意識の変容 ──── 太郎丸　博　1
研究の背景と枠組み

1　価値意識とは？　1
2　価値意識研究の社会学的意義　3
3　近代化論と価値意識　4
4　後期近代と価値変容　7
5　グローバル化・格差拡大・流動化と価値変容　13
6　本書の課題と構成　17

2章　データと分析法 ──── 太郎丸　博　25
価値意識変容の研究に必要なこと

1　データの種類と長短　25
2　NHK「日本人の意識」データの利用　28
3　年齢・時代・コーホートの効果を識別する方法　33
4　時代変化の要因分解　46
5　まとめ　48

3章　いかなる時代・世代において日本人の生活目標は変化したのか？ ──── 阪口祐介・柴田　悠　51

1　問題意識：日本人の生活目標の変容　51

2 仮説：いかなる時代・世代で価値変容は起きたのか　55
  3 データと変数　60
  4 分析：時代・世代効果の検討　61
  5 まとめと議論　70

4章　生活満足感に対する加齢効果・コーホート効果・時代効果
―――――――――――――――――――――小林　大祐　75

  1 はじめに　75
  2 生活満足感に対する世代効果と時代効果　78
  3 変数と分析モデル　86
  4 分　析　89
  5 まとめと議論　92

5章　性役割意識はなぜ，どのように変化してきたのか
―――――――――――――――――――――永瀬　圭・太郎丸博　99

  1 はじめに　99
  2 先行研究の検討　99
  3 データと分析方法　102
  4 分析結果　104
  5 考　察　111

6章　仕事の価値と人々の価値志向 ────田靡裕祐・宮田尚子　115

1　仕事の価値とは　115
2　労働者の価値志向の移行　118
3　時代および世代と仕事の価値　121
4　結論：揺れ動く仕事の価値　125

7章　日本人の政治参加 ────伊藤　理史　129
投票外参加のコーホート分析

1　問題の所在　129
2　先行研究の検討と課題設定　130
3　方　法　135
4　分析結果　138
5　考　察　144

8章　グローバル時代におけるナショナリズムの変化
────永吉　希久子　149

1　問題意識：ナショナリズムへの関心の高まり　149
2　仮説：ナショナリズムの変化は何によって生じるか　152
3　変　数　159
4　分析結果　162
5　考　察　170

9章　外国イメージのコーホート分析————————藤田　智博　177
好きな外国へのグローバリゼーションの効果

　1　はじめに　177
　2　先行研究　178
　3　グローバリゼーションをめぐる理論枠組みと仮説　180
　4　使用するデータ・変数と分析の方針　184
　5　結　果　190
　6　結　論　200

10章　後期近代の価値意識はどう変化したか————————太郎丸　博　203

　1　どのような方向に価値意識は変化したか　204
　2　多様化は進行したか　207
　3　価値変容はコーホート交代によって引き起こされたか　210
　4　社会経済的背景要因の影響力はどう変化したか　211
　5　おわりに　211

　付録A　潜在クラス分析　213

1章
後期近代と日本における価値意識の変容
研究の背景と枠組み

太郎丸　博

　価値変容は，創立いらい社会学の重要な研究テーマであり続けてきた．人々の価値観や意識がどう変化していくかは，近代化論およびポストモダニティ論の重要なトピックであった．しかし，継続的で比較可能なデータが存在していなかったため，近代性と価値観をめぐる論争は断片的なデータにもとづいていたにすぎず，しばしばすれ違いのまま流行が終わってしまった．しかし，その後所得格差拡大や雇用の流動性が高まり，人々の意識がどう変化してきているのかがあらためて重要な問題となっている．

　近年継続的な意識調査の蓄積とデータアーカイブの発展によって，価値意識の変容を系統的に分析することが可能になってきた．本書では 2012 年に公開された NHK の「日本人の意識」調査（1973-2008）に主にもとづき，脱工業化が進展し，所得格差拡大や雇用の流動性が高まった今日の日本で，人々の価値観や意識がどのように変化しているのか，明らかにする．

　この章では，価値意識研究の意義を確認した上で，近代化論，脱近代化論，グローバル化論，格差社会論で，人々の価値意識がどのように変容していくと考えられてきたのか，概観する．その上で本書の研究課題を提示する．

1——価値意識とは？

　本書のメインテーマである「価値」という言葉の意味についてまず確認しておこう．価値という言葉は研究者によってさまざまな意味で用いられてきたが（Hitlin and Piliavin 2004），本書では，「価値とは，どんな行動が倫理的，あ

るいは適切であるか，何が正しく何が間違っているか，何が望ましく何が忌むべきものかに関して人々が持っている観念」(Scott and Marshall 2008) という定義を採用することにする．価値とよく似た概念に，規範，態度，志向，性向があるが，これらと「価値」の違いを，Hitlin and Piliavin (2004) にしたがって指摘することで，価値という言葉の持つニュアンスを浮かび上がらせることにしよう．まず規範はより具体的で状況依存的であり，「しなければならない」という意識を伴う，個人に外在する制約を示すことが多いが，価値は規範よりも抽象的で普遍的なニュアンスを持つ．また態度，志向も価値とよく似ているが，やはり態度や志向のほうがより具体的で状況依存的である．またしばしば価値は態度に影響を与えるものと考えられている．例えば，平等主義的な価値観を持っていることが福祉政策への肯定的な態度を生み出す，というような関係が考えられる．性向は個人の性格の固定的な側面をさすが，行為の正しさとは関係がない．これに対して価値は個人的な性格や好みを超越した，社会的なものである．

　本書では，このような価値という言葉の意味をやや広げて，価値意識という言葉を使うことにする．価値意識とは，人々が持っている主観的な価値観およびそれと密接にかかわる世界認識や認知，感覚，態度を含むものであるとみなすことにする．このような価値意識の定義は，やや広すぎるのであるが，本書では狭い意味での価値だけでなく，満足度や日本への愛着，といった意識も研究対象とするため，それらを包含する概念が必要なのである．満足度も日本への愛着や帰属意識も，狭い意味での価値ではないが，明らかに価値と密接に関係している．日本への愛着が強い人は，日本人であることに高い価値を置くだろうし，現状に満足している人は，現状の価値をそれなりに高く評価しているだろう．理想的には狭い意味での価値に焦点を絞って研究を進めるべきかもしれないが，利用可能なデータの制約を考えると，焦点を絞りすぎると，かえって価値変容の実態をつかみそこなう可能性が高いと考えられるのである．それゆえ，本書ではやや概念を拡張して用いることにする．

2──価値意識研究の社会学的意義

　価値意識の研究は，社会学の最も重要な研究課題のひとつである．社会学史上の巨人たちが，どれだけ価値意識を重視していたのか，簡単に見てみよう．周知のようにヴェーバーは近代資本主義の成立条件とその帰結を研究したが，宗教的価値が近代資本主義の成立にとって特に重要な要因として研究された（Weber 1918=1980）．ヴェーバーによれば世俗内合理主義的な宗教倫理こそ，近代資本主義を導く「転轍手」であった（Weber 1920=1972）．もちろん世俗内合理主義的な価値がありさえすれば近代資本主義が発生するというわけではなく，他にもさまざまな条件が整ってはじめて資本主義のテイクオフは可能になるとされたが，価値意識が特にクリティカルな条件とみなされた．

　デュルケムは近代化を社会的分業の進展ととらえたが，それとともに人々の地域共同体への帰属意識が薄れると考えた（Durkheim 1893=2005）．その結果，人格崇拝といった意識のありようが成立する一方，自己本位主義やアノミーが増大し，自殺が過剰に増加することを危惧した（Durkheim 1897=1985）．マルクスにとって価値意識は上部構造の一部をなし，社会変動の原動力とは考えられなかったが，イデオロギーは支配体制を正当化するとみなされ，やはり十分に研究する意義のある対象と考えられた（Marx and Engels 1848=1971; Elster 1985; Cohen 2000）．また，マルクス主義では，革命の主体たる労働者が生産関係と搾取のメカニズムを客観的に認識することは，革命の成就にとって必要な条件と考えられた（Marx 1847=2008; Lukács 1923=1987）．それゆえ，即自的な階級から対自的な階級へ，という階級意識の変容が本当に起きるかどうかが，階級／階層研究者の関心の的となった（安田編 1973）．

　さらにパーソンズによれば，人々の行為は価値・規範に導かれるとされ，人々の価値・規範が社会的に統合されることで社会秩序が成立するとされた（Parsons 1937=1974-1989）．その後，いわゆる言語論的転回と文化論的転回が起きて，価値や規範をキーワードとして用いる社会学理論は減少したが（例えば Giddens（1993=2000）は言語を重視した），価値意識の重要性は決して減少したわけではない．例えばハーバマスの生活世界は，コミュニケーションを通

して，価値や規範が創造されたり，廃棄されたり，改定されたりする世界である（Habermas 1981a=1985-1987）．フーコーは本書とはまったく異なる問題構成と方法をとってはいるが，道徳や倫理は彼の重要な研究対象であり，本書で扱う価値意識という問題と無縁ではないのである（Foucault 1994=2002）．

　さらにフェミニズム，家族社会学，都市社会学，などなどでいかに価値意識の研究が重要であり続けているか，といったリストをさらに長々と作ることは難しくないが，もうこれぐらいで十分であろう．価値意識の研究は今も昔も社会学にとって重要な研究課題なのである．

3──近代化論と価値意識

　それでは，社会の変化とともに人々の価値意識がどのように変化してきたのか，そして変化していくと考えられてきたのだろうか．このような議論の中心をなしたのが，近代化論である[1]．近代化とは，ふつう産業化，官僚制化，集権化，合理化，個人主義化，国民国家の発展，中間集団の衰退，社会的分業の進展，といったいくつかの側面の変化からなり，イングルハートの言葉を借りれば，一連の現象群（シンドローム）である（Inglehart 1997）．このような社会の変化はしばしば人々の価値意識の変化を伴うと考えられてきた．そのすべてを網羅することはできないが，近代化と価値意識の変化に関する学説をいくつか紹介しよう．

　人格の尊重と個人主義化　近代化にともなう価値観の変化でもっとも大きなものは，個人の人格の尊重，自由，平等といった啓蒙主義的価値観の広まりであろう．一般に近代化は社会的な分業の進展と地域共同体や親族組織をはじめとした中間集団の解体によって特徴付けられる（Weber 1904/1905=1989; Ehrlich 1909=1975; Beck 1986=1998）．Durkheim（1893=2005）によれば，それに

---

[1] 近代化論そのものは多分にイデオロギー的な議論であり，「すべての社会は米国のように豊かで民主的な社会になっていかなければならないし，そうなるはずだ」という主張と結びついていた（Latham 2008）．本文では近代化論の持つイデオロギー的側面にはほとんど触れないが，冷戦期の米ソのイデオロギー対立と密接な関係を持っていたという点には留意が必要である．

ともない人格崇拝が起きるという．分業の進んでいない社会では人々は同質的でその同質性が社会全体の共同性の基礎となっていたが，分業が進むと人々の多様性が増し，人々が人間であるということ以外の共同性が次第に減少していく．そのことが，人間であること，人格，といったものの価値の高まりにつながるというのである．これは人命，人権，個人の自由の尊重といった価値観の高まりをともなうはずである．このような変化は宗教に対する信仰を弱め（Fromm 1941=1965; Berger 1967=1979），伝統的な道徳の弛緩につながると考えられた（Bell 1976=1976-1977）．

合理主義 さらに合理化の進展と科学の発展は，とうぜんそれをささえるような普遍性，論理性，客観性，効率性の重視といった合理的な態度を必要とする．近代化論では，こういった合理的態度の広まりが予測されていた．宗教や伝統は，科学と効率性，普遍的な道徳や美学によって弱まっていくと考えられた（Warf 2010）．

しかし，そのような価値意識の合理化が順調に進んできたかといえば，必ずしもそうとはいえない．まず，合理的な態度が一部の専門家のサークルをこえて一般の人々に広まるかどうかについては，さまざまな議論がある（厚東 2006）．また，1人の人間があらゆる場面で合理的であり続けるとは限らない．研究・開発や経営の場面では合理的でも，それ以外の場面では非合理的という可能性もある．さらに，人種差別や性差別は現代的な観点から見れば非合理的な信念・行為であるが，これらが科学のような最も合理的なはずの言説によって助長されてきたという事実も指摘されている（Keller 1985=1993; Peukert 1989=1994）．そもそも合理性という概念は非常に多義的であり，実質合理性と形式合理性，限定合理性，戦略的合理性とコミュニケーション的合理性，などなど参照する基準の違いによってさまざまな合理性が考えられ，これらが矛盾したり対立したりすることもある（太郎丸 2000）．

また，Weber（1904/1905=1989）の『プロテスタンティズムの倫理と資本主義の精神』に従えば，価値合理的な行為が目的合理的な行為に転化したり，あるいは合理性が非合理性に転化するということも起きうる．世俗内禁欲的な価値意識が強まることで，共同体の制約をふりはらってまで労働の合理化がなさ

れ，利潤は蕩尽されるのではなく，投資されるようになる（価値合理性の目的合理性への転化）．しかし，いったん資本主義の大きな歯車が回り始めてしまえば，世俗内禁欲的な倫理は，その後の近代化の必要条件ではなくなる．「精神のない専門家，魂のない享楽的な人間」が人口の大多数を占めていても近代化が進みうるというわけである（合理性の非合理性への転化）．

社会変動と価値　前述のように近代化は複合的な現象であり，価値の変化もその要素の1つにすぎない．しかし，Parsons（1937=1974-1989）の行為論の枠組みでは，価値は人々の行為を方向付ける究極的な要素の1つである．だとすれば，人々の価値意識を近代化することで，人々の行為をより合理的で近代的なものにし，そのことによって経済発展や民主化をうながすことが可能なはずである．Parsons（1951=1974）はパターン変数という価値や文化を分類する5つのペアからなる対概念を提案したが，そのうちの業績主義，普遍主義，感情中立性，といった価値観が近代社会の特徴とされた．当然，社会が近代化すれば，こういった価値が広まると考えられるし，こういった価値観を広めることで，近代化をうながすことができると考えられた．

ナショナリズム　すでに述べたように，近代化にともなう中間集団の衰退と個人主義の強まりのいっぽうで，国民国家の成立は国家への帰属意識を高め，ナショナリズムの勃興へとつながる．ナショナリズムはしばしば外国人や異民族に対する偏見や排除と結びつくため，普遍主義や業績主義，人権の尊重といった近代的価値観に反すると考えられる．しかし，ナショナリズムは近代化の産物でもあるため（Anderson 1983=1987; Gellner 1983=2000），これを反近代的価値意識と位置づけるのには無理がある．むしろ近代化は必ずしも整合性を持たない複数の価値を生み出すと考えたほうがよかろう．

満足度　近代化にともなう経済成長や自由の増大，死亡率の低下は，人々の幸福感や生活満足感を高めたと考えられる（Inglehart 1990=1993）．しかし，時代による幸福感や生活満足度の変化を見ると，必ずしもイングルハートのような楽観的な議論は支持されない．確かに一時点の国際比較データを見ると，

経済的に豊かな社会のほうが生活満足度の高い傾向が見られるのだが，時系列データを見ると，経済が成長しても，必ずしもその社会の平均的な満足度は高まらないことが知られている（Easterlin 1973; Easterlin et al. 2010）．これはイースタリン・パラドックスと呼ばれる現象で，人々が豊かな生活に慣れてしまったり，周りの人々と自分を比較することによって満足感や幸福感が影響されてしまう（相対的剥奪感）ために，単純には経済成長と満足度は相関しない，という説が有力なようである（Bjørnskov et al. 2008）．

近代化論と価値意識の統計的分析　以上のように，近代化と価値意識の変容を結びつけて論じる議論は非常に多い．しかし，それでは本当にそのような価値変容が起きたかどうかについて，代表性の高いデータを使って統計的に検証した研究となると，データの制約もあってあまり多くはない．日本に関しては特に少ない．詳しいレビューは第3章以降の各論を参照されたいが，比較可能な繰り返し調査データが蓄積され始めたのが，ほとんど1970年代頃からであるため，それ以前の変化について知ることは非常に難しいし，1970年代以降の価値変容についても，日本では本格的な分析はなされてこなかったと言っていいだろう．これほど重要な問題がきちんと検証されないままになっているという状況は，日本の社会学にとって由々しき問題といえよう．

4 ── 後期近代と価値変容

4.1 ── ポストモダニティ／後期近代

上記のような近代化の過程が継続するかについては，1970年代頃までには疑義が提出されるようになっていた．オイルショックによる経済の停滞，化石燃料をはじめとした資源の有限性，差別，宗教のリバイバル，頻発する戦争，といった現象は，合理性や理性の増大を主張する楽観的な近代化論の信ぴょう性を失わせていった．近代化論に対しては，ポストモダニストと総称されるようなさまざまな論者から批判がなされた．ポストモダニズムの定義は定まっておらず，必ずしも一貫性のないさまざまな議論を総称して用いられている

(Featherstone 1991=1999, 2003)．社会学におけるポストモダニズムとは，世界の多元性や相対性を重視し，近代的な科学や学問がアプリオリに正しい／実現可能と仮定する，解放，進歩，真理，啓蒙，客観性，普遍性，理性といった理念を相対化したり，否定したりするような考え方の総称であるとここでは定義しておく．ポストモダニズムという用語は芸術や建築の世界で生まれたあと，哲学や社会科学の世界でも使われるようになっていった（Harvey 1989=1999）．ポストモダニズムでは，「大きな物語」がしばしば否定される．大きな物語とは，人間の解放，科学や社会の進歩，真理への到達，といった世界の変化していく方向についての物語である．近代化論も史的唯物論も大きな物語の一種である．このような大きな物語は，根拠の薄弱な形而上学的な仮定（生産力の増大，知識の増大，理性の発展）に基づくがゆえに否定される．近代化論が予測したような価値観の変容も，大きな物語の一種であるがゆえにポストモダニストにとっては疑わしいものとなる．

　さらに 1968–1973 年ごろ（5 月革命からオイルショックが起きるまでの頃）を境目として，社会はこれまでとは違った方向に変化し始めている，といった認識を持つ研究者が増えていった（Warf 2010）．これまでとは異なる新しい時代が始まりつつあるという考え方が広まった．上記の時期より前を近代，その後をポスト近代と呼んだり，前期近代と後期近代（Giddens 1991=1993），第 1 の近代と第 2 の近代（Beck 1986=1998），など呼び方は様々であるし，いつが時代の変わり目なのかについても曖昧さや考え方の違いがあるが，いずれにせよ，新しい時代に関する議論が流行となった．モダンとポストモダンという場合，両者の断絶や対立が強調されるのに対して，前期近代／後期近代，第 1 の近代／第 2 の近代という場合，両者の連続性が強調されるというニュアンスの違いがあるが，本書では，原則的にオイルショック以前を前期近代，以後を後期近代と呼び，両者の対立や断絶を強調したい場合にモダンとポストモダンという用語を使うことにする．

　それでは，後期近代への移行によって価値意識はどのように変化したのだろうか．ポストモダニズムや後期近代論は，しばしば文化やアイデンティティという用語を好み，価値や意識には注目しない．それゆえ，直接本書の参考になる研究はそれほど多くないのだが，管見の範囲では 5 つの立場が考えられる．

前期近代とは反対の方向への変化　ポストモダンな価値変容として，しばしば言及されるのは，近代化論の予測とは反対の方向への価値観の変化である．例えば，ヴェーバーやデュルケムが宗教の衰退を予測していたように，一般に近代化論では世俗化＝宗教の衰退が予測される（Berger 1967=1979; Inglehart and Baker 2000）．しかし，実際には宗教の重要性は衰退しなかったり，スピリチュアルなものへの関心がむしろ増大し，科学や合理性への信頼がむしろ衰退するという説もある（大村・西山編 1988; Greeley and Hout 1999）．このような反近代的な価値観の増大は，しばしばポストモダンや後期近代と結びつけて論じられている．それゆえ，この枠組みでは，ポストモダン＝前近代への回帰である．真理や正義といった理念が軽視されるようになることもこの種のポストモダンの特徴であろう（Connell and Crawford 2005）．

前期近代と直交する変化　後期近代においては，前期近代の価値観とはまったく独立な価値観が増大しているとする説もある．イングルハートによれば，個性や多様性の重視はポストモダンな価値観であるが，これは近代的な価値観（宗教や伝統を否定し，科学や理性を重んじる）と同時に存在することもあるし，そうでないこともある（Inglehart 1997; Inglehart and Baker 2000）．そのため，近代的な価値観とポストモダンな価値観に相関関係は存在しない（因子分析や主成分分析ではこれを「直交する」という）ので，両方の価値観が強い／弱い社会や一方の価値観だけが強い社会も存在しうる．また，以下のような価値観の変化もポストモダンや後期近代の特徴とされることがある．

1. 生産から消費へ（あるいは，労働から余暇／遊びへ）（Siahpush 1998; Cheung and Leung 2004; Connell and Crawford 2005）
2. 日常生活の審美化（道徳／倫理から美しさ，芸術性，かっこよさへ）（Habermas 1981b=2000; Seippel 1999）

価値の多様化・断片化　価値観の多様化を後期近代やポストモダンの特徴とみなす立場もある．これはイングルハートの説とよく似ているが，イングルハ

ートが多様性を積極的に肯定したり，寛容を重視する価値観が高まる（つまり，みんなが寛容になるという点ではむしろ均一性が高まる）としているのに対して，この説の場合，必ずしも寛容な価値観が増えるといっているのではなく，単にさまざまな価値観を持つ人が増えていくと考えているだけである（Ovadia 2003）．例えば，非常に不寛容だが異なる価値観を信じる人が増えることも考えられる．また単に社会内部の多様性が高まるだけでなく，個人の内部でも多様性が高まるとされる．例えば，近代的な価値観の持ち主にとっては，宗教を信じることと科学を信じることは，矛盾・対立することであったが，ポストモダンな価値観の持ち主にとっては，両者は矛盾することなく，同居しうるという．このような変化もポストモダン化として言及される（Kidder 2006）．

属性と価値の無相関化　価値観は，近代社会では，性別，年齢，階級，エスニシティといった人々の基本的な属性と密接に関連するとされてきたが，ポストモダン化が進むと，そのような関連は次第に弱まり，消失するという説がある（Beck 1986=1998; Clark and Lipset, eds. 2001; Pakulski 2005）．つまり価値意識の存在被拘束性の減少もポストモダン化ととらえられることがある．これは生産や労働の重要性の低下と結びつけられ，階級が政治において果たす役割の低下として論じられた．

4.2——イングルハートの価値変容論

後期近代と価値変容に関する研究で，最も重要なのは，イングルハートの一連の研究である．なぜなら，時代やコーホートによって価値観がどう変化してきたのかに関して，大規模な調査データの分析と理論的な予測を結びつけて，大きな研究成果をあげてきたのは，イングルハートだけだからである．イングルハートの理論は1997年の著書を境に大きく修正されるので，1996年以前を前期，1997年以後を後期と分けて紹介していく．

前期イングルハート　前期のイングルハートの研究対象は，物質主義から脱物質主義へという価値の変化である（Inglehart 1971, 1990=1993）．物質主義とは，物質的な豊かさや治安，経済成長を相対的に重視する価値観である．いっ

ぽう脱物質主義とは，平和や思想信条の自由，平等，地球環境の保護，といったことがらを相対的に重視する価値観である．物質主義が前期近代の価値観であるのに対して，脱物質主義は後期近代の価値観といえよう．子供のころに貧困を経験したことのある世代では物質主義が信奉されやすいが，子供のころに貧困を経験したことのない世代では脱物質主義が重視されるという．それゆえ，第二次世界大戦後に生まれた世代では，豊かな子供時代をおくった人々が増大しているので，脱物質主義者が多くなっているという．このような価値変容は，1960年代の反戦運動や1968年の5月革命，経済発展した国々での学生運動となって現れたという．当時，このような豊かな世代の脱物質主義者は，人口全体から見ればまだ少数派であり，未成年で調査の対象とならないこともあったため，世論調査ではこのような価値変容はつかみにくかった．それゆえ，イングルハートはこのような価値変容を「静かなる革命」と呼んだ．

　脱物質主義は世界価値観調査やユーロバロメータのような国際比較調査で調べられた．その結果，脱物質主義は経済成長を果たした多くの国々に広まっているとされた．また，脱物質主義はいくつかの価値意識と相関しており，脱物質主義者は宗教を重視しないが，人生の意味についてはよく考え，同性愛，中絶，離婚，婚外交渉，売春，安楽死に寛容な傾向があるという（Inglehart 1990=1993）．このように脱物質主義は社会の変化をつかむ上で重要な価値観であるとされた．

　このようなイングルハートの価値変容論に対しては，賛否両論ある．さまざまな批判がなされたが，経験的な妥当性が特に問題になった．1970年代にはオイルショックを経て低成長期に入るとはいえ，1970年代以降も欧米諸国は経済成長を続けているので，イングルハートの説に従えば脱物質主義者はますます増えているはずである．それゆえ，脱物質主義的な主張をする社会運動や政治勢力はますます盛り上がってもよさそうであるが，実際には，必ずしもそうなっていない．エコロジスト政党は一部の国では勢力を増したが，経済的豊かさに比例しているとは考えにくい．平和運動も同様である．もちろん，社会運動の盛り上がりは必ずしも多数派の人々の価値観をあらわしているとは限らない．社会運動の盛り上がりには，人々の価値観以外のさまざまな要因が関係するからである．それゆえ，イングルハートは大規模社会調査を用いて自説の

正しさを検証しようとしたのだが，そのために彼が用いた質問項目に対しても強烈な批判がなされている（Davis *et al.* 1999）．詳細はテクニカルな問題なので割愛するが，因子分析の結果があまりよくないのは，やはり問題といえよう．

後期イングルハート　1997年の著書において，イングルハートは，脱物質主義をふくめたもっと大きな価値のフレームワークを示している．価値観は，

- 伝統主義 vs. 世俗合理主義
- 生存志向 vs. 自己表出志向

という直交する2つの軸によって捉えられるようになる（Inglehart 1997; Inglehart and Baker 2000）．伝統 vs 合理性は，上で述べた合理性を重視するか，伝統を重視するか，という対立軸であり，生存と自己表出は，生存や経済的豊かを重視するか，個人の生き方の自由を重視するか，という対立軸である．前期近代には，伝統主義が弱まり世俗合理主義が強まる，という価値観の変化が起きるが，後期近代には，生存志向から自己表出志向へと価値観が変化するとイングルハートは考えた．脱物質主義は，自己表出志向の中心的な要素として位置づけられている．イングルハートは世界価値観調査（World Values Survey）のデータを使い，主に国際比較によって自説の経験的な正しさを主張している．

　イングルハートのこのような議論に対しては，経験的・理論的な批判が考えられる．例えば，個人の自己表出志向の拡大を後期近代の特徴というが，ロマン主義に見られるように，自己表出主義は遅くとも19世紀には拡大を始めており，後期近代になってから初めて自己表出主義が強まり始めたという説には説得力がない（Bellah *et al.* 1985=1991; Bell 1976=1976-1977）．男女の平等や諸民族の平等を求めるような運動も前期近代から盛んであった．いっぽう世俗合理主義の強まりが前期近代で終わったとする議論にもあまり説得力がない．効率性や合理性を求める動きは後期近代においてもますます強まっているようにみえる（Ritzer 2004=2008, 2005=2009; Li and Bond 2010）．また，イングルハートは世俗合理主義と自己表出志向は直交する（両者は相関しない）と概念化

しているが，自己表出主義は，しばしばコミュニケーション的合理性を求めるような態度と結びついており，伝統の桎梏から自由になることと関連している世俗合理主義と自己表出志向は相関していると考えるのが，自然だと思われる．実際，因子分析を行うとイングルハートの想定したモデルの適合性はあまり良くないという報告もある（Datler et al. 2013）．このように2つの軸を直交したものと捉える点では問題があるが，これは因子分析で斜交解を用いたり，概念化に若干の修正を施すことで改善可能かもしれない．また，時系列データの分析でも1980年代以降，仕事に関する内的報酬志向（仕事のやりがいなど非経済的な意義を重視する価値観で自己表出志向の一部と考えられる）の強まりが確認されている（Ester et al. 2006）．批判は他にもあろうが，経験的なデータにもとづく価値変容の本格的な理論は，イングルハートの議論以外には存在しないため，依然として重要な議論である．

後期近代の価値意識研究　以上のように，後期近代に入ってから，価値意識の変化の方向性が変わったとする研究は，非常に多い．しかし，近代化論の場合と同様に，その変化をきちんと統計的にチェックし，詳しく検討した研究となると，ごく限られた数しか存在していないと言っていいだろう．日本に関しては，やはり特に少ない．思弁的な研究や個別の事例に基づく研究は少なくないが，統計的な研究はほとんど存在していない．日本では欧米と同じような方向への価値意識の変容が起きているのだろうか．

5──グローバル化・格差拡大・流動化と価値変容

近代化やポストモダン化と重なるものの，近年の新たな社会の変化の動向として，グローバル化と，経済的不平等の増大，雇用の流動化を指摘しておく必要がある．グローバル化や格差拡大・流動化が問題にされるようになったのは，ポストモダニズムが流行した後であったために，文化やアイデンティティとの関係が論じられることはあっても，価値意識との関係はほとんど研究されていない．しかし，グローバル化や格差拡大・流動化が人々の価値意識に影響を及ぼしていることは十分に考えられる．これまでの研究成果から言えることを述

べていこう．

5.1──グローバル化

　グローバル化とはどのような現象なのか，グローバル化は社会にどのような影響を及ぼすかについては，さまざまな議論がある（Held, ed. 2000=2002; Guillén 2001）．グローバル化がこのまま進めば，世界中でアメリカ化と世界市場への統合が進み，地域文化は失われ画一化された資本主義的世界が生まれ，悪い意味で世界はひとつになるという予測もある．その一方で地域による固有の文化は維持されるという議論もあるが，一番優勢なのは地域文化と外来の文化の混交が進みハイブリッドな文化が生まれてきているという議論だろう．

　グローバル化との関係で特に注目されている価値意識は，ナショナリズムや外国人嫌悪，コスモポリタニズムであろう．これらの問題は欧州連合（European Union: EU）加盟国では特に重視されており，盛んに研究がなされている．グローバル化が進み，EUのような超国家的な組織の重要性が高まり，外国を訪れたり外国人とかかわる機会が増えれば，ナショナリズムや外国人嫌悪は弱まり，コスモポリタニズムが高まるようにも思える．しかし，移民の増加や諸外国との経済的な競争や紛争によって，逆に人々の不安や反感を強め，ナショナリズムや外国人嫌悪が強まる可能性もある．アフリカ諸国とEU諸国を比較すると，経済のグローバル化が相対的に進んでいないアフリカ諸国のほうがコスモポリタニズムが強い，という分析結果もあるが（Pichler 2012），EUとアフリカの違いに関しては，グローバル化だけでなく「国民」国家の質の違いも重要であると思われる．また，別の国際比較研究ではグローバル化はナショナリズムを強めたり弱めたりはしないが，グローバル化した国ほど愛国主義（国のために戦って死んでもいいという態度）は弱まり，ナショナリズムと排外主義の関係が強くなるという（Ariely 2012a, 2012b）．

　これらのようないくつかの例外を除けば，総じてグローバル化と価値観の関係についての研究は思弁的な研究や事例研究にとどまっており，大規模な統計的データ分析はほとんどなされていないと言っていい．グローバル化は現代日本の価値観にどのような影響をもたらしてきたのだろうか．グローバル化＝アメリカ化という説に従えば，米国で強いと考えられている業績主義，普遍主義，

自由,平等,人権といった価値観が世界中に伝播していくという予測が一方で成り立つ.この予測が近代化論の予測そのものであることは興味深い.国際連合もこれらの価値に積極的にコミットしているので,グローバル化は近代という未完のプロジェクトにとって追い風となるとも考えられる (Meyer et al. 1997; Torfason and Ingram 2010).他方,グローバル化=ハイブリッド化である場合,土着の価値観ともアメリカの価値観ともやや異なる価値観が生まれてくるはずである.もしも両者の中間的な価値観が生まれるとするならば結局はアメリカ的な価値観の強まりが観察されるはずであるが,ハイブリッド化とは必ずしも両者を足して2で割ったようなものになるとは限らないため,価値観の変化の方向性を占うのは困難である.

5.2——格差拡大・流動化

日本では,いわゆるバブル経済の崩壊以降,雇用情勢は厳しさを増し,賃金の伸び悩みや生活保護受給率の増大など,貧困や格差拡大を指摘する議論がある(橘木 1998;橋本 2008).また,非正規雇用の比率が増大し,雇用の流動性も高まっている.このような状況はすべての世代に大きな影響を与えているが,若い世代ほど大きなしわ寄せを受けていると考えられる(粒来 1997;小杉 2003;太郎丸 2009).バウマンの用語を借りれば,このような状況は液状化近代(liquid modernity)とでもいうべき状況である.

社会の液状化は人々の価値観にどのような影響を与えるだろうか.単純に考えれば,困窮する人が増えているはずなので,幸福感や生活満足度が下がり,再分配政策や福祉の充実を望み,左翼政党の支持率が上がるというシナリオが考えられる.しかし,実際にはむしろ新しい世代で幸福感が高いとされたり(山田 1999),小泉政権や安倍政権の新自由主義的な政策が支持された.生活保護バッシングや子供手当てへの批判も生じた.このような現象は欧米でも観察されてきており,日本に限った現象ではない.このような逆説的な現象を説明するために,潜在的な競争相手に対する敵意が指摘されることがある.例えば外国人労働者がよくつく仕事についている日本人は,外国人労働者を潜在的な競争者とみなし,排除しようとするということである.これを敷衍して考えれば,生活保護などのセーフティネットを今は必要としてはいないが,将来必

要とするかもしれないような低所得層や不安定な労働条件の人々は,「なまけもの」である現在の生活保護受給者を嫌悪するかもしれない．こういった論理が成り立つならば，社会的な弱者へのバッシングはむしろ強まるかもしれない．しかし，意識調査の結果からは，新自由主義的な政策や政党はすべての階層で支持者が多く，特に高所得者層で支持率が高いとも言われているので（伊藤2014），低階層の労働者の保守化が新自由主義と福祉の切り捨ての原因であるかのごとき議論はかなり疑わしく，さらなる研究が必要とされている．

　雇用の流動性の高まりは，特定の職場に対する帰属意識を弱める．これは非正規労働者はもちろん，正規労働者に関しても同様の効果が報告されている（Pedulla 2013）．しかし，そのような状況は人々を無条件で承認し，迎え入れてくれるような集団への希求を生むのかもしれない．雇用の流動性の高まりは，生活の不安定な人々を増やし，不安定な状況にある人々は，遠い将来の自分の状態を予測することが難しいため，遠い将来よりは現在を重視するようになるだろう．フロイトは近代化によって欲望の即時的な充足（快感原則）が抑圧され，将来まで延期されるようになると予測したが，流動性の高まりは快感原則を強めているかもしれない．

　同様にして，利潤追求のための合理化が進めば，人々は合理的に職務を遂行するための態度や価値観を身につけていくかもしれないが，逆に過剰な合理化に耐え切れず，非合理的でも心穏やかに（あるいは楽しく）過ごすことを好むようになるかもしれない．社会の合理化は，人々に経済的豊かさや自由や平等をもたらすべきものであるが，逆に合理化によって，ますます生活が苦しくなったり，不自由になったり，差別されたりするような人々は，世俗合理主義に対して反対し，伝統を重視するようになるかもしれない．ラッダイト運動や反グローバリズム運動はそのような反合理主義の運動といえよう．

　さらに，格差の拡大も近代化やポストモダン化を押しとどめるかもしれない．なぜなら，近代化論もポストモダニズムもますます多くの人々が貧困を経験しないようになることを前提としていることが多いからである．例えばイングルハートによれば，経済が成長し，1人当たりGDPが増加すると，脱物質主義が強まるという．なぜなら，経済が成長すると，貧困を経験せずに育つ人々が増加し，これらの豊かな世代の人々は経済的・物質的な豊かさよりも，平和や

自由，平等，地球環境の保護のほうを重視するからである．しかし，経済が成長しても，一握りの富裕層による富の独占が強まれば，ますます多くの人が貧困を経験するようになるということは，十分にありうるのである．このように経済的な不平等が増大すれば，貧困率は高まるかもしれないため，経済が成長しているにもかかわらず，物質主義が強まる可能性もある．また，格差が大きかったり失業率の高い地域に住んでいると，自分自身は経済的に豊かであっても生活満足度が下がったり，病気になりやすくなったりするという説もある（Lobao *et al.* 2007）．

　以上のように，グローバル化と格差の拡大や流動化が進んだ社会における価値意識については，相反する予測がなされており，論争はデータに基づいていないために，水掛け論に終わることが多い．基礎的なデータを詳細に分析し，変化の方向性とその原因について明らかにすることは，社会学にとって依然として重要な研究課題なのである．

6──本書の課題と構成

　これまで価値意識の変容に関してさまざまな議論がなされてきたが，それらは長期にわたる継続的な価値変容に関するデータ分析を欠いていることが多かった．日本に関しては特にそうである．これは単純にそのようなデータが存在していなかったり，存在していてもそのデータを利用できなかったからである．そのため，いくつかのエピソードを並べて価値観や人々の感覚が変わったと主張するしかなかった．例えば，60年安保闘争が失敗に終わったので，理想主義的な時代は終わったという具合である（見田 1995；大澤 2008）．もちろんこういった個別の事件や出来事を精査することには高い価値があるが，それとは別に代表性の高いデータにもとづいて長期的な社会変動のトレンドをつかむことが必要であろう．

　幸い，NHKが1973年から継続的に行っている意識調査の個票データが一般の研究者向けに公開された．これによって35年間にわたる価値観の変化を，さまざまな要因を統制した上で本格的に分析することが可能になった．その分析の結果が本書である．1回目の調査はオイルショックの直前になされており，

2008年の調査はいわゆるリーマン・ショックの直後である．質問項目に多少の変更はあるが，1973年に設定した質問項目の多くが継続的に尋ねられている．現在の視点から見ると古色蒼然とした質問項目もあるが，継続的におなじ質問をしてきたことで，日本人の価値意識の変容を系統的に比較することが可能になっている．

　それでは，このようなデータを使って本書では何を論じていくのか．各章は，性役割意識や生活目標など，個別の価値意識を扱っている．そういった価値意識がなぜ，どのように変化したのかを明らかにしていくのが各章の課題であるが，その際に，前述のような近代化や後期近代における変化の理論が，どの程度現実に当てはまっていたのか，検証していく．これが本書の共通課題の1つ目である．これまでの議論からもわかるように，価値意識と言っても様々なものがあり，それらの変化を予測する理論も色々なものがある．そのため，とりあげる価値変容の理論は各章で異なるが，それぞれの価値意識の変化を考える上で特に重要な理論が取り上げられている．

　第2の課題は，年齢，時代，出生コーホートを峻別して議論することである．一時点の横断的な調査データでは三者の効果を識別できない．例えば若者のほうが脱物質主義的なのは，イングルハートの言うように世代の効果なのかもしれないが，年をとるとあらゆる世代が物質主義的になっていくだけで，世代の効果ではないのかもしれない．また，夢を追求するような価値観が近年強まっているというが，それは新しい世代に特有なものなのかもしれないし，あらゆる世代で共通に見られる変化（つまり時代の効果）なのかもしれない．年齢，時代，コーホートはしばしば混同されており，理論レベルですら区別されていない場合も多い．例えば，日本の社会学では「若者論」というジャンルがあるが，これは世代と時代と年齢の問題を曖昧にブレンドすることで成り立っている．「若者」という語は字義通りに考えれば，年齢が若いことを指しているが，しばしば若者は中高年とは異なる新しい価値観やライフスタイルの担い手として論じられている．つまり，「若者」という言葉で新しい世代を指していることが多い．さらに，このような「若者」が新しい時代の文化の担い手と見られている場合もあり，若者を論じれば新しい時代を論じたことにもなる，という安易な短絡は枚挙にいとまがない．しかし，年齢，世代，時代は別の概念であ

り，これらを区別して考えなければ，若者のことも，時代の変化も正確には理解できないのである．

第3の課題は，ナショナリズムや政治意識，性役割意識といった個別の様々な価値意識の変化を詳細に分析することで，価値意識全体の変化の方向性やパターンを検討することである．日本の価値意識は，近代化論が予測したような方向に変化しているのか，それともポスト近代化論の予測のほうが正しいのか，あるいはイングルハートの説は，どの程度日本に当てはまるのか，といったことが最終章で論じられることになる．

[文献]

Anderson, B., 1983, *Imagined Communities: Reflections on the Origin and Spread of Nationalism*, Verso（白石隆・白石さや訳，1987，『想像の共同体——ナショナリズムの起源と流行』リブロポート）．

Ariely, G., 2012a, "Globalisation and the Decline of National Identity? An Exploration across Sixty-Three Countries," *Nations and Nationalism*, 18(3): 461-82.

Ariely, G., 2012b, "Globalization, Immigration and National Identity: How the Level of Globalization Affects the Relations between Nationalism, Constructive Patriotism and Attitudes toward Immigrants?," *Group Processes & Intergroup Relations*, 15(4): 539-57.

Beck, U., 1986, *Risikogesellschaft auf dem Weg in eine andere Moderne*, Suhrkamp（東廉・伊藤美登里訳，1998，『危険社会——新しい近代への道』法政大学出版局）．

Bell, D., 1976, *Cultural Contradictions of Capitalism*, London: Heinemann Educational Publishers（林雄二郎訳，1976-1977，『資本主義の文化的矛盾』(上・中・下) 講談社学術文庫）．

Bellah, R. N., R. Madsen, W. M. Sullivan, A. Swidler, and S. M. Tipton, 1985, *Habits of the Heart: Individualism and Commitment in American Life*, University of California Press（島薗進・中村圭志訳，1991，『心の習慣——アメリカ個人主義のゆくえ』みすず書房）．

Berger, P. L., 1967, *The Sacred Canopy: Elements of a Sociological Theory of Religion*, New York: Doubleday（薗田稔訳，1979，『聖なる天蓋——神聖世界の社会学』新曜社）．

Bjørnskov, C., N. D. Gupta, and P. J. Pedersen, 2008, "Analysing trends in subjective well-being in 15 European countries, 1973-2002," *Journal of Happiness Studies*, 9(2): 317-30.

Cheung, C.-K. and K.-K. Leung, 2004, "Economic and Political Conditions and

Modern and Postmodern Value Orientations of Hong Kong Citizens," *The Social Science Journal*, 41(3): 347–61.
Clark, T. N. and S. M. Lipset, eds., 2001, *The Breakdown of Class Politics: a Debate on Post-Industrial Stratification*, Washington, D.C.: Woodrow Wilson Center Press.
Cohen, G. A., 2000, *Karl Marx's Theory of History: A Defence*, Princeton University Press.
Connell, R. and J. Crawford, 2005, "Are We Postmodern Yet? The Cultural Politics of Australian Intellectual Workers," *Australian Journal of Political Science*, 40(1): 1–15.
Datler, G., W. Jagodzinski, and P. Schmidt, 2013, "Two theories on the test bench: Internal and external validity of the theories of Ronald Inglehart and Shalom Schwartz," *Social Science Research*, 42(3): 906–25.
Davis, D. W., K. M. Dowley, and B. D. Silver, 1999, "Postmaterialism in World Societies: Is It Really a Value Dimension?," *American Journal of Political Science*, 43(3): 935–62.
Durkheim, E., 1893, *De la division travail social*, Paris: Les Presses universitaires de France（田原音和訳，2005，『社会分業論』青木書店）.
Durkheim, E., 1897, *Le suicide: étude de sociologie*, Paris: Les Presses universitaires de France（宮島喬訳，1985，『自殺論』中公文庫）.
Easterlin, R. A., 1973, "Does Money Buy Happiness?," *Public Interest*, (30): 3–10.
Easterlin, R. A., L. A. McVey, M. Switek, O. Sawangfa, and J. S. Zweig, 2010, "The Happiness Income Paradox Revisited," *Proceedings of the National Academy of Sciences*, 107(52): 22463–68.
Ehrlich, E., 1909, *Rechtsfähichkeit*, Berlin: Puttkammer & Mühlbrect（川島武宜・三藤正訳，1975，『権利能力論』岩波書店）.
Elster, J., 1985, *Making Sense of Marx*, Cambridge University Press.
Ester, P., M. Braun, and H. Vinken, 2006, "Eroding work values?," P. Ester, M. Braun, and P. Mohler, eds., *Globalization, Value Change, and Generations: A Cross-National and Intergenerational Perspective*, Leiden: Brill, pp. 89–113.
Featherstone, M., 1991, *Consumer Culture and Postmodernism*, Sage（川崎賢一・小川葉子訳，1999，2003，『消費文化とポストモダニズム』(上・下) 恒星社厚生閣）.
Foucault, M., 1994, *Dits et Ecrits, tome IV 1980–1988*, Paris: Gallimard（蓮實重彥ほか訳，2002，『ミシェル・フーコー思考集成 X　倫理・道徳・啓蒙』筑摩書房）.
Fromm, E., 1941, *Escape from Freedom*, New York: Farrar & Rinehart（日高六郎訳，1965，『自由からの逃走』[新版] 東京創元社）.
Gellner, E., 1983, *Nations and Nationalism*, Cornell University Press（加藤節訳，2000，『民族とナショナリズム』岩波書店）.

Giddens, A., 1991, *The Consequences of Modernity*, Polity（松尾精文・小幡正敏訳, 1993,『近代とはいかなる時代か？――モダニティの帰結』而立書房）.

Giddens, A., 1993, *New Rules of Sociological Method, 2nd ed.*, Stanford University Press（松尾精文・小幡正敏・藤井達也訳, 2000,『社会学の新しい方法規準――理解社会学の共感的批判』而立書房）.

Greeley, A. M. and M. Hout, 1999, "Americans' Increasing Belief in Life after Death: Religious Competition and Acculturation," *American Sociological Review*, 64(6): 813–35.

Guillén, M. F., 2001, "Is Globalization Civilizing, Destructive or Feeble? A Critique of Five Key Debates in the Social Science Literature," *Annual Review of Sociology*, 27(1): 235–60.

Habermas, J., 1981a, *Theorie des kommunikativen Handelns*, Frankfurt am Main: Suhrkamp（河上倫逸ほか訳, 1985–1987,『コミュニケイション的行為の理論』（上・中・下）未來社）.

Habermas, J., 1981b, "Die Moderne: Ein unvollendetes Projekt," *Kleine Politishe Schriften I–IV*, Frankfurt am Main: Suhrkamp, pp. 444–67（三島憲一訳, 2000,『近代：未完のプロジェクト』岩波書店）.

Harvey, D., 1989, *The Condition of Postmodernity: An Enquiry into the Origins of Cultural Change*, Blackwell（吉原直樹監訳, 1999,『ポストモダニティの条件』青木書店）.

橋本健二, 2008,「現代日本の階級構造――階級間格差の拡大と階級所属の固定化」高田洋編『2005年SSM調査シリーズ2 階層・階級構造と地位達成』2005年SSM調査研究会, pp. 1–20.

Held, D., ed., 2000, *A Globalizing World? Culture, Economics, Politics*, London: Routledge（中谷義和監訳, 2002,『グローバル化とは何か――文化・経済・政治』法律文化社）.

Hitlin, S. and J. A. Piliavin, 2004, "Values: Reviving a Dormant Concept," *Annual Review of Sociology*, 30: 359–93.

Inglehart, R., 1971, "The Silent Revolution in Europe: Intergenerational Change in Post-Industrial Societies," *The American Political Science Review*, 65(4): 991–1017.

Inglehart, R., 1990, *Culture Shift in Advanced Industrial Society*, Princeton: Princeton University Press（村山皓・富沢克・武重雅文訳, 1993,『カルチャーシフトと政治変動』東洋経済新報社）.

Inglehart, R., 1997, *Modernization and Postmodernization: Cultural, Economic, and Political Change in 43 Societies*, Princeton University Press.

Inglehart, R. and W. E. Baker, 2000, "Modernization, Cultural Change, and the Persistence of Traditional Values," *American Sociological Review*, 65(1): 19–51.

伊藤理史, 2014,「ポスト55年体制期の大衆政治――大阪市長選挙における投票行動

の実証研究」『ソシオロジ』58(3): 35–51.
Keller, E. F., 1985, *Reflections on gender and science*, Yale University Press（幾島幸子・川島慶子訳，1993,『ジェンダーと科学——プラトン，ベーコンからマクリントックへ』工作舎).
Kidder, J. L., 2006, "Bike Messengers and the Really Real: Effervescence, Reflexivity, and Postmodern Identity," *Symbolic Interaction*, 29(3): 349–71.
小杉礼子，2003,『フリーターという生き方』勁草書房．
厚東洋輔，2006,『モダニティの社会学——ポストモダンからグローバリゼーションへ』ミネルヴァ書房．
Latham, M. E., 2008, "Modernization," J. William A. Darity, ed., *International Encyclopedia of the Social Sciences Vol. 5*, Detroit: Macmillan, pp. 232–34.
Li, L. M. W. and M. H. Bond, 2010, "Value change: Analyzing national change in citizen secularism across four time periods in the World Values Survey," *The Social Science Journal*, 47(2): 294–306.
Lobao, L. M., G. Hooks, and A. R. Tickamyer, 2007, "Introduction: Advancing the Sociology of Spatial Inequality," L. M. Lobao, G. Hooks, and A. R. Tickamyer, eds., *The Sociology of Spatial Inequality*, State University of New York Press, pp. 1–25.
Lukács, G., 1923, *Geschichte und Klassenbewußtsein: Studien über marxistishe Dialectik*（城塚登・古田光訳，1987,『ルカーチ著作集9 歴史と階級意識』白水社).
Marx, K., 1847, *Misère de la Philosophie: Réponse à la Philosophie de la Misère de M. Proudhon*（今村仁司・三島憲一・鈴木直・塚原史・麻生博之訳，2008,『マルクス・コレクションⅡ ドイツ・イデオロギー（抄）／哲学の貧困／コミュニスト宣言』筑摩書房).
Marx, K. and F. Engels, 1848, *Communist Manifesto*（大内兵衛・向坂逸郎訳，1971,『共産党宣言』岩波書店).
Meyer, J. W., J. Boli, G. M. Thomas, and F. O. Ramirez, 1997, "World Society and the Nation-State," *American Journal of Sociology*, 103(1): 144–81.
見田宗介，1995,『現代日本の感覚と思想』講談社学術文庫．
大村英昭・西山茂編，1988,『現代人の宗教』有斐閣．
大澤真幸，2008,『不可能性の時代』岩波新書．
Ovadia, S., 2003, "Suggestions of the Postmodern Self: Value Changes in American High School Students, 1976–1996," *Sociological Perspectives*, 46(2): 239–56.
Pakulski, J., 2005, "Foundations of a Post-Class Analysis," E. O. Wright, ed., *Approaches to Class Analysis*, Cambridge: Cambridge University Press, pp. 152–79.
Parsons, T., 1937, *The Structure of Social Action*, New York: McGraw-Hill（稲上毅・厚東洋輔訳，1974–1989,『社会的行為の構造』(第1–5分冊) 木鐸社).
Parsons, T., 1951, *The Social System*, New York: Free Press（佐藤勉訳，1974,『社

会体系論』青木書店).
Pedulla, D. S., 2013, "The Hidden Costs of Contingency: Employer's Use of Contingent Workers and Standard Employees' Outcomes," *Social Forces*, 92(2): 691-722.
Peukert, D. J. K., 1989, *Max Webers Diagnose der Moderne*, Gotingen: Vandenhoeck & Ruprecht（雀部幸隆・小野清美訳, 1994,『ウェーバー 近代への診断』名古屋大学出版会).
Pichler, F., 2012, "Cosmopolitanism in a global perspective: An international comparison of open-minded orientations and identity in relation to globalization," *International Sociology*, 27(1): 21-50.
Ritzer, G., 2004, *The McDonaldization of Society*, Thousand Oaks: Pine Forge Press（正岡寛司訳, 2008,『マクドナルド化した社会——果てしなき合理化のゆくえ』[21世紀新版] 早稲田大学出版部).
Ritzer, G., 2005, *Enchanting a Disenchanted World: Revolutionizing the Means of Consumption*, Thousand Oaks: Pine Forge Press（山本徹夫・坂田恵美訳, 2009,『消費社会の魔術的体系——ディズニーワールドからサイバーモールまで』明石書店).
Scott, J. and G. Marshall, 2008, *Oxford Dictionary of Sociology*, Oxford: Oxford University Press.
Seippel, Ø., 1999, "Political Environmentalism: Class Interests, Modern Values or Post-modern Feelings?," *Innovation*, 12(2): 129-53.
Siahpush, M., 1998, "Postmodern values, dissatisfaction with conventional medicine and popularity of alternative therapies," *Journal of Sociology*, 34(1): 58-70.
橘木俊詔, 1998,『日本の経済格差——所得と資産から考える』岩波新書.
太郎丸博, 2000,「合理的選択理論の伝統と可能性」『理論と方法』15(2): 287-98.
太郎丸博, 2009,『若年非正規雇用の社会学』大阪大学出版会.
Torfason, M, T. and P. Ingram, 2010, "The Global Rise of Democracy: A Network Account," *American Sociological Review*, 75(3): 355-77.
粒来香, 1997,「高卒無業者層の研究」『教育社会学研究』61: 185-209.
Warf, B., 2010, "Modernization Theory," B. Warf, ed., *Encyclopedia of Geography vol. 4*, SAGE, pp. 1931-35.
Weber, M., 1904/1905, *Die protestantische Ethik und der Geist des Kapitalismus*（大塚久雄訳, 1989,『プロテスタンティズムの倫理と資本主義の精神』岩波文庫).
Weber, M., 1918, *Der Sozialismus*（濱島朗訳, 1980,『社会主義』講談社学術文庫).
Weber, M., 1920, *Gesammelte Aufsätze zur Religionssozuilogie*, Tübingen: J. C. B. Mohr（大塚久雄・生松敬三訳, 1972,『宗教社会学論選』みすず書房).
山田昌弘, 1999,『パラサイト・シングルの時代』筑摩書房.
安田三郎編, 1973,『現代日本の階級意識』有斐閣.

2章
データと分析法
価値意識変容の研究に必要なこと

太郎丸　博

　人々の価値観やモノの見方はどのように変化してきたのだろうか．「最近の若者は×××だ」といった大人たちの嘆きはいつの時代にも繰り返されてきたが，それではその大人たちが若者だった時には×××ではなかったのだろうか．社会学では，多くの人々が持つ素朴な実感や確信をいったんカッコにくくって，それらがほんとうに正しいのかどうか確認する作業が不可欠である．時代や価値観の変化については，多くの人々がさまざまな実感を持つだけに，そのような実感をいったん離れて，信頼できるデータを用いてどのような変化が起きてきたのか，調べる必要がある．この章では，そのために必要なデータと分析法について概観し，本書で用いるデータと分析法の特徴と有効性を論じていく．

1──データの種類と長短

1.1──横断データ，繰り返し横断データ，パネル・データ

　価値観や態度の変容の研究には，新聞記事や雑誌などの文書や写真，映像資料等の非統計的なデータがよく使われる．これらが用いられるのは，資料さえ残っていれば，比較的容易に過去にさかのぼってデータを得ることができるからである．しかし，歴史を生き延びたさまざまな資料は，代表性やデータの持つ意味をめぐって激しい議論があり，その分析は必ずしも容易ではない．いっぽう統計的なデータで価値意識の変容を研究するためには，長期間にわたって同じ型のデータが必要になる．社会調査データの場合，同じ母集団に対して，

長期間，同じ質問を繰り返し尋ね続ける必要があり，このようなデータを得るのも決して容易なことではない．それゆえ，両者は一長一短なのであるが，ここでは統計的なデータを使った態度変容の研究に限定して，その方法を論じていく．以下では特に明示しない限り，データとは統計的なデータのことであり，調査，分析も統計的なデータの収集や分析を指す．

　統計的な調査データに限定しても，さまざまなタイプのデータがある．価値意識の変容について考える場合，以下の3分類を理解しておく必要がある．

　横断データ　横断データ（cross sectional data）とは1時点だけで集められたデータのことである．例えば 2011 年に行われた引きこもりに関する調査は，この前後の時点の比較可能なデータがなければ，横断データである．

　繰り返し横断データ　繰り返し横断データ（repeated cross sectional data）とは，複数の時点において，同じ母集団から抽出された，同じ内容の比較可能な情報が集められたデータのことである．例えば，就業構造基本調査では5年おきにほぼ同じ内容の調査が行われているが，これは繰り返し横断データである．繰り返し横断データは縦断データ（longitudinal data）ともいったが（直井編 1983），最近ではパネル・データとの違いをはっきりさせるためか，繰り返し横断データ（Yang and Land 2006; Firebaugh 1997），合併横断データ（pooled cross sectional data）（Pickup 2014）といった呼び方をすることが多くなってきている．

　パネル・データ　パネル・データ（panel data）とは同じ個人（ないしはその他の調査対象）に対して継続的に複数の時点にわたって，同じ内容の比較可能なデータを集めたものである．例えば，同じ人々に選挙前の1カ月の間に毎週，投票しようと思う候補者の名前を尋ねたならば，そのようなデータはパネル・データである．パネル・データにおけるサンプルはパネルとも呼ばれる．

　繰り返し横断データの場合，毎回異なるサンプルが抽出しなおされるので，同じ個人（やその他の調査対象）が繰り返し調査されることはほとんどありえ

ない．これに対してパネル・データは同じ対象が複数の時点にわたって繰り返し調査される点に特徴がある．

横断データは，上の3種類の中で最も入手が容易であり，分析も比較的簡単である．そのため，横断データでじゅうぶん研究の目的を達せられるのならば，横断データを使ったほうがよい．しかし，横断データは1時点の情報しかないので，社会がどのように変化しているのかを知ることはできない[1]．例えば横断データを分析した結果，年齢が上の人ほど幸福度が高いという結果が出ても，それは出生コーホート[2]による違いなのか，加齢による違いなのか（つまり今の若者も，将来年をとれば今の高齢者と同じように幸福度が高まるのか）は横断データからはわからない．

それゆえ，時間的な変化を知りたい場合，繰り返し横断データかパネル・データを用いるべきである．繰り返し横断データからは，母集団全体の平均的な変化を知ることができるが，個人の変化について詳しく知ることはできない．例えば，繰り返し横断データからは，Aという政党の支持率が15％から10％に低下している，といったことを知ることはできる．しかし，個々人がどのように支持政党を変化させたのかは分からない．例えば，上の例でいえば，5％の人がA党を支持するのをやめたのかもしれないし，もしかしたら最初A党を支持していた人たち全員が次の時点には別の政党を支持していたのかもしれないが，そのような個々人の変化は繰り返し横断データからはわからない．

これに対して，パネル・データは母集団全体の平均的な変化を知ることもできるし，個々人の変化も知ることができる．それゆえ，横断データや繰り返し横断データよりも汎用性が高い．しかし，データを集めるコストが高く，より

---

1) 調査は1回でも，その人のこれまでの生活史をたずねることはできる．例えば職業経歴やこれまで使ってきた携帯電話の機種をたずねることはできるだろう．しかし，過去の意識や態度を正確に記憶することは困難であり，しばしば歪曲されていることが多い（Morgenstern and Barrett 1974; Evans and Leighton 1995）．当事者の主観的な生活史を研究する場合ならば，そのような歪曲そのものも研究対象となりうるが，人々の価値意識の変容を客観的に知りたい場合は，当事者の記憶に頼ることはできない．
2) コーホートとは同じ経験を共有するグループのことで，出生コーホートとは同じぐらいの年に生まれた人たちのグループを指す．つまり，「世代」とほぼ同じ意味である．ふつう単にコーホートと言えば，出生コーホートを意味する．

高度な知識が必要とされる．また，同じ人に繰り返し調査をすることで，対象者が悪い意味で調査慣れしてしまい，回答にバイアスが生じる危険性がある．これをパネル条件付け（panel conditioning）という．パネル・データは分析にも他の種類のデータとは異なる工夫や注意が必要になる．また，パネルの損耗率[3]が高いと意味のあるデータとならないリスクもある．それゆえ，一般的には繰り返し横断データでできる分析ならば，繰り返し横断データを使ったほうがよい．また，同じパネルを追跡調査していくため，その後生れた若いコーホートは調査対象にならない．そのため長期間継続しているパネル調査は若い世代のサンプルを追加することでコーホート間の比較もできるようにしている場合もある．このような調査はパネル調査と繰り返し横断調査を組み合わせたものだと考えられる．

2──NHK「日本人の意識」データの利用

2.1──「日本人の意識」データの長所と短所

このように，価値観の変化を研究するためには，繰り返し横断データか，パネル・データが必要である．本書では繰り返し横断調査であるNHKの「日本人の意識」調査のデータ（以下，「日本人の意識」と略称）を用いるが，それは過去35年にわたり価値観の変化を捉えられるようなデータで，我々が利用可能なのは，「日本人の意識」だけだからである．繰り返し横断データもパネル・データも今から過去にさかのぼって収集することはできない．タイムマシンがない限り不可能である．それゆえ，すでに調査され続けているデータで一般の研究者にも公開されているものを利用するしかない．

現在，ICPSR，GESIS，SSJDAといったデータ・アーカイブで比較的容易

---

3) 損耗率とは，1回目の調査の回答者のうち，その後の調査で転居先不明や拒否，会えないなどの理由でデータを得られなかった人たちの比率のことである．パネル調査では，2回目の調査は1回目の調査に回答してくれた人に対して行うので，2回目の調査の有効回答数が1回目の調査より多くなることはない．さらに3回目以降の調査でパネルから脱落していく人もいる．このような人々が多いほど損耗率が高まる．

に 2 次データ[4] を入手できる．質の高いデータを集めるためには多大なお金と時間，知識が必要になるが，そのようなコストを払うことなく良質なデータを得られる 2 次データのアーカイブは，一般の研究者にとって大きな助けとなる．これらのデータ・アーカイブには，日本を対象としたパネル・データもいくつか公開されているが，いずれも始まったのは 2000 年代で，長期間にわたる価値観の変容を研究するのには向いていない．特に年齢と時代，コーホートの効果を識別するためには，長期間にわたるデータの蓄積が不可欠である．「日本人の意識」は 1973 年に始まったので，2015 年 3 月現在に公開されている 2008 年までのデータを使って，35 年にわたる価値観の変化を調べることができる．このような長期間の変化を検討できる公開 2 次データは世界的にもめずらしく，1972 年にはじまった米国の総合的社会調査（GSS: General Social Survey）ぐらいしか類例が見当たらない（ドイツ総合社会調査（ALLBUS）は 1980 年，イギリス態度調査は 1983 年にスタート）．このように「日本人の意識」は，非常に貴重な意識調査データなのである．

このように長期間にわたる変化が見られるということは，「日本人の意識」の非常に大きな長所であるが，それはそのままこのデータの短所にも直結している．第 1 に，かなり昔にスタートしたので，質問項目の幾つかは，今となっては質問の「内容」がやや古いのである．例えば，性役割意識を尋ねる質問項目の 1 つに，次のような設問がある．

> リストには，父親が台所の手伝いや子どものおもりをすることについて，甲，乙 2 つの意見をのせてあります．あなたはどちらに賛成しますか
> 　甲：台所の手伝いや子どものおもりは，一家の主人である男子のすることではない
> 　乙：夫婦は互いにたすけ合うものだから，夫が台所の手伝いや子どものおもりをするのは当然だ

---

[4] 自分自身で直接集めたデータを 1 次データ，他人が集めたデータを借用して分析する場合，そのデータを 2 次データという．

夫はまったく家事や育児をしないか，「手伝い」をする程度でいいのか，の二択であり，2008年の調査では有効回答の90%が乙を選んでいる．しかし，現在重要なのは，夫がもっと積極的に家事を担うべきかどうかであり，「手伝う」べきかどうかではないだろう．これでは，性役割に関する現代の価値観の違いを知る上で，重要な相違を十分に捉えられているかどうかはいささか不安である．

　しかし，このような問題は，長期にわたる意識調査が必ず直面する問題である．なぜなら繰り返し横断調査やパネル調査では，同じ質問項目を繰り返し使うため，途中で質問を変えることができないからである．古い質問だからこそ，比較が可能になり長期にわたる変化を知ることができるのである．また，因子分析のような潜在変数を用いた分析をおこなったり，他の意識項目の変化を総合的に勘案することで，こういった短所はかなり克服することが可能である．

　「日本人の意識」の第2の問題点は，質問の「尋ね方」もやや古いということである．一般に価値観や意識を正確に調べることは非常に難しく，何らかの誤差やバイアスが回答に含まれていることが多い．そのため，近年では，そのようなバイアスを補正したり，除去するような統計的な操作がなされることがよくある．そのために最もよく使われてきたのが因子分析であるが，因子分析はもともと量的な変数をあつかう分析法なので，上で例にあげたような二択の質問項目や，選択肢に順序や大小関係の無い質問項目は分析するのが苦手である．それゆえ最近の社会調査では，回答の選択肢に順序をつけて因子分析をしやすくしていることが多いが，「日本人の意識」では，あまりそのような工夫はなされていない．

　とはいえ，近年では因子分析も発展し，カテゴリカルな変数も扱えるようになっており，上の例のような二択の質問項目も分析できるようになっている（Brown 2006）．潜在クラス分析のようなカテゴリカルな変数を前提にした分析法もあり（McCutcheon 1987），これらの方法を用いれば，「日本人の意識」も十分に分析することが可能である．また，社会学ではそもそも因子分析や潜在クラス分析のような潜在変数を使った分析をしないことも多い．なぜなら，これらの分析をするためには，同じ概念（例えば性役割意識）を測定するための複数の質問項目（最低でも3つ，できればもっと多く）が必要であるが，社

表 2-1 「日本人の意識」調査の概要

	1973	1978	1983	1988	1993	1998	2003	2008
時期	6月	6月	9月	6月	10月	10月	6月	6月
対象者数	5,436	5,400	5,400	5,400	5,400	5,400	5,400	5,400
有効回収数	4,243	4,240	4,064	3,853	3,814	3,622	3,319	3,103
回収率	78%	79%	75%	71%	71%	67%	61%	57%

出典:河野・高橋 (2009).

会調査では,そのようなたくさんの質問項目を1つの概念の測定のために盛り込むことが難しいからである.それゆえ,この点で特に「日本人の意識」が他の調査データに比べて劣っているとは考えられないのである.

第3の問題点は,「日本人の意識」には,回答者の収入や職業に関する質問がほとんど無いことである.人々の価値意識には,社会経済的な地位がある程度影響をおよぼすことが知られている.例えば,世帯収入の高い人ほど新保守主義的な政策に肯定的であると言われている(伊藤 2014;川野 2012).それゆえ,価値意識の変化の原因を知る上で,人々の収入の変化を踏まえることは重要である.しかし,「日本人の意識」では,世帯収入も保有資産もたずねていないため,社会経済的な地位は十分に分析できない.ただし,学歴と大雑把な職種はたずねられているので,ある程度は分析可能である.

以上のように,「日本人の意識」にはいくつかの問題点があるものの,それらは工夫次第で克服可能である.また,35年にわたる価値意識の変化を調べられるという長所は,それらの問題点を補って余りあるといえよう.

2.2——サンプルの特徴

「日本人の意識」は,16歳以上の日本人を対象とした三段無作為抽出データで,面接法で尋ねられている(河野・高橋 2009).調査期間は,6月または9,10月の土日を含む2-4日間である.1973年に1回目の調査が行われ,2013年に9回目の調査が行われたが,2015年現在公開されているのが8回目までなので,本書では8回目までのデータを用いる.表2-1のように回収率は1973年の1回目の調査が78%,その後は少しずつ低下し,2008年調査の回収率は57%である.調査期間を10日程度に延ばせば,回収率は多少上げられるだろうが,そのせいでかえってサンプルの歪みが大きくなることもあるので,難し

表 2-2　男女，調査年別の年齢の分布　(%)

		調査年								合 計
		1973	1978	1983	1988	1993	1998	2003	2008	
男	16-24歳		18.1	16.5	15.6	16.3	16.2	12.7	11.5	10.3
	25-34歳		22.9	22.0	17.8	14.1	13.3	13.6	13.8	11.5
	35-44歳		23.1	22.8	21.8	20.6	20.1	15.7	14.9	15.5
	45-54歳		14.2	19.0	19.9	19.4	19.4	19.3	16.5	15.0
	55-64歳		11.6	11.0	14.0	18.0	16.9	18.9	20.8	20.1
	65歳以上		10.1	8.6	10.9	11.6	14.1	19.8	22.4	27.6
	計	100.0%	100.0%	100.0%	100.0%	100.0%	100.0%	100.0%	100.0%	100.0%
	合計人数	1,953	1,910	1,836	1,755	1,727	1,659	1,519	1,393	13,752
女	16-24歳		16.9	15.6	14.0	13.6	14.1	11.5	8.8	7.3
	25-34歳		24.4	25.6	20.2	16.9	15.0	14.1	12.0	11.8
	35-44歳		23.6	22.1	24.3	23.4	18.4	16.2	17.9	14.9
	45-54歳		16.4	16.8	16.0	17.1	18.8	19.0	18.1	15.7
	55-64歳		10.3	11.5	13.7	14.3	17.6	18.8	18.1	20.5
	65歳以上		8.4	8.5	11.9	14.7	16.0	20.5	25.1	29.8
	計	100.0%	100.0%	100.0%	100.0%	100.0%	100.0%	100.0%	100.0%	100.0%
	合計人数	2,290	2,330	2,228	2,098	2,087	1,963	1,800	1,710	16,506

いところである．

　無理に回収率を上げていないせいか，「日本人の意識」データのサンプルの歪みは，非常に小さいといっていいだろう．永瀬（2012）では，「日本人の意識」調査と直近の比較的信用できる大規模調査の基本的な変数の分布の比較を行った．具体的には，年齢別の男女比と男女・年齢別の学歴の分布を，国勢調査と比較した．また，男女・年齢別の有職率も，就業構造基本調査と比較している．たしかに，10数ポイント程度の分布のズレが見られることもあるが，総じて国勢調査や就業構造基本調査との分布のズレは小さく，これらの影響は深刻なものとは言えない．

　また，2008年の「日本人の意識」の性別と年齢の分布を総務省統計局による2008年10月1日時点の日本人の人口推計値と比較すると，分離指数は0.090で，それほど大きなものではない[5]．同じ比較を，標準的な社会調査で

---

5)　分離指数は，以下のように計算している．まず総務省の人口推計，「日本人の意識」，JGSSのデータでそれぞれ性別×年齢のクロス表を作る．ただし，年齢は20歳以上で，5歳刻み，75歳

ある日本版総合社会調査 (JGSS) の 2008 年調査と同じ総務省の人口推計の間で行うと 0.091 で,「日本人の意識」のほうがほんの少しだが歪みが小さい.

なお,「日本人の意識」データの男女, 時代別の年齢の分布は**表2-2**の通りである. このデータの基本的な分布については, NHK 放送文化研究所編 (2010) で詳しく検討されているので, そちらを参照されたい.

3 ―― 年齢・時代・コーホートの効果を識別する方法

3.1 ―― 年齢・時代・コーホート

価値意識の変化を考える場合, 年齢 (Age), 時代 (Period), コーホート (Cohort)(以下 APC と略称)の関係を理解しておく必要がある. 時代とは調査時点を意味し, コーホートとは回答者の出生年を指す. 時間の経過とともに価値意識の変化がみられるような場合, それは APC のいずれか (あるいはそれらの組み合わせ) による変化であると考えられる. 例えば幸福度は, 若者よりも高齢者のほうが高いことが知られているが, それはいつの時代にも, どんなコーホートでも必ず年をとれば, 幸福度の平均値が高まっていくということなのか, それとも現在高齢者になっているコーホートのほうが, 現在若者であるコーホートよりも幸福度の平均が高いだけで, 現在若者であるコーホートが高齢者になったときは幸福度の平均値は現在の高齢者ほど高くならないのかもしれない. 残念ながら, 日本の若者論や社会学では, APC が価値意識にどのような影響をおよぼすのか, きちんと識別しようという試みは非常に稀であり, 横断的調査の結果から, 年齢による価値意識の違いが見られると, それをそのままコーホートや時代による価値意識の違いに読み替えるような安易な研究が大勢を占めている.

以上はひとつのカテゴリにまとめている. 次に比較する 2 つのデータに関して, $\sum_{ij}|p_{ij1}-p_{ij2}|/2$ という式で分離指数を計算している. ただし, p_{ij1} は一方のデータの i 行 j 列目のセルの度数のサンプル全体に占める比率, p_{ij2} はもう 1 つのデータの i 行 j 列目のセルの度数のサンプル全体に占める比率, $\sum_{ij}$ はすべてのセルに関して足し合わせるという意味である. 分離指数は 2 つのクロス表の分布が完全に一致した場合に 0 になり, 最大で 1 をとりうる.

このような年齢・時代・コーホートによる価値意識の違いは，すでにのべたように繰り返し横断調査のデータを使えば，ある程度は識別できる．しかし，それは容易なことではない．以下ではそのための分析法を簡単に概観していくが，まずはもっとも簡単でもっとも重要な平均値の変化の読み方から論じていこう．

3.2——平均値の変化を読む

　質問紙調査では，ある時代やコーホートの価値意識は，質問に対する回答の平均値や，ある項目を選んだ人々の比率で表される．例えば，今幸せかどうかを「1 幸せではない」から「2 どちらかと言えば幸せではない」「3 どちらとも言えない」「4 どちらかと言えば幸せである」「5 幸せである」までの5段階で尋ねたとすると，この平均値を計算することで，APCによる幸福度の違いを記述することができる．そのためには，APCのうちどれか2つをとりあげて，それらの値によってどのように平均幸福度が異なるのかグラフにするのがよい．例えば，図2-1や図2-2のようにである．こうするとAPCによって幸福度がどう異なるのか，ある程度は分かる．

　しかし，この方法には限界がある．例えば，図2-1は，コーホート別に時代によって，平均幸福度がどう変化したのか示したグラフである（ただし架空のデータ）．これをみると，どのコーホートでも時代が最近になるにつれて幸福度の平均が高まっているように見える．また，1でプロットしているのがいちばん昔に生まれたコーホートで，数字が大きくなるほど最近生まれたコーホートなので（ただし0が一番最近に生まれたコーホート），昔生まれたコーホートほど幸福度の平均が高いようにみえる．しかし，このような幸福度の違いは，実は年齢によって生み出されたもので，時代やコーホートによる実質的な変化は何も無いのかもしれないのである．例えば，グラフはすべて右肩上がりなので，時代の効果があるとも考えられるが，その間にすべての人が年をとっていったこと（つまり年齢）の効果なのかもしれない．また，同じようにいつの調査時点をとっても，出生年が昔のコーホートのほうが最近生まれたコーホートよりかならず年齢は上になるので，コーホート間の違いのようにみえるものも，年齢の効果なのかもしれない．このようにAPCのうちどれか1つの効果を統

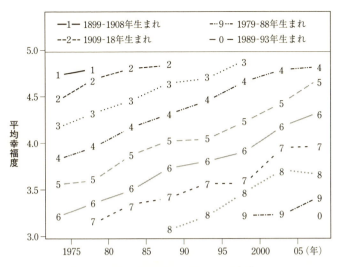

図 2-1 コーホート別平均幸福度の時代による変化（架空データ1）
注：凡例の 3-8 は省略しているが，1，2 と同じように 10 年ごとの出生コーホートを示す．

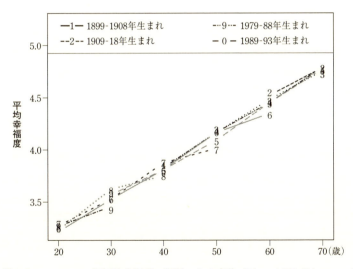

図 2-2 コーホート別平均幸福度の年齢による変化（図 2-1 と同じ架空データ1）

2章 データと分析法——35

計的にコントロールすることはできても，残りの 2 つの効果は識別できないのである．

このような問題を解決するためには，時代とコーホートだけでなく，さらに年齢別にもサンプルを分割してグラフを作る，というのが通常の分析法なのだが，APC の場合それができない．例えば，1980 年生まれの人は，2008 年には全員 28 歳なので（誕生日によるタイミングのズレはあるが，ここでは議論をわかりやすくするために無視して考える），時代とコーホートでサンプルを分割したらそれ以上年齢でデータを分割することができないのである．それゆえ，APC の 3 つを同時に統計的にコントロールすることは不可能である．いいかえれば，数学／統計的な知識だけでは，APC の効果を識別するのは不可能なのである．これは識別問題の一種で，統計学者や社会学者を悩ませてきた．このような問題に対して，実質的な仮定をおくことなく「純粋に数学／統計的に」APC の効果を識別する方法がいくつか提唱されている（Fukuda 2013; Nakamura 1986; Yang and Land 2006; Fu et al. 2011）．「純粋に数学／統計的に」とは，機械的にある分析法を使えば，自動的に APC によって価値意識がどう異なるのか識別できる，という意味である．しかし，そういった楽観論は，実際の社会現象の研究者からは懐疑的な目で見られたり，もっとはっきりと批判されることも多い（川口 2014; Luo 2013; O'Brien 2011）．私も，そういった楽観論には否定的であり，「純粋に数学／統計的に」APC を識別できるとは考えていない．

それでは，どうすればいいのか．答えを先取りすれば，価値意識に関するこれまでの知見を用いて，理にかなった仮定をおくことで，APC を識別すべきである．このような考え方は統計的な分析法の研究者の間では広く共有されている基本的な考え方である．複雑な統計モデルを使った分析法はしばしば何らかの仮定にもとづいて推定を行うが，その仮定が現実に適合していなければ，推定結果も誤ったものになってしまう．構造方程式モデルや対数乗法モデル，マルチレベルモデルなど，最近の複雑な分析法では，このような仮定の存在を明確に自覚し，その妥当性を理論や過去のデータに照らしてチェックすることの重要性が，必ず強調されている（Bollen 1989; Powers and Xie 2000; Raudenbush and Bryk 2002）．APC に関しても同じことが言えるのである．

以下では，架空のデータ・セットをいくつか使って，どう平均値を読むべきか，考えていこう．

1つの要因だけが効果を持つ場合 実際のデータを読み解いていく前に，単純な架空のデータを検討することで，APCの効果がどのようにグラフにあらわれるのか知っておくことは，非常に有益である．まず，APCのうち1つだけが，従属変数（我々の例では幸福度）に影響を及ぼすとすると，どのようなグラフになるのか見てみよう．さきほど言及した図2-1をもう一度見てみよう．既に述べたように，どのコーホートも時間の経過とともに幸福度の平均値が上昇しているのがわかる．また同じ時代の中で比較すると，常に古い（つまり，高齢の）コーホートほど幸福度が高くなっている．さらに6, 7, 8, 9であらわされている4つのコーホートの線の一番左側の点（一番左下の点というべきか）を比較してみよう．これらの点はそれらのコーホートが一番若かった時（15-24歳ぐらい，場合によって多少のずれあり）の幸福度を指している．多少の凸凹はあるものの3.1前後でほとんど変わらないのがわかる．つまり，いつの時代でも，どのコーホートでも若い時は幸福度が低いことを示している．図2-2は横軸を時代ではなく年齢にして図2-1をプロットしなおしたものであるが，どのコーホートでも同じ年齢のときには同程度の幸福度であることが分かる．以上を総合的に考えれば，幸福度に影響を及ぼしているのは年齢であり，コーホートや時代は関係ないと考えられる[6]．実際，この架空のデータは年齢が1歳あがるごとに平均幸福度が0.1ずつあがり，時代やコーホートの影響は受けないように私が作ったものなのである[7]．

このようにAPCのうち，ひとつの変数だけが効果をもつ場合，その効果を持つ変数を横軸に配置してグラフを作ると，必ず図2-2のように，残りの変数

---

[6] もちろん，実は年齢の効果はなく，コーホートと時代の効果が組み合わさって，あたかも年齢の効果であるかのように見えているだけという可能性は考えられる．この場合，時代が1年進むごとに0.03ずつ幸福度が高まり，出生年が1歳新しくなるごとに幸福度が0.03ずつ下がれば，図2-1や図2-2と同じ結果が生じる．しかし，そのような複雑な因果関係を考える積極的な理由がなければ，単純に年齢のみにしたがって幸福度は変化していると考えて差し支えないだろう．

[7] 具体的には，以下の式にしたがって幸福度の架空のデータを作った．
$Y = 1 + 0.1A + e$，ただし Y が幸福度，A が年齢，e は平均0の正規分布する乱数である．

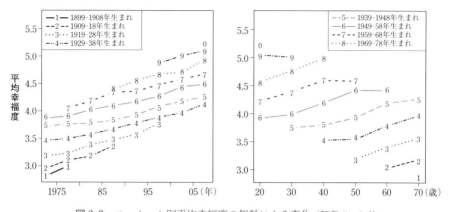

図 2-3 コーホート別平均幸福度の年齢による変化（架空データ2）
注：1-9, 0 は 10 年ごとのコーホートを示し，数字が大きいほど若いコーホートだが 0 が一番若い．

でどうグループ分けしてもすべての線が重なってしまう．このようなカタチに近いグラフが得られたならば，特別な理由がない限り横軸に配した変数だけが効果を持っていると考えるのが理にかなっているといえよう．

複数の要因が線形の効果を持つ場合　実際のデータでは，年齢，時代，コーホートのうちの複数の要因が態度変容と関係していると考えられることもしばしばある．例えば，図 2-3 は時代とコーホートの両方が幸福度に影響し，年齢は影響しないように作った架空のデータである．左右とも同じデータのグラフであるが，左は横軸に時代を，右は年齢をとっている点だけが違う．個々の線がコーホートを表す．すべての線が並行で新しいコーホートほど上のほうにあるので，新しいコーホートほど平均幸福度が高いことが分かる．また，どちらのグラフも右肩上がりなので，コーホートが同じであれば，年齢が上であるほど，そして最近の時代ほど平均幸福度が高い．

しかし，このデータは年齢とは関係なく時代とコーホートだけで幸福度の高さが決まるように人工的に作ったものである．年齢は本当は幸福度に影響していないにもかかわらず，年齢が上がるほど平均幸福度も高まるように見えるのは，コーホートが同じならば時代が最近になるほど年齢が上がるので，本当は時代の効果であるにもかかわらず，年齢の効果のように見えてしまうからであ

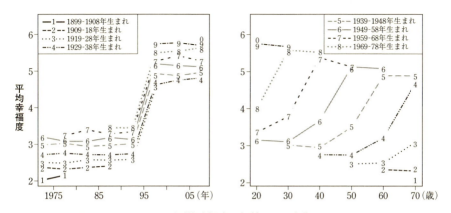

図 2-4　コーホート別平均幸福度の年齢による変化（架空データ3）
注：1-9, 0 は 10 年ごとのコーホートを示し，数字が大きいほど若いコーホートだが 0 が一番若い．

る．この場合データだけから APC のうちのどれがどれだけの効果を持っているのかを判読するのは不可能である．

一般に，APC のうちの 2 つ，あるいは，すべてに比例して線形に幸福度が変化するとすると，年齢，時代，コーホートのうちどれがどれだけの効果を幸福度に対して持っているのか，データだけから判読する方法はない．それゆえ，その場合はデータだけでなく，既存の研究成果や社会学理論，常識などを総合的に勘案して判断するしかない．例えば，図 2-3 は幸福度ではなく，男女平等意識の強さだったとしよう．既存の研究成果や常識に照らして考えると，高齢になるほど男女平等意識が強くなるというよりは，時代が最近になるほど男女平等意識の高まりがあると考えるほうが理にかなっている．このようにデータの解釈には統計学の知識だけでなく，その問題に関係する幅広い知識や教養が必要となることが多い．

非線形の関係がある場合　年齢，時代，コーホートの効果がすべて線型の場合は識別が困難だが，非線形ならば常識的に識別可能な場合もしばしばある．例えば，図 2-4 は図 2-3 とは別の架空のデータを，コーホート別にそれぞれ時代と年齢を横軸にとってプロットしたものである．この架空データは，やはり時代とコーホートによって平均幸福度が異なるように作ってあるが，時代の効

果が非線形である．図 2-4 の左側の時代による変化を見たグラフのほうが分かりやすいが，若いコーホートほど平均幸福度は高く，1995 年前後で急上昇が起きていることが分かる．右側のほうのパネルを見ると，確かに年齢によって上がっているのだが，上がるタイミングがコーホートによってまちまちで，これは時代による変化だと考えたほうがシンプルである[8]．年齢の効果だと考えるならば，出生コーホートによって幸福度の上がる年齢が異なるということになるが，そのような幸福度上昇のタイミングの違いを説明できる根拠が無い限り，年齢の効果ではなく，時代とコーホートの効果だと考えるべきだということである．

こういった従属変数の非線形の変化は珍しいことではない．このような変化の変わり目を見極めることで，APC のうち，どれが特に大きな効果を持つのかを見分けることはしばしば可能なのである．この 3.2 節では，特に統計的な知識がなくてもできるようなデータの読み方を概説してきたが，その原則は，以下の 2 つにまとめることができる．

・データに対して同じくらいもっともらしい複数の解釈が可能な場合は，単純な解釈を採用すべし．
・現在検討しているデータだけでなく，過去のデータや理論，常識など，持てる知識を総動員してデータは解釈すべし．

これらはすでに述べたように，数学的にはどうしようもない問題に対する実践的な処方箋である．これらの原則は，次節のもっと複雑な統計技法を用いる場合にもあてはまるし，調査データの分析一般にも通じる重要なものである．ただし，科学哲学的には批判や反論も可能な 1 つの実践的な処方箋にすぎない，ということは覚えておくべきであろう[9]．

---

[8] オッカムの剃刀の精神に従えば，ある現象をより単純に解釈できる説があるならば，より単純な説を採用すべきである．
[9] すでにふれたように，ある種の推定法で数学的に簡単に APC は識別できると主張する研究者もいるし，「事実」をありのまま記述すればいいのであって APC を識別する必要などない，と考える研究者もいるし，「おもしろい」解釈ができればそれでいいのだから，まじめに APC を

最後に重要なポイントを付け加えておく．APCでグラフを作る場合は，3つの組み合わせすべて（年齢と時代，時代とコーホート，コーホートと年齢）のグラフを作ってみるべきである．なぜなら，組み合わせによってずいぶんデータから受ける印象は異なることがあるからである．上の例では，紙幅の都合から2つしかグラフを掲載していないが，必ず3通りのグラフを作って慎重に検討すべきであろう．

3.3——一般化線形モデルでのAPC分析

年齢・時代・コーホート（APC）の効果を識別する方法として，もう1つの重要な方法が一般化線形モデル（Generalized Linear Model: GLM 回帰分析やロジスティック回帰分析などの総称）とその発展形である．グラフを使って平均値の変化を読むという方法は非常に重要だが，APC以外のさまざまな要因（例えば性別や学歴）を同時に統制するのが非常に困難である．GLMではAPC以外にも従属変数に影響をあたえる要因をモデルに投入することが可能なので，より包括的で厳密な分析が可能になる，というメリットがある．以下では通常の線形回帰モデルを例に議論していくが，以下の議論はロジスティック回帰分析や負二項回帰分析のようなその他のGLMにもあてはまる．通常の線形回帰モデルは，個人をi（$i=1, \ldots, N$），iさんの従属変数の値をY_i，調査時点の年齢をA_i，時代（iさんが調査された時点）をP_i，出生年をC_i，その他の独立変数を$X_{1i}, X_{2i}, \ldots$とすると，

$$Y_i = \beta_0 + \beta_1 A_i + \beta_2 P_i + \beta_3 C_i + \beta_4 X_{1i} + \cdots + \epsilon_i \tag{1}$$

と書き表せる．ただし，ϵ_iは誤差項である．ふつうは最小二乗法でサンプルから，$\beta_0, \beta_1, \ldots$のようなパラメータを推定するが，上のモデルは識別不可能である．すでに述べたように，一般に$C_i + A_i = P_i$という関係が成り立つが，これは多重共線性のもっとも極端な状態である．それゆえ，APCの係数である$\beta_1, \beta_2, \beta_3$に何らかの制約をかけない限り，推定できない．例えば，$\beta_2 = 0$とか，

識別する方法など考える必要はない，という研究者もいる．しかし，私たちはそうは考えないし，多くの読者も私たちに賛同してくれることを願っている．

$\beta_3=0.5*\beta_1$ とか，$\beta_1+\beta_2=\beta_3$ といった制約を1つ以上かければ識別可能になり，パラメータは推定できる．しかし，このような制約が真のパラメータの値とかけ離れたものであれば，得られる推定値も間違ったものになる．APCは上のように連続変数としてではなく，ダミー変数として投入することも可能であるが，連続変数の場合とまったく同じような問題が生じる．A歳，調査時点がP年，C年生まれの効果をそれぞれ，$\beta_A, \beta_B, \beta_C$（$\sum_A \beta_A = \sum_P \beta_P = \sum_C \beta_C = 0$），総平均の効果を$\beta_0$，$A$歳で調査時点が$P$年で$C$年生まれの$i$さんの従属変数の値を$Y_{iABC}$とすると，

$$Y_{iABC}=\beta_0+\beta_A+\beta_B+\beta_C+\epsilon_i \tag{2}$$

とダミー変数モデルは書き表せる．ただし，他の独立変数は割愛し，式(1)と違って分散分析風の表記法になっている点に注意．このモデルでもダミー変数同士の間に一次従属の関係があり，識別は不可能である．それゆえ，例えば年齢の効果に関して$\beta_{20歳}=\beta_{21歳}$といった制約をかければ，識別は可能であるが，その制約が事実と異なれば，推定値は歪んだものになる（Glenn 2005）．

一般化線形モデルでのパラメータの制約　それゆえ，APCの分析に回帰分析のような一般化線形モデル（GLM）を用いるときには，いつも以上に慎重にモデルを特定したり，診断したりすることが求められる．適切な制約をかけるためには，前の節で述べたようなグラフを作って平均値の変化を読み，さまざまな知識を動員することで模索することが必要不可欠である（Glenn 2005）．パラメータの制約はデータや問題の性質にあわせて考える必要があるが，代表的なやり方をいくつか紹介しておこう．

APCの係数のうち1つを0に固定　もっとも単純な方法は，APCの係数のうち1つを0に固定する（つまりどれかをモデルから除外する）ということである．平均値の変化を慎重に読めば，APCのうち，どれか1つは効果が無いか，あったとしても非常に小さいと考えられる場合は意外に多い（Glenn 2005）．そのような場合はその変数をモデルから除外する．例えば，性役割意識の変化の研究では，年齢の効果は無視しうるほど小さいとみなされる

ことが多く，年齢が性役割意識を予測するモデルに投入されることは稀である．しかし，この方法はAPCがすべて効果を持っている（あるいはその可能性が疑われる）場合には使えない．

幅のあるダミー変数を使う　すでに述べたように，APCの効果は線形とは限らない．例えば戦前の旧制教育を受けたか戦後の新制教育を受けたか，学生運動が盛んだった団塊世代かどうか，など特定の出生コーホートだけで価値意識が異なるということは十分考えられる．そのような場合，その特定のコーホート（あるいは年齢，時代でもよい）かどうかを示すダミー変数を作ってモデルに投入すれば，モデルは識別できる．これは，式(2)のようなダミー変数型のモデルに関して，ある期間の隣接する出生コーホートの効果が等しいという制約をかけているのと同じである（Mason et al. 1973）．ただし，これも本当は線形に変化しているのに無理にダミー変数を投入すれば推定値は歪んでしまう[10]．例えば，真のAPCの効果は線形で，回帰係数がそれぞれ1, 2, 3だとしよう．出生年の代わりにこれを適当なカテゴリ（例えば1911年以前生まれ，1912-37年，1938-50年，1951-63年，1964年生まれ以降）に分割したダミー変数をモデルに投入してOLSで推定すると，年齢の係数は-2，時代の係数は5，コーホートのダミー変数の係数はどれも0になる．このようなバイアスが生じるのは，従属変数への効果の異なるコーホートをあやまって同じコーホートのカテゴリに分類しているからである．例えば1912年に生まれた人よりも1937年に生まれた人のほうがずっと従属変数の値は高くなりやすいのに，このモデルでは誤って同じコーホートに組み入れられているために推定値が歪むのである．量的な変数をカテゴリカルな変数に変換するのはしばしば有効な方法だが，量的変数のままモデルに投入したり，区切り位置を変えてみるなど，探索的に適切なモデルを考えることが必要である．

---

[10]　ちなみに，この連続変数のカテゴリカル変数への変換によるバイアスは，APCにかぎらず，もとの連続変数と相関する独立変数がある場合には常に生じる．安易なカテゴリー化は危険なのである．

交差分類ランダム効果モデル　APCのうち2つの効果を固定効果ではなく，ランダム効果としてモデルに投入するという方法も提唱されている（Yang and Land 2006）．先行研究ではなぜか年齢を固定効果として時代とコーホートをランダム効果とするモデルしか扱われていないので，ここでもそのモデルをあつかうが，調査された時点がP年で，出生年がC年のiという人の従属変数の値をY_{iPC}，時代とコーホートのランダム効果をそれぞれμ_P，ν_Cとすると，

$$Y_{iPC} = \beta_0 + \beta_1 A_i + \mu_P + \nu_C + \epsilon_i \tag{3}$$

と交差分類ランダム効果モデルは書ける．ただし，これを識別するためにA_i，μ_P，ν_Cは独立であるという制約がかけられている．それゆえ，やはりこの3つの間のどこかに相関があれば，推定値は歪む．例えば，上と同じ例で真のAPCの効果は線形で，回帰係数がそれぞれ1，2，3だとすると，やはりコーホートの効果は0になってしまい，年齢と時代の効果も上の計算例とほぼ同じように歪んでしまう．交差分類ランダム効果モデルが得意なのは，A_i，μ_P，ν_Cが無相関な場合である．例えばまれに生じる出来事（例えば災害や大きなスポーツ大会など）によって，すべての人の価値意識が上下するような場合，それは時代のランダム効果μ_Pとして表せるだろうが，それが最近になるほどよく起きる（あるいは逆に昔ほどよく起きた）ような出来事ではないならば，コーホートの効果ν_Cとも相関しないので推定の歪みは抑えることができる．

中村のベイズ推定法　中村のベイズ推定法は，式(2)のようなダミー変数型のモデルに関して，隣接するコーホート，時代，年齢の効果の差をできるだけ小さくすることでモデルを識別している（Nakamura 1986）．同じような制約をかけてOLSで推定する方法も最近提案されている（森ほか 2010）．これらのモデルは，年齢や時代，コーホートの効果は突発的に大きく変化はしない，と仮定している．これらは，APCの変化に応じて少しずつ従属変数の値が変化しているような場合に特に有効だと思われる．しかし，何らかの原因によって特定の時代やコーホートで急激に従属変数の値が変化するような場合，バイアスが生じる可能性がある．この分析を実行するプログラムが一般公開されておらず自分でシミュレーションできないので，正確なことはわからないが，やは

り応用には，制約が事実に合致しているかどうか注意深く検討する必要があろう．

これらのほかにも主成分分析を使った方法（Fukuda 2013）や本質的推定（intrinsic estimator）と呼ばれる推定法（Fu et al. 2011; Yang et al. 2008）もあり，これらもパラメータに制約をかけているのだが，その実質的な解釈は困難で応用には上記の方法以上に注意が必要である．

実質変数によるマルチレベルモデル　価値意識に何らかの変化が起きているようにみえる場合，それが年齢・時代・コーホート（APC）のいずれによって生じているのかを見極めることは重要である．しかし，社会学的には，さらに一歩議論を前に進めて，なぜAPCによって価値意識が変化しているのか明らかにすることのほうが重要であろう．例えば，経済発展した国々におけるジェンダー平等主義的な価値観の高まりには，明らかに時代の効果があると考えられているが，なぜそのような時代効果があるのか，という問題は興味深い．仮に社会全体の経済的な豊かさが寛容と平等を重んじる価値観を強めるとすると，ジェンダー平等主義に対する時代の効果は，社会の経済発展によってもたらされたのかもしれない．もしもそうならば，回帰分析のようなGLMに投入すべき真の独立変数は時代ではなく，その時代の経済的豊かさを示す指標（例えば1人あたりGDPや貧困率）である．

このようにAPCの背後に別の要因が存在すると考えられる場合，APCのかわりに，その要因をモデルに投入すれば，モデルは識別できるだろう（Rodgers 1982）．この方法は川口（2014）によっても推奨されており，私もおすすめする方法である．このようなAPCのいずれかの代わりになる実質的な変数をここでは実質変数と呼んでおく．推定にはOLSよりも，いわゆるマルチレベル・モデルを用いたほうが，適切であろう（DiPrete and Grusky 1990）．つまりAPCのどれか2つ（1つでも可能な場合もあり）をグループ・レベルに設定するのである．式(3)にグループ・レベルの変数を加えたものがそれにあたる．この方法は，上で紹介した交差分類ランダム効果モデルと数学的にはほぼ同じものだが，交差分類ランダム効果モデルでは，ランダム効果を時代やコー

ホートの実質的な効果と解釈するのに対して，マルチレベル・モデルではグループ・レベルの変数（上の例では調査時点の1人あたりGDPや貧困率）の係数を時代やコーホートの実質的な効果とみなす点が異なる．マルチレベル・モデルでは，グループ・レベルのランダム効果は，グループ・レベルの誤差項とみなされる．

　APCの代わりに実質変数を使うという方法に対しては，それはほんとうの意味でAPCの効果を識別したことにならないといった批判もある．しかし，APCの効果の識別は，社会学にとっては手段であって目的ではない．もっと実質的な変数の効果のほうが重要なのであれば，そちらの研究に取り組んだほうが生産的であろう．ただし，やはりこの方法も万能ではない．まず，適当な実質変数が見つからない場合もある．また見つかったとしても時代やコーホートの実質変数となりうる変数は，多くの場合互いに強く相関している．そのため，どの変数をモデルに投入しても統計的に有意になってしまう，といった状況も起きうる．それゆえ，やはり慎重な検討が必要であることに変わりはない．

4──時代変化の要因分解

　APC問題に対する，やや異なるアプローチとして時代変化の要因分解という方法がある．例えば，最近の調査結果ほどジェンダー平等主義の指標の平均値が高くなっている場合に，そのような時代の変化を引き起こした要因を特定するのが，要因分解法である．発想としては上のマルチレベル・モデルに似ているが，要因分解法は，従属変数に対する年齢・時代・コーホート（APC）の効果を識別するのではなく，従属変数の平均値が時代とともに変化している場合に，その時代変化の原因を特定するために用いられる．ここでは，代数的要因分解法を紹介しよう[11]．価値観の時代による変化を説明するための1つの仮説は，世代交代である．出生コーホートによって価値観が異なり，古いコーホートが死に絶えて，新しいコーホートが生まれてくるならば，平均的な価値観は変化する．コーホートによる価値観の違いがある場合，個々人の価値観

---

11) ほかにも線形要因分解法という方法がある．

が生涯にわたって変化しなかったとしても,社会全体の平均的な価値観は変化する.逆にコーホート内で(つまり個々人の)価値観が変化した場合,コーホートの入れ替わりがなかったとしても価値観は変化する.前者をコーホート交代効果(cohort replacement effect),後者を個人変化効果(individual change effect)という(Firebaugh 1997).

時代によって平均的な価値意識が変化した場合,その変化は,コーホート交代による部分と個人変化による部分の3種類に分解することができる.時点1における価値意識の平均値をu_1,時点2における平均値をu_2とおき,両者の差を$u^{差}=u_2-u_1$とおく.この$u^{差}$は以下のような3つまたは2つの部分に分解できる(Kitagawa 1955).

$$u^{差} = \sum_j p_{j1} u_j^{差} + \sum_j u_{j1} p_j^{差} + \sum_j u_j^{差} p_j^{差} \tag{4}$$

$$= \sum_j \frac{p_{j1}+p_{j2}}{2} u_j^{差} + \sum_j \frac{u_{j1}+u_{j2}}{2} p_j^{差} \tag{5}$$

ただし,p_{j1},p_{j2}は,それぞれ時点1と2のサンプルに占めるjというコーホートの比率,$p_j^{差}=p_{j2}-p_{j1}$,u_{j1},u_{j2}はそれぞれ時点1と2のjというコーホートの価値意識の平均値,$u_j^{差}=u_{j2}-u_{j1}$である.式(4)の右辺の最初の項$\sum_j p_{j1} u_j^{差}$は,最初の時点のコーホートjの比率と2つの時点間の平均値の差を掛け合わせたものなので,個人変化の効果と考えられる.2番目の項$\sum_j u_{j1} p_j^{差}$は最初の時点のコーホートjにおける排外主義の平均値にコーホートjの比率の変化を掛け合わせたもので,コーホート交代の効果と考えられる.

式(4)の右辺の最後の項$\sum_j u_j^{差} p_j^{差}$は平均と比率の変化を掛け合わせたものであるが,ふつうは非常に小さい値をとるので,無視しうることが多い.この3番目の項をコーホート交代と個人変化に分割すると,式(5)が得られる.この式も最初の項が個人変化,2番目の項がコーホート交代の効果を示す.この要因分解法は,価値意識に対する年齢の効果が無視しうるほど小さい(あるいはまったくない)場合に用いるべきである.年齢の効果があると,それがコーホート交代効果と個人変化効果の値にも影響を及ぼしてしまうのである.

5 ── まとめ

以上，本書で用いるデータの特徴と分析法について概観した．データはすべての章で同じであるが，分析法は章によって異なる．これは扱っている価値意識の性質や先行研究でわかっていることに応じて，分析法を変えているからである．繰り返しになるが，もう一度，私の考える正しい分析法について述べておく．「データは既存の理論や研究成果など無視してただ記述すればいい」という論者がいる一方で，「データの分析などいい加減でいいから，おもしろい話をすればそれでいい」という論者もいる．私たちの立場はこれらの極端な考え方の中間にある．データの正確な記述は重要であるが，理論から完全に自由な事実の記述などありえない．逆に理論は重要だが，データとの整合性は慎重にチェックされるべきだ．このようなバランスをとることこそ，社会学にとって重要なのである．

[文献]

Bollen, K. A., 1989, *Structural Equations with Latent Variables*, New York: Wiley-Interscience.

Brown, T. A., 2006, *Confirmatory Factor Analysis for Applied Research*, New York: Guilford Press.

DiPrete, T. A. and D. B. Grusky, 1990, "Structure and Trend in the Process of Stratification for American Men and Women," *American Journal of Sociology*, 96(1): 107–43.

Evans, D. S. and L. S. Leighton, 1995, "Retrospective Bias in the Displaced Worker Surveys," *The Journal of Human Resources*, 30(2): 386–96.

Firebaugh, G., 1997, *Analyzing Repeated Surveys*, Thousand Oaks: Sage.

Fu, W. J., K. C. Land, and Y. Yang, 2011, "On the Intrinsic Estimator and Constrained Estimators in Age-Period-Cohort Models," *Sociological Methods & Research*, 40(3): 453–66.

Fukuda, K., 2013, "A Happiness Study Using Age-Period-Cohort Framework," *Journal of Happiness Studies*, 14(1): 135–53.

Glenn, N. D., 2005, *Cohort Analysis, 2nd ed.*, Thousand Oaks: Sage.

伊藤理史，2014，「ポスト55年体制期の大衆政治──大阪市長選挙における投票行動の実証研究」『ソシオロジ』58(3): 35–51．

川口雅正, 2014, 「科学方法論からみたコウホート分析の新解釈――危機からの脱出のパラダイム」『エコノミクス』18(2): 93-129.

川野英三, 2012, 「大阪市民の貧困観と近隣効果――貧困層は対立しているのか？」『貧困研究』9: 16-29.

Kitagawa, E. M., 1955, "Components of a Difference Between Two Rates," *Journal of the American Statistical Association*, 50(272): 1168-94.

河野啓・高橋幸市, 2009, 「日本人の意識変化の35年の軌跡(1) 第8回『日本人の意識・2008』調査から」『放送研究と調査（月報）』4月号: 2-39.

Luo, L., 2013, "Assessing Validity and Application Scope of the Intrinsic Estimator Approach to the Age-Period-Cohort Problem," *Demography*, 50(6): 1945-67.

Mason, K. O., W. M. Mason, H. H. Winsborough, and W. K. Poole, 1973, "Some Methodological Issues in Cohort Analysis of Archival Data," *American Sociological Review*, 38(2): 242-58.

McCutcheon, A. L., 1987, *Latent Class Analysis*, Thousand Oaks: Sage.

Morgenstern, R. D. and N. S. Barrett, 1974, "The Retrospective Bias in Unemployment Reporting by Sex, Race and Age," *Journal of the American Statistical Association*, 69(346): 355-57.

森宏・川口雅正・三枝義清, 2010, 「コウホート分析――A/P/Cモデルにおける等値制約の比較検証」『専修経済学論集』45(1): 79-122.

永瀬圭, 2012, 「NHK放送文化研究所世論調査部『日本人の意識調査, 1973～2008』のサンプルについて」（未発表稿）.

Nakamura, T., 1986, "Bayesian Cohort Models for General Cohort Table Analyses," *Annals of the Institute of Statistical Mathematics*, 38(2B): 353-70.

直井優編, 1983, 『社会調査の基礎』サイエンス社.

NHK放送文化研究所編, 2010, 『現代日本人の意識構造』[第7版] 日本放送出版協会.

O'Brien, R. M., 2011, "Constrained Estimators and Age-Period-Cohort Models," *Sociological Methods & Research*, 40(3): 419-52.

Pickup, M., 2014, *Introduction to Time Series Analysis*, Thousand Oaks: Sage.

Powers, D. A. and Y. Xie, 2000, *Statistical Methods for Categorical Data Analysis*, San Diego: Academic Press.

Raudenbush, S. W. and A. S. Bryk, 2002, *Hierarchical Linear Models: Applications and Data Analysis Methods 2nd ed.*, Sage.

Rodgers, W. L., 1982, "Estimable Functions of Age, Period, and Cohort Effects," *American Sociological Review*, 47(6): 774-87.

Yang, Y. and K. C. Land, 2006, "A Mixed Models Approach To The Age-period-cohort Analysis Of Repeated Cross-section Surveys, With An Application To Data On Trends In Verbal Test Scores," *Sociological Methodology*, 36(1): 75-

97.
Yang, Y., S. Schulhofer-Wohl, W. J. Fu, and K. C. Land, 2008, "The Intrinsic Estimator for Age-Period-Cohort Analysis: What It Is and How to Use It," *American Journal of Sociology*, 113(6): 1697–736.

3章
いかなる時代・世代において日本人の生活目標は変化したのか？

阪口祐介・柴田悠

1──問題意識：日本人の生活目標の変容

　本章の目的は，現代日本人の価値観の1つである生活目標がいかなる時代・世代においてどのように変化したのかについて明らかにすることである．

　見田宗介（1966: 8）が指摘したように，価値研究の目的は人間行為を理解・予測・変革することにある．価値は人々に動機づけや目標を与えることで，社会的行為を規定する役割を果たしており（Hitlin and Piliavin 2004），その価値の理解は人間行為の理解に他ならない．ここに人々の価値について研究する社会学的意義がある．

　それゆえに，近現代社会に生きる人々がどのような価値を持つのかという問いは，多くの社会学者によって探究されてきた（Riesman 1961=1964; Bellah et al. 1985=1991; Inglehart 1977=1978）．彼らは近代化・産業化による社会構造の変化によって「内部指向」から「他人指向」へ，「善くあること（being good）」から「いい感じ（feeling good）」へ，「物質主義」から「脱物質主義」へといった価値変容が起こり，そのことで新たな政治行動や社会関係が現れつつあることを論じている．日本でも，「あそびへの離脱」「柔らかい個人主義」「幸福な若者」といったキーワードを用いて，敗戦後，高度経済成長期，オイル・ショック後の安定成長期，バブル崩壊後の停滞期において新たに浮上しつつある価値とその人間行為への影響が描出されてきた（井上 1973; 山崎 1984; 古市 2011）．

そのなかでも本章で焦点を当てる価値変容は，生活の目標として，「未来」より「現在」を，とりわけ身近な人間関係を重視するようになってきたという変化である．この生活目標の変化は，高度経済成長期以降の人間行為の理解や予測のために重要な概念だといえよう．たとえば，間々田孝夫（2000）は，産業化の進展と消費社会の到来のなかで，合理的で未来志向の「生産志向的人間」から現在志向である「消費志向的人間」へと変化していくことを示した．そして，後者の類型の人々は私生活主義を志向し，政治意識の希薄化が進む可能性を指摘する．一方，古市憲寿（2011）は，1990年代の就職氷河期以降の若者が，未来の目的達成よりも現在における自己充足，特に身近な他者との関係を重視することを指摘し，そうした価値が現在の若者の社会運動や消費行動の背後にあることを論じる．その他にも多くの論者が，高度経済成長期以降，人々の価値が合理的・未来志向的・手段的なものから，感性的・現在志向的・自己充足的なものへと変化しつつあることを指摘し，現代における政治行動や社会的行為の特徴について分析を行う（村上 2010; 今田 1989; 千石 1991）．

さて，これまで価値変容について多くの研究がなされてきたものの，その価値変容を厳密な数字に基づいて実証的に示すことは容易ではない．そのためには長期間にわたって同じ質問で繰り返し調査をすることが不可欠だからである．しかし，幸いなことに本研究で焦点を当てる生活目標は，NHK放送文化研究所によって足かけ35年間にわたって調査がなされており，この調査を用いることで価値変容の動態を実証的に捉えることができる．

この調査の経緯を振り返ろう．見田宗介（1966: 31-32）は人々の価値基準を「現在中心－未来中心」と「自己本位－他者本位」という2つの軸で分け，「快（現在中心－自己本位）」「愛（現在中心－他者本位）」「利（未来中心－自己本位）」「正（未来中心－他者本位）」という4類型を提示した．その後，NHK放送文化研究所編（2010）はこの4類型を次の質問文と回答選択肢によって操作化し，1973年から5年ごとに繰り返し調査を行ってきた．

質問「人によって生活の目標もいろいろですが，リストのように分けると，あなたの生活目標にいちばん近いのはどれですか」
・その日その日を，自由に楽しく過ごす　　　〈快〉

・身近な人たちと,なごやかな毎日を送る　　〈愛〉
・しっかりと計画をたてて,豊かな生活を築く　〈利〉
・みんなと力を合わせて,世の中をよくする　　〈正〉

　この質問を用いて35年間にもおよぶ調査のなかで明らかになったことは[1],未来志向の〈利〉〈正〉の回答は減少し,現在志向の〈快〉〈愛〉の回答が高まったこと,その中でもとりわけ愛志向が高まってきたことである(NHK放送文化研究所編 2010).見田(1984: 228)はこの結果を総括して,現代日本社会に生きる人々の価値が「未来に向かう時間的展望の中で合理的に自己を統制し」ていた精神から,人生の「現在」を享受する存在へと移行しつつあることを指摘する.

　しかしながら,これまでの研究は,年代別および世代別の分析結果を示し,新しい年代・世代になるほど現在志向と愛志向が高まったという直線的な時代・世代変化を指摘するのみであり,いかなる時代,いかなる世代において現在志向・愛志向への価値変容が起きたのかについては十分に明らかにしていない.このことは,どのような時代要因および世代要因が価値変容をもたらしたのかについての正確な解釈を阻んでいる.

　たとえば,吉見俊哉は同じデータを用いて時代ごとに価値目標の推移を示した上で,未来志向から現在志向に変化した原因には「高度経済成長による豊かさの実現」という時代の変化があると指摘する.そして豊かさの実現は生産主義の必要性を相対的に弱め,「未来」の拘束が相対化可能なものになることで,個人的な〈快〉や〈愛〉を志向する声が大きくなっていったと解釈する(吉見 2009: 87).一方,見田は同じ調査を用いて青少年に絞った分析を行うことで,戦後世代における〈利〉の減少と〈愛〉の増加を示す.そしてその結果から,

---

[1] ただしこの質問における4つの選択肢は,多少ワーディングが込み入っている.そういった場合,選択肢が互いにどれだけ独立性を確保できているのかが問題となる.NHK放送文化研究所編(2010: 215)は,すべての質問項目の選択肢の相互連関を数量化III類(多重対応分析)によってマッピングしている.それによると,上記の4つの選択肢は,第3象限(伝統志向かつまじめ志向)から中央を通って,その上(あそび志向)までの広い範囲を大きくカバーしている.そのため,これらの4つの選択肢は,回答者の意識構造のなかで,幅広い価値観をカバーできており,相互の独立性が比較的高いと考えられる.

戦争を経験し極端な物質的欠乏のなかで成長した世代と，経済の比較的安定した時代に成長した豊かな世代のあいだに価値の断絶を読み取る（見田 1984: 202）．

これらの分析と解釈が戦後日本社会の価値変容を理解する際に重要であることはいうまでもないが，いずれも時代・世代の効果を統制した上で，具体的にどの時代・世代において現在志向や愛志向が高まったかについては明らかにしていない．新たな時代・世代における現在・愛志向の高まりの原因として，豊かさの実現・生産主義の終焉，戦後世代の価値変容など様々な社会構造の変化が解釈として羅列的に蓄積されていくものの，そのなかでどの要因が価値変容に影響を与えているのかを特定できないでいる．

さて，人々の価値に影響する時代効果と世代効果は異なる概念である．時代効果は，たとえば，経済不況期には現在志向が高まるといったように，その社会のすべての人々が時代特有の社会構造や社会環境に影響を受けて価値が変化することを意味する．一方，世代効果は，戦争中に幼少期を過ごした人々は生涯を通じて未来志向が高いといったように，人生の一時期に同様の社会環境のもとで共通の体験をしたことによってその人の価値観が形成されることを指す．そして，これらの時代効果と世代効果に，年齢やライフステージの変化による加齢効果を含めて，3つの効果は複雑に関連している．ゆえに時代ごと世代ごとの分布だけを確認しても，それぞれの真の効果を捉えることはできない．さらに，こうした分布の変化には，高齢化，高学歴化，職業構造の変化なども影響している可能性もあるが，先行研究では，これらの属性要因を考慮した上で時代・世代効果を捉えているわけではない．

本章は，コーホート分析を行い時代・世代効果を区別して捉えることで，さらに，年齢・性別・学歴・職業といった属性効果も統制した上で，どのような時代・世代において現在志向・愛志向への価値変容が起きたのかを実証的に示す．このように時代・世代効果を明確に示すことによって，いかなる社会構造の変化が価値変容をもたらしたのかについて明らかにする．

2 ──仮説:いかなる時代・世代で価値変容は起きたのか

2.1 ──時代仮説

　本研究で用いる調査はオイル・ショック直前(高度成長期末期)の 1973 年 6 月に始まる.そこから 2008 年までの 35 年間は,オイル・ショック後の安定成長期,バブル崩壊後の停滞期といった幅広い時代を含む.このあいだの日本人全体の価値変容について,以下の 2 つの仮説を設定する.

　第 1 の仮説として,1970 年代以降の日本人の生活目標は,未来志向から現在志向へと変化してきたと考えられる.その要因として,「経済成長率の低下」と「近代化」を挙げることができる.

　まずは,「経済成長率の低下」という要因から,現在志向化を説明しよう.先に紹介したように,本調査の集計結果を解釈した吉見(2009: 87)は,次のような解釈をしていた.すなわち,高度経済成長による豊かさの実現(経済水準の上昇)は,生産主義の必要性を相対的に弱め,「未来」への志向性から日本人を解放した.その結果,日本人における「現在」(〈快〉や〈愛〉)への志向性が高まったというものである.

　しかしこの解釈には,若干の補足が必要となる.というのも,未来志向から解放されたとしても,人々はあえて再び「未来」に希望を抱きたくなるかもしれないからだ.現在志向が高まるには,「未来志向から解放される」という条件に加えて,「未来に希望を抱けない」という条件もまた必要である.

　希望という観点からみると,安定成長期においては,将来における所得の上昇がほぼ確実に見込めるため,未来に希望を抱くことが容易である.それに対して,停滞期においては所得上昇を見込みにくくなるため,未来に希望を抱くことが困難となる[2].したがって,「経済水準が上がった」(未来志向から解放

---

[2]　たとえば山田(2004)は,所得上昇が見通しにくくなった低成長期(1990 年代以降)の日本において,未来に希望を抱ける人が一部の上層に限られてくるため,希望の格差が広がると論じた.

された）のに加えて，「経済成長率が下がった」（未来に希望を抱きにくくなった）という事態が生じて初めて，未来に希望を抱く人々が減り，未来よりも現在を重視する「現在志向」が広まったと考えられるのである．

　次に，「近代化」という要因からも，現在志向化を説明することができる．ギデンズによれば，17世紀の欧州から始まる「国民国家の形成と資本主義の発達」に伴って，人々の相互作用は，自然や伝統から徐々に解放され，それによって，社会の自己準拠性（再帰性）と流動性が高まる．社会のこのような連続的変化を，彼は「（再帰性の全面化としての）近代化」と呼ぶ（Giddens 1990=1993: 56, 83, 215, 1991=2005: 4, 7）．近代化が進めば，個人は自己アイデンティティを常に反省的に再構築しなければならない．つまり，未来の固定された目標のために生きるというよりも，未来の目標そのものをも常に「今ここ」での他者との相互作用に応じて，問い直し修正しながら生きる，というフレキシブルな生き方が必要となる．

　そのとき自己アイデンティティは，「未来」の固定された目標を参照点にするのではなく，常に「現在」の他者との相互作用を参照点にするようになる．「現在」の相互作用こそが「未来」を構築するからだ．個人は「未来で生じるリスク」を予測するために，常に「現在」に注意を向けなければならない．このような状況を，ギデンズは「未来が絶えず現在に引き込まれている」として「（個人による）未来の植民地化」と呼ぶ（Giddens 1991=2005: 4, 147）．そして，1970年代から現在に至るまでの日本においても，雇用や家族の領域を中心として流動性が高まり，近代化は着実に進行したといえるだろう．こうした変化に伴って，人々の価値は未来志向から現在志向へと変化したと考えられる．よって以上の議論から，次のような仮説を立てることができる．

仮説①　時代が進むにつれ，日本人の生活目標は未来志向から現在志向へ変化した

　次に，第2の仮説として，1970年代以降の日本人においては，愛志向が高まってきたと考えられる．その要因として，「経済成長率の低下」と「第3次産業化」を挙げることができる．

まずは,「経済成長率の低下」という要因から,愛志向化を説明しよう.先述のように,経済成長率の低下は現在志向化をもたらしたと考えられる.同じように経済成長率に着目すると,愛志向の時代変化についても,仮説を導くことができる.経済成長率が高い時期では,経済的リスクが低いため,人々は将来への不安をあまり強くは感じないだろう.逆に経済成長率が低い時期では,経済的リスクが高いため,人々は,将来への不安を強く感じ,精神的な「よりどころ」をより求めるだろう.「よりどころ」は主に,安定的な身近な人間関係のなかで,社会的に構築されると考えられる.そのため,経済成長率が低ければ低いほど,身近な人間関係を重視する〈愛〉が,生活目標の全体のなかで大きな割合を占めるようになると予想される.

　また,「第3次産業化」という要因からも,愛志向化を説明できる.リースマンによれば,先進諸国で広くみられる「第1次産業中心→第2次産業中心→第3次産業中心」という産業化に伴って,人々の価値観は「伝統指向→内部指向→他人指向」へと変化するという (Riesman 1961=1964: 7-8).日本での本調査の時期は,ちょうど第3次産業化が進む時期に該当する.したがって,時代が進むにつれ,第3次産業化も進むため,日本人の生活目標は,他人指向に最も近い「愛志向」へと偏っていくと考えられる.よって以上の議論から,次のような仮説を立てることができる.

仮説②　時代が進むにつれ,日本人の生活目標のなかでもとりわけ愛志向が高まった

　分析では以上の時代仮説を検証するが,本研究では,問題意識で示したように時代の線形的な変化を示すのではなく,個々の時代の効果を確認することで,いかなる時代で現在志向,愛志向の浮上が起きたのかを明らかにする.
　しかし,このように個々の時代の効果を捉えるだけでは,背景として指摘した様々な要因のなかでどの要因が価値変容に影響を与えたかについて十分に把握できない.そこで,本章の分析では,個々の時代効果を確認した後に,仮説の背景として考えられる時代状況を操作化したマクロ変数を,モデルに投入し,仮説検証を行う.すなわち,仮説①の現在志向化の説明として挙げた(1)「経済

成長率の低下」と(2)「近代化」、そして仮説②の愛志向化の説明として挙げた(3)「経済成長率の低下」と(4)「第3次産業化」を操作化するために、「経済成長率（過去5年間の平均値）」「第3次産業（就業者）比率」「離婚率」という3つの時代マクロ変数を、時代ダミー変数の代わりに用いる．「経済成長率」は(1)と(3)で対象となっている時代状態を操作化した変数である．5年平均としたのは、仮説に示したように、経済成長率が一定期間高い（低い）時期を生きることが生活目標に影響すると考えられるからである．「第3次産業比率」は(4)で対象となる時代状態を操作化した変数である．そして「離婚率」は(2)「近代化」で対象となっている時代状態を操作化した変数だが、これについては説明が必要だろう．

ギデンズによれば、社会の近代化は、具体的なデータによって測定可能な現象としては「親密性の変容」として顕在化する．「親密性の変容」とは、典型的には、恋愛を伴わず離婚を容認する協定結婚（前近代）から、恋愛結婚と離婚禁止を組み合わせた「ロマンティック・ラブ」（前期近代）を経由して、恋愛を至上とし離婚を容認する「コンフルエント・ラブ」（20世紀後半以降の後期近代）へと至る、性愛の価値変容であり、とりわけ、前期近代のロマンティック・ラブから後期近代のコンフルエント・ラブへの変容を意味している（Giddens 1990=1993: 152, 1992=1995: 94-99）．したがって、20世紀後半において離婚率が再び増加するとき、人々のあいだで前期近代から後期近代へ至る「親密性の変容」が進行している、つまり（第2の）近代化が進行している、と考えられる．近代化の指標としては、脱伝統的意識など他の指標も想定できるが、本調査がはじまる1973年から現在までの時代を含むデータがないため、本分析では離婚率を用いる．また、ギデンズが近代化の背景を「国民国家の形成と資本主義の発達」として説明している点から、「経済水準」（1人当たり実質GDP）をマクロ変数として用いることもできるが、離婚率のほうがより直接的に近代化という現象を操作化できていると考え、今回は離婚率を投入した．

2.2──世代仮説

次に、世代についての仮説をまとめよう．本研究で用いる調査の対象者は、昭和一桁世代から、戦前戦中世代、団塊世代、新人類世代、就職氷河期を経験

した世代を含む．これらの世代における価値変容について，以下では2つの仮説を立てる．

　まず，第1の世代仮説は，戦後世代における価値変容である．先行研究では，すでに見田を引用して示したように，戦前戦中世代と戦後世代のあいだに価値の断絶があることが指摘されている．また，井上俊も同様に，「あそびへの離脱」という巧みな表現によって戦前世代から戦後世代にかけての価値変容について論じている（井上 1973: 48）．彼は，戦前から戦後にかけて行われた価値観調査を用いて，1945年の終戦を境に，若年層において「清く正しく生きる」「社会のために生きる」と答えた人の割合が大きく減少し，「その日その日をのんきにくらす」「金や名誉を考えず，趣味にあったくらしをする」と答えた人の割合が大きく増加したことを示し，戦後世代における「まじめ」志向から「あそび」（私的自由）志向への価値変容を指摘した．彼によると，この価値変容の背景には，国家のためという大義名分の喪失，生産至上主義，効率主義からの離脱などがあるという．これらの議論から次のような仮説を立てることができる．

仮説③　戦前・戦中世代に比べて戦後世代では，未来志向よりも現在志向が高い

　前述の井上の議論を含めて，その後，現在に至るまで様々な世代論が論じられてきた．たとえば，団塊と新人類の谷間の世代では，「カプセル人間」（中野 1987）「やさしさ」（栗原 1981），新人類世代では，「高感度人間」「消費を通じた自己確認」（小谷 1998），団塊ジュニア世代では，「島宇宙化」（宮台 1994）などである．これらの世代論はそれぞれ固有の問題関心を有するものの，どれも「未来志向から現在志向への価値変容が起きた」という仮説とは矛盾しないといえよう．ただし，それらは未来志向や愛志向に分析の焦点があるわけではないので，これらの世代論をもとに世代の価値変容についての仮説は示さないでおく．

　一方，近年の研究を受けて，就職氷河期を経験した世代において愛志向が高まっているという仮説を立てることができる．古市憲寿は，絶望的な社会状況

にもかかわらず若者の幸福感が高いことの背景には，「何らかの目的達成のために邁進するのでなく，仲間たちとのんびり自分の生活を楽しむ生き方をする若者」つまり「幸せな未来のために生きるのではなく，今ここでの幸せを重視する若者」の増加があるという（古市 2011: 105）．このような若者は 1970 年代から登場し，1990 年代に「中流の夢」（いい学校，いい会社，いい人生）が崩壊するなかでさらに増加したとされる．一方，土井隆義（2008）は，「優しい関係」をキーワードに，1980 年代以降の若者のあいだにみられる高度で互いに気づかう友人関係について分析し，時としてその息苦しさのなかでいじめや自殺といった逸脱行動が現れることを指摘している．こうした人間関係への過度な配慮やその重圧は，現代の若者が身近な人間関係を充実させることに絶対的な価値を置いていることによってもたらされたと解釈することもできるだろう．これらの議論から，次のような仮説を考えることができる．

仮説④　就職氷河期以降の世代では，愛志向が以前よりも高まった

3――データと変数

　データは，NHK 放送文化研究所による「日本人の意識」調査を用いる．この調査は，日本全国の 16 歳以上の国民を対象に，1973 年から 2008 年まで 5 年おきに 8 回実施されており，すべてを統合したものを用いる．学歴や職業など欠損値のあるデータを除外した標本サイズは 2 万 8644 票である．
　世代（出生コーホート）は以下のように分類した．

　　　　-1913：　戦時中（太平洋戦争）に成人
　　1914-1928：　戦時中に青年期
　　1929-1943：　戦時中に幼少期・少年期
　　1944-1953：　高度経済成長期に青少年期
　　1954-1963：　安定成長期前半に青少年期
　　1964-1973：　安定成長期後半に青少年期
　　1974-1992：　就職氷河期を経験

年齢は，提供を受けたデータでは5歳刻みの変数しかなかったため，この変数を用いる．

学歴は，中学校（旧制小学校，高等小学校を含む），高等学校（旧制中学，女学校を含む），高専・短大（旧制高校を含む），大学・大学院の4つに分けた．なお，在学中の場合もこれらのカテゴリに含めている．

職業は，専門管理（経営者・管理者，専門職，自由業），事務（事務職・技術職），販売（販売・サービス），マニュアル（熟練・技術，一般作業職），無職（主婦を含む），生徒・学生，自営業者，農林漁業者に分けた．

4──分析：時代・世代効果の検討

はじめに，記述的な集計によって，時代による生活目標の変化について確認する．図3-1は，時代別に生活目標の分布を示したものである．図から，「計画を立て豊かな生活を築く」という〈利〉は，1980年代，1990年代，2000年代と一貫して減少していることがわかる．また，「みんなで世の中をよくする」という〈正〉については1970年代から1980年代にかけて減少し，それ以降は下げ止まりの傾向をみせる．このように〈正〉〈利〉という未来志向は減少傾向にある．一方，「身近な人となごやかな毎日を送る」という〈愛〉は，1970年代から現在に至るまで一貫して増加している．「その日その日を自由に楽しく」という〈快〉については1970年代から1980年代にかけて微増したものの，それ以降は増加していない．すなわち長期的には，〈正〉〈利〉の未来志向は減少し，〈愛〉は一貫して増加している[3]．〈快〉の増加については1990年代以降はみられないが，〈愛〉と合わせた現在志向は長期的に上昇しているといえよう．このように〈利〉と〈正〉が減少し，〈愛〉が増加していくことで，図からもわかるように生活目標のばらつきは減少し，〈愛〉に集中しつつあることがわかる．質的分散を計算すると，1973年0.36，2008年0.33であり，減少

---

3) 物質主義的な〈利〉が減少し，脱物質主義的な〈愛〉が増加するという傾向は，イングルハートの論じた「脱物質主義化」（Inglehart 1977=1978）の理論とも適合的な結果である．

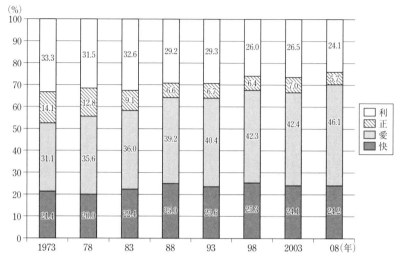

図 3-1　時代ごとの生活目標の分布

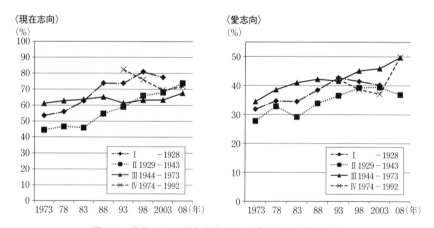

図 3-2　世代ごとの現在志向および愛志向の時系列変化

傾向にある.

　図3-2は世代と生活目標の関連性を確認するために，世代ごとに生活目標の時系列変化を示したものである．本研究の焦点は，現在志向と愛志向への変化であるため，〈快〉と〈愛〉を合わせた現在志向と，〈愛〉について，全体に対する割合を示している．なお，世代については，すべてのカテゴリを示すと複雑でみにくいので，4分類したものを示す．

　まず，現在志向についてみてみよう．一見すると，Ⅰの1928年以前生まれ世代，Ⅱの1929-43年生まれ世代において，右肩上がりであり，古いコーホートでは時代を経るほど上昇する傾向がみられる．これは，古いコーホートでは近年になるほど高齢者比率が高くなるが，後に示すように高齢層では現在志向が高いためである．この年齢効果を考慮に入れて世代効果をみると，Ⅱの1929-43年生まれ世代では，一貫して現在志向が低いことがわかる．これは，仮説で示したように，戦後生まれ世代で現在志向化がすすんだというよりも，戦時中に幼少期を過ごした1929-43年生まれ世代においてのみ現在志向が低いと言った方がよいだろう．

　次に，愛志向に注目すると，同様に，Ⅱの1929-43年生まれ世代はそれ以前の世代やそれ以降の世代に比べて，一貫して愛志向が低いことがわかる．また，仮説④では，就職氷河期以降の世代である1974-92年生まれ世代において愛志向が高いと予想したが，この点を確認しよう．図から，Ⅳの1974-92年生まれ世代は，それ以前のⅢの1944-73年生まれ世代に比べて愛志向が高いことは確認できず，仮説④は少なくとも記述的には支持されなかった．

　これまでみてきた時代効果や世代効果には，それぞれ年齢・時代・世代の効果が複雑に入り組んでおり，さらに性別や年齢，学歴，職業を統制していない．次は，これらの変数を統制した上で，時代効果と世代効果を確認する．そこで，現在志向および愛志向をそれぞれ従属変数とするロジスティック回帰分析を行う（表3-1）．独立変数は，性別，学歴，職業，配偶者の有無に加えて，年齢ダミー，世代ダミー，時代ダミーである．

　ただし，年齢，時代，世代は，「時代－年齢＝世代」という関連性にあるため，すべての変数をモデルに同時に投入すると多重共線性が現れ，推定が歪んでしまう．たとえば時代・世代（5年ごと）・年齢（5歳ごと）を同時に投入す

表 3-1　現在志向および愛志向のロジスティック回帰分析
（世代・時代のダミー変数を投入）

	現在志向 （基準：未来志向）			愛志向 （基準：その他）			VIF
	係　数	標準誤差		係　数	標準誤差		
切　片	.074	.091		−1.23	.091	**	
女　性	.057	.028	*	.326	.028	**	1.29
中　学	.432	.051	**	−.050	.051		3.49
高　校	.386	.044	**	.007	.044		3.24
高　専	.165	.051	**	.051	.051		2.14
大　学	—			—			
専門管理	−.192	.064	**	−.057	.067		1.42
事　務	−.049	.046		.046	.046		1.99
販　売	.057	.061		.091	.060		1.35
マニュアル	—			—			
無　職	.254	.043	**	.085	.043	*	2.60
学　生	.272	.070	**	−.034	.066		1.93
自　営	−.058	.048		.080	.049		1.61
農　業	−.221	.064	**	−.092	.067		1.32
配偶者あり	−.405	.035	**	−.003	.033		1.52
35 歳未満	.244	.058	**	−.023	.059		4.84
35–39 歳	.185	.055	**	.083	.056		1.93
40–44 歳	—			—			
45–49 歳	−.051	.058		−.041	.059		1.88
50–54 歳	.020	.063		−.033	.064		2.03
55 歳以上	.293	.069	**	.075	.068		6.50
–1928 年生	.262	.053	**	.147	.052	**	2.70
29–43 年生	—			—			
44–53 年生	.208	.045	**	.256	.045	**	2.24
54–63 年生	.274	.066	**	.467	.064	**	3.39
64–73 年生	.169	.089		.406	.086	**	4.32
74–92 年生	.103	.118		.292	.113	**	4.88
1973 年	−.522	.057	**	−.248	.057	**	2.56
1978 年	−.395	.053	**	−.091	.052		2.22
1983 年	−.267	.050	**	−.109	.049	**	1.87
1988 年	—			—			
1993 年	.012	.052		.039	.050		1.84
1998 年	.185	.056	**	.109	.054	*	2.06
2003 年	.126	.062	*	.091	.059		2.29
2008 年	.302	.070	**	.230	.066	**	2.73
N	28,644			28,644			
疑似決定係数 （Nagelkerke）	.060			.030			

注：*5% 水準で有意，**1% 水準で有意．

ると，世代と年齢が強い関連性にあるため，最も新しいコーホートと最も古いコーホート，最も若い年齢と最も高い年齢において VIF は 5 以上を示し，多重共線性が生じる．この問題を回避するために，仮説に反しない形で世代と時代それぞれのカテゴリを統合することで VIF を減少させた．これによって 1 つの変数を除いて，VIF はすべて 5 以下になり（表 3-1 最右列），推定に大きな歪みはないと考えられる．

　以下では，表 3-1 から係数に注目して結果をみていこう．係数が正で有意ならば，その係数の説明変数カテゴリでは，基準カテゴリに比べて現在志向，愛志向が高いことを示す．負で有意ならば逆に低いことを示す．たとえば，現在志向について女性の係数が .057 で有意な正の効果が確認できるが，これは，男性に比べて女性は現在志向になりやすい，言い換えれば未来志向になりにくいことを示す．

　まず，時代効果から確認すると，現在志向については，1988 年を基準として，1970 年代は負の効果，1990 年代，2000 年代は正の効果がみられ，時代を経るにつれて未来志向から現在志向へと変化していることがわかる（仮説①を支持）．愛志向の時代効果についても，現在志向の時代効果ほど安定はしていないが，同様に，1970 年代は負の効果，2008 年は正の効果がみられ，時代がすすむにつれて愛志向が高まっていることがわかる（仮説②を支持）．なお参考までに，〈愛〉とともに現在志向を構成している〈快〉志向の時代効果についても確かめるため，〈快〉を従属変数としたロジスティック回帰分析を行ったが，〈愛〉におけるような 1990 年代，2000 年代の有意な時代効果はみられなかった（表は省略）．

　次に，世代効果について確認する．現在志向については，「1929-43 年生まれ世代」を基準として，他の世代は正の効果を示す．これは，先ほど確認したように，戦時中に幼少期を過ごした「1929-43 年生まれ世代」はそれ以前の世代やそれ以降の世代に比べて，現在志向が低いことを示す．ただし，1964-73 年，1974-92 年生まれについては有意ではなかった．一方，〈愛〉については，「1929-43 年生まれ世代」は，他の世代に比べて有意に愛志向が低いという傾向がみられる．ここから，仮説③で示したような「戦後世代における価値変容」は支持されず，戦時中に幼少期を過ごした世代が特有の価値を有すといえ

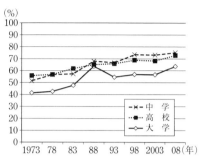 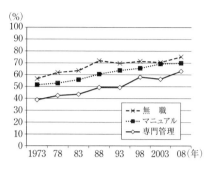

図3-3 学歴・職業別の現在志向の推移

よう（仮説③を不支持）．この世代は，幼少期に戦時中の貧困，混乱を体験したため，現在よりも未来に価値を置き，さらに身近な人間となごやかな生活をおくる愛志向が低いと考えられる．なお，愛志向については，記述的な集計でも確認したように就職氷河期以降の世代である「1974-92年生まれ」において愛志向が高いことは確認できない（仮説④を不支持）．

他の独立変数の効果についても確認しておこう．現在志向については，年齢は，若年層と高齢層で高く，中年層で低いというU字を描く．性別については，女性において現在志向が高い．学歴については，大卒に比べて中卒，高卒，高専では現在志向が高い．大卒であると未来志向が高いことがわかる．職業については，マニュアルに比べて，専門管理や農業で未来志向が高く，無職・学生で低い．学歴・職業という社会階層に注目すれば，大卒や専門管理といった高階層において未来志向が高く，その他の層では現在志向が高い傾向にあるといえるだろう．配偶者がいる場合は現在志向が低く，未来志向が高い．また，女性と無職では愛志向が高いという傾向はみられたが，その他の属性の効果は有意ではなく，属性による違いはあまりみられなかった．

前述のように社会階層に着目すれば，高学歴層・専門管理層において未来志向が高いという傾向がみられる．では，こうした生活目標の階層性は時代によって変化しているのだろうか．図3-3に示した2つのグラフは，学歴および職業別に現在志向の推移を確認したものである．すべてのカテゴリを示すと煩雑になるので，一部だけを示している．グラフからわかるように，時代によって多少の違いはあるものの，学歴については中学・高校卒において現在志向が高

く，大学において現在志向が低い（未来志向が高い）傾向は時代によって変わらない．また，職業についても，専門管理に比べてマニュアルでは現在志向が一貫して高い．これらの結果は，時代によって生活目標の階層性は変化したとはいえないことを示す．なお，表 3-1 のロジスティック回帰モデルにおいて，愛志向・現在志向両方について時代と学歴・職業の交互作用項を投入し，その効果を確認したが，時代によって階層性が変化したという傾向はみられなかった．

次に，各時代・各コーホートダミーの代わりに，仮説で示したマクロ変数を投入した分析を行うことで，どのような時代・世代要因が人々の価値変容をもたらしたのかについて実証的に明らかにする．ここでは個人レベルに加えて，その上位に時代レベルおよびコーホートレベルの水準を想定した Cross-classified Multilevel Logistic Model によってマクロ変数の効果の推定を行う[4]．

時代要因からみていこう．仮説①では，時代による現在志向化の要因として「経済成長率の低下」と「近代化」を挙げた．仮説②では，時代による愛志向化の要因として「経済成長率の低下」と「第 3 次産業化」を挙げた．これらの仮説を検証するため，現在志向を従属変数としたモデルでは，時代ダミーのかわりに「経済成長率」（調査年までの 5 年間での経済成長率の平均値）と「離婚率」を投入した．また，愛志向を従属変数としたモデルでは，「経済成長率」と「第 3 次産業（就業者）比率」を投入した（統計局 2013a, 2013b; 厚生労働省 2013）．時代マクロ変数の推移は図 3-4 の通りである．ただし，すべての時代マクロ変数を同時に投入すると，変数間の相関が非常に高いため，多重共線性の問題が生じる．そこでこれらの変数は別々に投入して，モデルの適合度を比較し，より説明力の高い時代マクロ変数を選択した．モデル適合度を示した表 3-2 からわかるように，仮説①の現在志向化については「離婚率」が，仮説②の愛志向化については「第 3 次産業比率」が，より説明力の高いモデルであることが示された．

表 3-3 から結果を確認しよう．現在志向のモデルについて，離婚率を投入すると，現在志向に対して有意な正の効果を示した．これは，離婚率が高い時代

---

[4]　グループレベルの変数は Z 得点に変換して推定を行った．

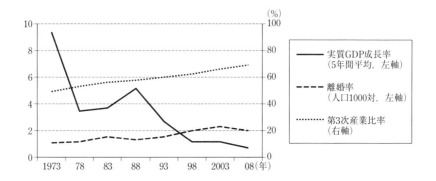

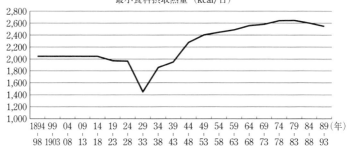

図 3-4 時代・世代のマクロ変数の推移

表 3-2 適合度比較

	現在志向（基準：未来志向）		愛志向（基準：その他）	
	経済成長率	離婚率	経済成長率	第3次産業比率
−2 対数尤度	36,720	36,717	37,616	37,609
AIC	26,764	36,761	37,660	37,653
BIC	36,946	36,942	37,842	37,835

では現在志向が高く，低い時代では未来志向が高いことを意味する．したがって，現在志向化の要因として「近代化」を想定する説明が支持された．

愛志向のモデルについては，第3次産業比率を投入すると，愛志向に有意な正の効果を示した．これは，第3次産業が増えることで，愛志向が増加することを示し，リースマンに依拠した説明が支持されたことを意味する．なお，現

表 3-3　現在志向および愛志向のマルチレベル分析回帰分析

	現在志向 (基準：未来志向)			愛志向 (基準：その他)			VIF
	係数	標準誤差		係数	標準誤差		
切片	0.149	.087		−1.000	.081		
女性	.053	.028		.325	.028	**	1.28
中学	.429	.050	**	−.055	.051		3.44
高校	.383	.044	**	.007	.044		3.23
高専	.166	.051	**	.048	.051		2.14
大学	—			—			
専門管理	−.196	.064	**	−.060	.067		1.42
事務	−.046	.046		.048	.046		1.99
販売	.054	.061		.088	.060		1.35
マニュアル	—			—			
無職	.269	.043	**	.089	.042	*	2.55
学生	.235	.068	**	−.039	.064		1.73
自営	−.058	.048		.081	.049		1.60
農業	−.210	.064	**	−.088	.067		1.31
配偶者あり	−.399	.035	**	.001	.033		1.44
35 歳未満	.166	.053	**	−.049	.054		3.60
35-39 歳	.146	.055	**	.068	.056		1.89
40-44 歳	—			—			
45-49 歳	−.007	.056		−.028	.058		1.81
50-54 歳	.084	.058	*	−.022	.061		1.79
55 歳以上	.411	.052	**	.092	.056		3.68
コーホートレベル							
幼少期の食料熱量	.126	.025	**	.150	.032	**	2.43
時代レベル							
離婚率	.190	.040	**	—			1.50
第3次産業比率	—			.121	.019	**	1.02
分散成分（コーホート）	.002			.006			
分散成分（時代）	.011			.000			
N	28,644			28,644			

注：*5% 水準で有意，**1% 水準で有意．

在志向と愛志向のモデルについて，経済成長率を投入したモデルでも，それぞれ有意な負の効果を示している（表は省略）．よって現在志向化と愛志向化の要因として「経済成長率の低下」を想定する説明も支持された．ただし，先に述べたように，モデル適合度を比較すると，現在志向では離婚率，愛志向では第3次産業比率を投入したモデルの方が適合度が高かった（表3-2）．そのため，これらの説の方が妥当性が比較的高いと考えられる．

次に，先に示した世代効果の解釈の妥当性を，マクロ変数を用いた追加分析によって検証してみよう．つまり，「幼少期の貧困がその後の価値の形成に影響を与えている」と考え，「0–5歳当時における人口1人当たりの食料熱量の最低値（対数変換）」という世代マクロ変数（図3-4）を投入した（農政調査委員会編 1977; 農林水産省 2010）．表3-3の結果から，幼少期に食料が十分にある世代では，未来志向よりも現在志向が高く，愛志向も高い．逆にいえば，幼少期において食料が不十分な貧困状態にあると，人生を通じて現在よりも未来を志向するようになり，愛志向も低くなる．ここでの幼児期の定義は0–5歳であるので，世代マクロ変数の効果の解釈としては，本人の貧困体験の影響というよりも，家庭環境が貧困状態にあることから生じる様々な影響（たとえば，ぜいたくを許さない親のしつけなど）と考えた方がよいだろう．本研究の分析結果は，幼少期において食料が不十分な時代に生きた人々は，まじめで堅実な価値観が形成され，それが生涯にわたって続くことを示唆する．

5──まとめと議論

本研究は，35年間にわたって続いてきた「日本人の意識」調査を用いて，近代的価値から脱近代的価値への転換ともいえる生活目標の変化がどのような時代・世代に起きたのかについて実証的に明らかにしてきた．先行研究では「未来志向から現在志向へ」「愛志向の高まり」について直線的な変化を描くが，本研究では時代・世代の効果を次のように明確に示した．

第1に時代効果については，1970年代から現在にかけて，未来志向から現在志向への変化が起きた．そして，現在志向のなかでもとりわけ愛志向が増加していた．次に，マクロ変数を投入した分析によって，時代仮説を検討した結

果，現在志向化については，離婚率の上昇で操作化された近代化が，その背景に存在することが示唆された．また，愛志向化については，主に第3次産業化という社会の変化が影響していることが示唆された．

第2に世代効果については，戦時中に幼少期を過ごした世代はそれ以前の世代やそれ以降の世代に比べて，愛志向が低いことがわかった．これは戦時中の貧しい時期に幼少期を過ごした世代では一生にわたって愛志向が低いことを示している．そして，この世代効果の解釈を追加分析によって検証するために，世代変数の代わりに幼少期における平均摂取カロリーを用いて幼少期における貧困を指標化した．結果，幼少期に貧困状態にあった世代では愛志向が低いことが明らかになった．なお，近年の議論をもとに，就職氷河期世代における愛志向の高まりを予想したが，そうした世代効果は確認できなかった．

ただし，本研究の課題として，マクロ変数による検証が十分とはいえないことを指摘しておきたい．たとえば，時代効果については，経済成長率低下説ではなく，近代化と第3次産業化説が支持されたが，これら3つの時代マクロ変数は互いに強く相関している．そのため，経済成長率低下で説明する説は否定されたわけではない．これら3つの時代要因は，互いに重なり合いながら現在志向化と愛志向化をもたらしたと考えた方が無難だろう．同様に，今回は理論から演繹して時代マクロ変数を選択したものの，今回の3つのマクロ変数以外の時代マクロ変数を投入した場合に，適合度がより高まる可能性もある[5]．今後もさらなる理論的検討とそれに基づいた変数の再検討が必要である．また，時代のカテゴリが8つと少ないため，今後データが増えた後に再検証する必要もある．

さらに，世代効果の追加分析では平均摂取カロリーを用いて貧困の効果を確認したが，この世代が特有の価値を有することの要因は経済状況や教育制度な

---

[5] たとえば，今回は近代化という現象を最も直接的に操作化できると考えて「離婚率」を用いたが，近代化のより深い原因として考えられる「経済水準」（1人当たり実質GDP）のほうが適合度が高いかもしれない．また，日本においては事実婚がごく少数にとどまっているため，婚姻の価値変容は「離婚率」でほぼ操作化できるが，事実婚の普及した欧米（を含む国際比較研究）においては，婚姻の価値変容は離婚率ではなく「離婚件数／婚姻件数」で操作化したほうがより正確かもしれない．

どそれ以外にも想定できる．ただ，戦前も含むマクロ・データは非常に少ないため，十分な検証はできなかった．今後，他のマクロ指標を用いて再検証することも必要だろう．

このように時代効果および世代効果を十分に検証できたとは言い難いものの，どの時代・世代において価値変化が起きたのかを明示し，その上で時代および世代効果の原因を実証的に検証する1つの道筋を示したことは一定の意義があるといえるだろう．本研究の分析結果に基づくと，生活目標という価値に関しては，戦中に幼少期を過ごした世代で愛志向が低い傾向がみられるが，バブル崩壊後の経済不況期を生きる若者世代において現在志向・愛志向が高いわけではない．そうした価値変容は，近代化や脱工業化といった時代の大きな変化のなかですべての人々に等しくもたらされたといえよう．

今後，日本人の生活目標はどこへ向かうのであろうか．戦中に幼少期を過ごした現在志向と愛志向の低い世代の退出は，日本人全体の現在志向化と愛志向化をさらに推し進めることになるだろう．また，第3次産業化の進展は，さらに愛志向化を進める可能性がある．もちろんこれらはあくまで予想にとどまるが，35年を超えて今後も蓄積されていく「日本人の意識」調査を用いて再びコーホート分析を行うことで，現代日本人の生活目標のゆくえは明らかになっていくだろう．

［文献］
Bellah, Robert N. *et al.*, 1985, *Habits of the Heart: Individualism and Commitment in American Life*, Berkeley, Calif.: University of California Press（島薗進・中村圭志訳，1991，『心の習慣――アメリカ個人主義のゆくえ』みすず書房）．
土井隆義，2008，『友だち地獄――「空気を読む」世代のサバイバル』筑摩書房．
古市憲寿，2011，『絶望の国の幸福な若者たち』講談社．
Giddens, Anthony, 1990, *The Consequences of Modernity*, Cambridge: Polity Press（松尾精文・小幡正敏訳，1993，『近代とはいかなる時代か？――モダニティの帰結』而立書房）．
Giddens, Anthony, 1991, *Modernity and Self-Identity: Self and Society in the Late Modern Age*, Cambridge: Polity Press（秋吉美都・安藤太郎・筒井淳也訳，2005，『モダニティと自己アイデンティティ――後期近代における自己と社会』ハーベスト社）．
Giddens, Anthony, 1992, *The Transformation of Intimacy: Sexuality, Love and*

Eroticism in Modern Societies, Cambridge: Polity Press（松尾精文・松川昭子訳,1995,『親密性の変容——近代社会におけるセクシュアリティ,愛情,エロティシズム』而立書房).

Hitlin, Steven and Jane Allyn Piliavin, 2004, "Values: Reviving a Dormant Concept," *Annual Review of Sociology*, 30: 359–93.

今田高俊, 1989, 『社会階層と政治』東京大学出版会.

Inglehart, Ronald F., 1977, *The Silent Revolution: Changing Values and Political Styles among Western Publics*, Princeton University Press（三宅一郎・金丸輝男・富沢克訳, 1978, 『静かなる革命——政治意識と行動様式の変化』東洋経済新報社).

井上俊, 1973, 「離脱の文化」『死にがいの喪失』筑摩書房.

厚生労働省, 2013, 『人口動態調査』.

小谷敏, 1998, 『若者たちの変貌——世代をめぐる社会学的物語』世界思想社.

栗原彬, 1981, 『やさしさのゆくえ——現代青年論』筑摩書房.

間々田孝夫, 2000, 『消費社会論』有斐閣.

見田宗介, 1966, 『価値意識の理論』弘文堂.

見田宗介, 1984, 『新版 現代日本の精神構造』弘文堂.

宮台真司, 1994, 『制服少女たちの選択』講談社.

村上泰亮, 2010, 『産業社会の病理』中央公論新社.

中野収, 1987, 『現代史のなかの若者』三省堂.

NHK放送文化研究所編, 2010, 『日本人の意識構造』［第7版］日本放送出版協会.

農政調査委員会編, 1977, 『日本農業基礎統計』農村統計協会.

農林水産省, 2010, 『食料・農業・農村白書 参考統計表』.

Riesman, David (with Nathan Glazer and Reuel Denney), [1950] 1961, *The Lonely Crowd: A Study of the Changing American Character*, New Haven: Yale University Press（加藤秀俊訳, 1964, 『孤独な群衆』みすず書房).

千石保, 1991, 『「まじめ」の崩壊——平成日本の若者たち』サイマル出版会.

田中義久, 1974, 『私生活主義批判』筑摩書房.

統計局, 2013a, 『労働力調査 長期時系列データ』.

統計局, 2013b, 『日本の長期時系列 国民経済計算』.

山田昌弘, 2004, 『希望格差社会——「負け組」の絶望感が日本を引き裂く』筑摩書房.

山崎正和, 1984, 『柔らかい個人主義の誕生——消費社会の美学』中央公論社.

吉見俊哉, 2009, 『ポスト戦後社会——シリーズ日本近現代史9』岩波新書.

4章
生活満足感に対する加齢効果・コーホート効果・時代効果

小林　大祐

〽 隣りを歩いてゆく奴は
　だれもが幸せ　のぼり坂
　ころんでいるのは自分だけ
　だれもが心で　そう思う

　大人の隣りを追い越せば
　しらけた世代と声がする
　子供の隣りを追い越せば
　ずるい世代と声がする

電車のポスターは　いつでも夢が
手元に届きそうな　ことばだけ選ぶ
夢やぶれ　いずこへ還る
夢やぶれ　いずこへ還る

夢やぶれ　いずこへ還る

（中島みゆき「成人世代」）

1——はじめに

　生活満足感とは，個人の生活全般に対する主観的評価をたずねたもので，量的社会調査において聞かれている意識項目のなかでも基本的な質問項目である．その聞かれ方は様々であるが，本書で扱うNHKによる「日本人の意識」調査（以下NHK調査）では，「あなたは今の生活に，全体としてどの程度満足していますか．リストの中から，あなたのお気持ちに近いものをあげてください」という質問文でたずねられており，回答選択肢は「満足している」「どちらかといえば，満足している」「どちらかといえば，不満だ」「不満だ」の4つからなる．

　この項目の回答分布について，第1回調査の1973年から第8回調査の2008

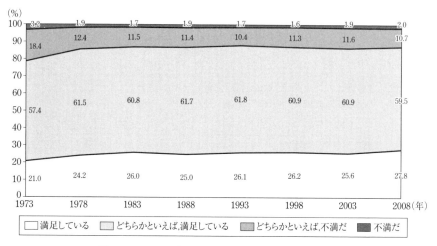

図 4-1　NHK 調査における生活満足感の時系列推移

年までの推移を図にしたのが図 4-1 である．この 35 年の間には，2 度のオイルショック，バブル経済とその崩壊後の長期にわたる経済不況があったにもかかわらず驚くほど変化が無いことが分かる．「満足している」と「どちらかといえば，満足している」を合わせた割合は，1973 年こそ 78.4% だが，1978 年には 85.7% となり，以降 80% 台中盤を維持し 2008 年においても 87.3% とほとんど変化していないのである[1]．

実はこのように経済水準の上昇と生活満足感の変動とに明確な関連が見出せないことは，日本に特有なことではない．生活満足感は，近年，社会学をはじめ心理学，経済学の領域で盛んになっている主観的幸福感（subjective well-

---

[1] ただし，NHK 調査の生活満足感の値は内閣府によって同年に実施された調査と比較しても高い水準にある．「国民生活選好度調査」における満足の割合（「満足している」と「まあ満足している」の合計）55.9% より高いのは，この調査での回答選択肢が 5 段階であることが影響しているとしても，回答選択肢が 4 段階である「国民生活に関する世論調査」における満足の割合（「満足している」と「まあ満足している」の合計）60.5% と比べても，26 ポイント以上も高い．このような違いが出た背景には，NHK 調査における生活満足感項目の調査票上の順番の違いが考えられる．というのも，NHK 調査においては，「全般的生活満足感」をたずねる前に，5 つの領域に関しての満足感が尋ねられており，そこでの回答が影響するキャリーオーバー効果がある可能性があるためである．なお，「国民生活選好度調査」においては 2005 年から 2008 年にかけて質問の順番に入れ替えが有り，それが分布に影響している可能性がある．

being)研究における重要変数と見なされており[2]，その規定要因について数多くの知見が生み出されている[3]．それらの研究は，主観的幸福感に対する客観的な経済状況や社会的地位の関連が必ずしも強くないことを明らかにしたが，なかでも，国レベルでは1人当たりのGDPの増加が主観的幸福感の平均の上昇に必ずしもつながらないという傾向は各国で確認されており，国際比較においても経済水準が一定以上の国においては，その主観的幸福感との関連が消失することも知られている（Easterlin 1974, 1995; Frey and Stutzer 2002）[4]．

　これらの知見は，主観的幸福感に対しては，個人属性の効果だけではなく，人びとをとりまく文脈に焦点を当てなければならないことを意味する．この意味で「文脈」に注目する研究として2つの方向性が考えられる．ひとつは，相対比較という観点であり，例えば所得を周囲の人だったり，同年代の人だったりといった他者との比較において考慮していることが明らかにされている（例えば，Blanchflower and Oswald 2004; Clark, Frijters, and Shields 2008; 小塩 2014）．そして，もうひとつが，時系列分析である．時点間で分布に変化が無いからといって，それは主観的幸福感の規定要因が変化していないことを意味するものではない．むしろ，主観的幸福感に対して，人びとを取り巻く時代状況や人びとが育った社会環境が何らかの意味を持っている可能性を示唆する．この点で1973年から約40年にわたって同じ形式で調査されてきたNHK調査は，日本人の主観的幸福感の長期的な推移を見るのに格好のデータであることは間違いがない．本章では，主観的幸福感の指標として生活満足感を用い，いかなる時代状況において生活満足感が高まるのか．また，何らかの世代的特質が生活満足感に影響するのかについて分析を行っていく．

---

[2] 幸福感をどのように定義し測定するかについては，多くの議論がなされてきたが，幸福（happiness）とならんで生活満足感（life satisfaction）は，主観的幸福を構成する要素と見なされている．両方を合成してSWB尺度を作成する研究もあるが（Inglehart *et al.* 2008），どちらも決定要因に大きな差はない（Blanchflower and Oswald 2004）とする研究や個人の厚生の概念に対する実証上の近似としては生活満足度が最良（Frey 2008）との主張もあることから，本章の分析では主観的幸福の尺度として生活満足感を用いている．ただし，近年では，両者の決定要因の差異を指摘する研究もある（小林ほか 2015）．

[3] そのような研究をまとめたものとして主要なものにFrey and Stutzer（2002），Frey（2008），大竹・白石・筒井編（2010）などがある．

[4] このような逆説的関係は「イースタリンのパラドックス」と呼ばれている．

2──生活満足感に対する世代効果と時代効果

2.1──若年層の生活満足感のパラドックス

　近年日本の研究において，パラドックスとして注目を浴びているのが，若者の生活満足感である．というのも，客観的には，かつてに比べて厳しい状況に置かれているはずの若年層において，生活満足感が高いことが指摘されているためである（豊泉 2010; 大澤 2011; 古市 2011; 厚生労働省編 2014）．例えば，厚生労働省編（2014）は，1980 年の 30 代と 2012 年の 30 代を比較し，生活満足感の上昇を指摘しているが，このような傾向は加齢による効果としては説明できない．

　そして，本章で用いる NHK 調査データでの，出生コーホート別の生活満足感の時点間推移を示した表 4-1 においても，個票データが公開されているなかで最も新しい 2008 年調査における「1989–1993」生まれ，すなわち 16 歳から 19 歳層において満足（「満足している」と「どちらかといえば，満足している」を合計したもの）と回答した割合は，93.4％ に及び，この値は過去の調査における 16 歳から 19 歳層（網掛けされたセル）と比較しても，顕著に高いことが分かる．そして，このような増加傾向は，他の年齢階級においては，必ずしも起こっていないことからも，時代効果とは峻別されるコーホート効果として捉えるのが妥当に思える．

　では，非正規雇用が増大し，正社員の賃金も抑制気味となっている若年世代が，なぜ現状に満足するのであろうか．これについて大澤（2011）は，若者の幸福感の増大は将来に対する絶望の裏返しだという指摘をしている．将来に希望が持てなくなった時，現状は肯定されるよりなく，それが生活満足感を押し上げているというのである．このようなメカニズムによる説明は，高齢層で生活満足感が高くなることの説明にもなっており興味深いものであるが，データを子細に検討するとこの解釈にも疑問点が無いとはいえない．というのも，若年層の生活満足感の高まりが，希望のなさを直視できないことによる消極的現状肯定によるものだとすれば，「満足」と答えるにしても，中間的な選択肢が

表 4-1　時点別・出生コーホート別 生活満足割合（DKNA を除く）(%)

生まれ年区間	1973	1978	1983	1988	1993	1998	2003	2008
1989-1993								93.4
1984-1988							88.2	87.2
1979-1983						89.1	85.0	84.2
1974-1978					89.1	84.7	87.4	86.0
1969-1973				88.3	85.6	85.0	86.7	87.5
1964-1968			86.1	76.2	85.0	83.5	86.5	84.6
1959-1963		88.8	82.8	83.2	86.0	86.5	85.0	88.5
1954-1958	78.3	81.1	83.1	84.5	87.7	87.1	82.8	86.3
1949-1953	74.1	86.2	85.5	85.6	86.0	85.2	82.5	83.7
1944-1948	76.4	84.2	88.0	88.3	90.3	87.7	84.2	88.1
1939-1943	76.0	83.7	86.0	87.7	85.8	84.5	87.8	88.2
1934-1938	75.2	83.5	84.8	84.5	86.8	88.9	86.8	87.6
1929-1933	78.7	85.3	88.4	90.7	88.4	91.0	90.0	89.9
1924-1928	76.3	83.1	86.6	88.2	92.9	92.5	92.5	
1919-1923	78.9	87.9	87.2	92.9	89.4	88.4		
1914-1918	81.7	89.2	93.2	88.0	93.4			
1909-1913	86.3	91.4	96.5	94.8				
1904-1908	83.8	91.1	91.3					
1899-1903	87.3	96.2						
1898-	94.3							
合　計	78.4	85.7	86.9	86.7	87.9	87.1	86.5	87.3

表 4-2　30 歳未満における「満足している」「どちらかといえば，満足している」の割合の推移

(%)

年	満足している	どちらかといえば，満足している
1973	14.2	61.9
1978	18.0	67.6
1983	19.2	64.9
1988	18.7	63.9
1993	21.7	64.9
1998	21.7	64.3
2003	22.9	64.1
2008	28.0	60.2

選ばれやすいと考えられるが，NHK調査の30歳未満の層における「満足している」「どちらかといえば，満足している」の割合の推移を示した表4-2からは，むしろ近年「満足している」の割合が顕著に増加していることが分かるためである．

では，これ以外の可能性が考えられるとするなら，どのようなコーホートの特質によって，若年層の生活満足感は高まっているのであろうか．このようなコーホート効果の存在を適切に論じるためには，コーホート効果が加齢効果と時代効果から切り分けられねばならない．識別問題として知られるこの問題は，3つの効果のうちどれかひとつを無視することができれば対処可能であるが，2.2において詳述するように，主観的幸福感に対しては加齢効果の存在が明らかになっている．また，時代効果についても無視することはできない．というのも，生活満足感の水準は時代状況から影響を受けていることが示唆されるからである．

図4-2は内閣府が行っている「国民生活に関する世論調査」のなかで聞かれている，「現在の生活に対する満足度」の時点推移をグラフにしたものである[5]．「満足」の割合は，1964年から2014年に掛けて7.4ポイント高まっているが，この間大きく変動しており，経済的水準の単なる反映ではないことが分かる．そして，その変動を細かく観ていくと，生活満足感が時代背景の影響を色濃く受けているように見えるのである．すなわち，昭和49年（1974年）と昭和55年（1980年）の下落には，それぞれ前年に起こった石油危機の影響が見て取れる．

そして，より興味深いのは，平成7年（1995年）の7ポイント以上の上昇である．というのは，この年の調査が行われた5月までの1年に起こった出来事で，最も大きいものといえるのは，1月の阪神・淡路大震災だからである．未曾有の大災害が起こったにもかかわらず，生活満足感が大幅にプラスとなっているのはどういうことであろうか．ひとつの解釈として，被災した多くの人々と自分とを比べて，生活満足度の判断を行ったという可能性が考えられる

---

[5] なお，平成4年（1992年）から選択肢に変化がある．平成3年（1991年）までは「十分満足している」「十分とはいえないが，一応満足している」「まだまだ不満」「きわめて不満だ」．

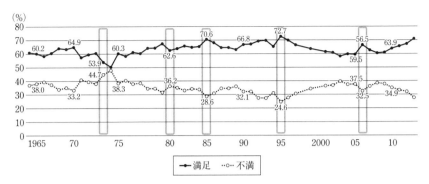

図 4-2 「国民生活に関する世論調査」の時系列推移
出典：内閣府 HP から筆者が作成.

表 4-3　NHK 調査における年齢階級別 5 年前からの「満足」割合の変化　(%)

	増減						
	1973→78	1978→83	1983→88	1988→93	1993→98	1998→2003	2003→08
16–19 歳	10.4	−2.7	2.2	0.8	0.0	−0.9	5.2
20–24 歳	7.0	1.7	−6.7	9.4	−0.9	0.3	2.2
25–29 歳	9.8	−3.1	0.1	1.8	0.1	2.4	−3.2
30–34 歳	8.2	1.3	−1.0	1.5	−2.5	3.3	−0.7
35–39 歳	8.5	4.2	−2.4	2.1	−1.2	0.0	1.0
40–44 歳	4.8	2.5	2.3	−2.3	1.1	−2.1	−0.4
45–49 歳	9.0	−0.5	2.9	2.6	−5.2	−2.4	5.7
50–54 歳	4.2	5.3	−3.8	1.3	1.9	−5.2	3.8
55–59 歳	6.2	−1.3	4.1	−4.0	−2.3	−0.3	−0.5
60–64 歳	3.0	−2.0	1.0	0.2	0.5	−1.1	0.3
65–69 歳	7.6	1.9	−0.4	0.0	−1.9	−4.2	1.4
70–74 歳	3.8	5.4	−8.5	1.4	3.1	−2.5	−2.4
75– 歳	1.9	−4.9	3.4	−1.3	−5.1	4.2	−2.6

だろう．つまり，生活満足感を判断する基準が引き下げられたという可能性である．東日本大震災の発生した平成 23 年（2011 年）の 10 月に行われた調査においても，わずかではあるが上昇傾向が見られることからも，この可能性は否定できない[6]．

---

[6]　平成 18 年（2006 年）の大きな増加も同様の傾向として解釈可能かも知れない．この年は，古市 (2011) も指摘しているように「格差社会」が流行語となった 1 年であった．日本社会に深い

このような,「国民生活に関する世論調査」における,生活満足感の推移から示唆される,各調査時点における時代状況の影響は,NHK 調査でも見られるのであろうか.「満足」回答の増減を年齢階級別に示したのが表 4-3 である.1973 年から 1978 年にかけては,どの年齢層でも満足と回答した割合が増加しており,明確に時代効果が存在しているといえそうである.ただ,それ以外の時点間では,1988 年から 1993 年にかけて増加傾向が,1993 年から 1998 年にかけて,また 1998 年から 2003 年にかけて減少傾向があるようにも見えるが,それほど明確なものではない.ただし,この結果にはコーホート効果も含まれており,それらを識別出来ないことによって,時代効果の影響を明らかにすることが出来ていないのかもしれない.
　このように,主観的幸福感の時系列変化を捉えるためには,加齢効果,コーホート効果,時代効果のすべてを考慮した分析が必要である.生活満足感のデータは多くの国々で長期にわたって蓄積されているため,その時点間推移や国際比較についても幅広く研究が行われている.そして,その時点間変動を加齢効果,時代効果,コーホート効果に分解する統計的手法についても数多くの研究が蓄積されている.以下,それらについての知見を確認していこう.

2.2──加齢効果

　加齢効果について,初期の研究においてはその効果について議論が分かれていたが,それは,1 時点のクロスセクショナルなデータに対する分析に基づき,コーホート効果や時代効果の交絡を考慮していないものも多かったためであり(Yang 2008),近年長期間にわたるデータが蓄積され,コーホート効果や時代効果から加齢効果を識別した分析においてはほぼ一致した結論が出ている.それは,加齢と幸福の間には,明確な U 字もしくは J 字型の関係が見いだされるというものである(Frey and Stutzer 2002; Blanchflower and Oswald 2004; Yang 2008; 宍戸・佐々木 2011).高齢になるほど幸福度が下がるという報告もあるが(大竹・白石・筒井編 2010),そこには幸福感と生活満足感という測定

　　断絶が存在していること,そして格差の「底辺」にあえぐ人びとがメディアを通してクローズアップされたことによって,やはり生活満足感の判断基準が引き下げられたと考えられるのである.

変数の違いが影響しているという指摘もあり（黒川・大竹 2013），少なくとも生活満足感を従属変数とする分析においては，年齢と生活満足感との間に，若年期から中年期にかけて一旦低下した後，高齢になると上昇するといった非線形の関連が想定できるだろう．

これが意味するのは，加齢効果を推定する際に，年齢をそのまま投入するだけでは，不十分だということである．どの年代において，生活満足感の水準が最も低くなるのかについては，議論によって，また国によって違いがあるが，概ね30代から40代あたりを底とする研究が多い．したがって，年齢階級をダミー変数として投入したり，年齢と同時に年齢の二乗項をモデルに含めたりすることが必要になる．

2.3——コーホート効果

主観的幸福感に対するコーホート効果について，多変量解析によって明確に検証した研究は最近まで無かったが（Yang 2008），近年，団塊世代で低い傾向（袖川・田邊 2007）が指摘されており，Yang（2008）もコーホートサイズを投入した分析において，ベビーブーマー世代において幸福感が低くなっていることを示している．日本では周知の通り急速に少子化が進行しており，いわゆる「団塊ジュニア」以降は若年世代になるほど，そのサイズが小さくなっている．太田（2010）は他世代に比べて相対的に人口が多いことにより世代内の「混雑」（コーホート・クラウディング）が強まり，それが世代間の失業率格差の一因となっていることを示した．もしも，近年になり若年層の世代内での競争が以前ほど激しいものでなくなったことが，生活満足感の底上げにつながっているとすれば，近年の若年層における生活満足感の高さとも整合的である．この可能性を検証するために，本章の分析においても，コーホートの代理変数としてコーホートサイズを用いる．

また，宍戸・佐々木（2011）は2000年から2010年までのJGSS累積データを用いた分析から，1935-39年生まれと1980-89年生まれで幸福度が有意に低いことを明らかにしており，幼少期の社会経済的状況の不利さが生涯にわたって継続される可能性を示唆している[7]．この可能性を検証するために「1934-1938年生まれダミー」「1979-1993年生まれダミー」も投入する．

2.4――時代効果

　最後に，時代効果については，大きく趨勢的な社会変動によってもたらされるものと，循環的，突発的に起こる社会環境の変化とに分けて考えることができる．前者については，経済発展にともなう所得水準の上昇との関連が数多く研究されているが，必ずしも関連しないことが示されている（Easterlin 1974等）．これに対して，社会における民主化の程度についてはプラスの影響を持っていることが示されている（Inglehart 1990; Frey 2008）．そして，後期モダンという社会状況がもたらした文化的変容，価値変容に焦点を当てる分析もある．Inglehart et al.（2008）はジェンダー平等や外集団への寛容への支持は幸福感と関連することを示したが，この分析が興味深いのは，寛容な人がより幸福感を高めるという個人レベルだけではなく，寛容な社会に暮らしていることが幸福感を高めている可能性を示唆するものだからである．個人としての寛容さの効果とは独立に，社会全体としての平均的な寛容度の高まりが，人びとの幸福感の水準を高める効果を持つとすれば，それは時代効果と見なすことが出来るであろう．

　一方，後者のタイプの時代効果としては，Frey and Stutzer（2002）によって，インフレ率の高い時代には幸福感が下がることが明らかにされている．また，テロ発生件数（Frey 2008）や自然災害（Kimball et al. 2006）がマイナスの影響を持つという研究もある．特に後者の自然災害については，先に「国民生活に関する世論調査」において見出されたような，大災害の後に生活満足感が高まるという傾向と真っ向から対立するものである．ただし，Kimball et al.（2006）の研究は，2005年の8月から10月にかけて毎週実施された調査の結果に基づくもので，ハリケーン「カトリーナ」がアメリカ中南部を襲う前後1週間から数週間の比較となっていることに留意する必要がある．実際，被害の大きかった中南部で2–3週間後，それ以外の地域では1–2週間後には災害前の水準に戻っていることも報告されている．ここからは，大災害直後には，そ

7）　生活目標の分析においては，阪口・柴田（2014）が戦時中に幼少期を過ごした世代において愛志向が低いことを明らかにしている（本書3章も参照）．

のような悲劇そのものが回答者の生活そのものに負の影響をもたらしたり，内心どうあれ幸福だと表明することは不謹慎だと考えられたりする，マイナスの効果を持ち，一定程度時間が経つことで先に述べたようなプラスの効果がマイナスの効果を凌駕するようになるという可能性を考えることができる．このような災害の効果を捉えるためには，各調査時点の1年以内に大きな自然災害が発生している場合，その調査年を1とするダミー変数を作成し，その効果を検討するということが考えられる．しかし，本章で用いるNHK調査データは1973年から5年に1回実施されている調査データであり，実施年からそれぞれ1年以内には，大規模な自然災害は起こっておらず，そのような分析を行うことは難しい．したがって，所得水準，社会の寛容度そしてインフレ率を表す指標の時点レベルでの値をもって時代効果の代理変数としよう．

2.5──仮 説

したがって，本章における仮説は以下のようになる．まず，加齢効果についての仮説としては，先行研究と同じように，加齢と生活満足感との間のU字型の関連が，コーホートや時代の効果をコントロールしても見られるかどうかが焦点となる．したがって，「コーホート効果と時代効果をコントロールしても，生活満足感は加齢とU字型の関連を示す」を仮説Iとしよう．

次に，コーホート効果についてであるが，本章で注目するのは2つの可能性についてである．まず，所属する出生コーホートの人口が多いほど，潜在的なライバルが多く競争が激しいものになり，その影響が終生主観的幸福感にマイナスに働くという可能性である．したがって，「加齢効果と時代効果をコントロールしても，人口が多いコーホートほど生活満足感が低くなる」が仮説IIとなる．もうひとつは，幼少期の社会経済的状況の不利さが生涯にわたって主観的幸福感にマイナスになる可能性である．これについては，先行研究を踏まえて「加齢効果と時代効果をコントロールしても，幼少期に戦争や大不況を経験した世代は生活満足感が低くなる」を仮説IIIとする．

最後の，時代効果についての仮説は，時代効果として用いる代理変数に対応して3つ立てられる．すなわち，仮説IV-aは「加齢効果とコーホート効果をコントロールしても，調査時点の所得水準の上昇とともに，生活満足度は高く

なる」．仮説 IV-b は「加齢効果とコーホート効果をコントロールしても，調査時点の社会の寛容さの拡大とともに，生活満足度は高くなる」．IV-c は「加齢効果とコーホート効果をコントロールしても，調査時点の物価水準の上昇率が高いほど，生活満足度は低くなる」となる．

3──変数と分析モデル

3.1──変　数

　従属変数として用いるのは，生活満足感について「満足している」に 4 点，「まあ満足している」に 3 点，「やや不満だ」に 2 点，「不満だ」に 1 点を与えた生活満足度得点である．

　独立変数には，加齢効果，コーホート効果，時代効果を測定する変数をそれぞれ投入する．加齢効果を測定する変数としては年齢を用いる．ただし，NHK 調査データでは，年齢は 5 歳刻みのカテゴリー（16–19 歳のみ 4 歳間隔）として聞かれているので，各年齢階級の中間値を用いて実年齢化する．また，生活満足度に対する加齢の U 字型の効果を検証するために，年齢の二乗項も投入する．この時，実年齢化した変数値とその二乗項との相関が高くなり過ぎることを避けるため，平均値でセンタリングした値を「年齢（中心化）」として投入する．

　コーホート効果については，コーホート別出生数を代理変数として用いた「コーホートサイズ」を投入する[8]．コーホート別出生数には，厚生労働省「人口動態統計」の値を用いているが，1944 年から 1946 年までは資料不備のためデータが得られない．このため，出生コーホート「1944–1948 年」につい

---

[8]　参照したのは，総務省統計局『日本の長期統計』（http://www.stat.go.JP/data/chouki/02.htm）である．なお，昭和 22–47 年は沖縄県を含まない．また，出生コーホート「1989–1992」を構成するのは，2008 年調査の 16–19 歳層のみであるため，他のコーホートと違って 4 年分のデータしかない．しかし，本章では，出生コーホート「1989–1992」のコーホートサイズの値として，1989 年生まれから 1993 年生まれの 5 年分の出生数を用いている．これは，年齢幅の取り方で出生数の総数が大きく異なり，それに影響されてしまうことを防ぐためである．

ては，1944 年と 1945 年の値を，1943 年のデータで補間し，1946 年を 1943 年と 1947 年の値を足して 2 で割った値で補間し計算した．また，厳しい社会経済的状況下で幼少期を送ったことの効果については，宍戸・佐々木（2011）に倣い「1934–1938 年生まれダミー」「1979–1992 年生まれダミー」を用いる．

最後に時代効果については，3 つの代理変数を用いることで検討する．経済成長水準としては，1 人あたりの実質 GDP を用いる．インフレ率としては，各時点における消費者物価指数の対前年比を投入する．そして，社会の寛容度については，Inglehart *et al.*（2008）と同じように，男女平等意識の水準をもってその社会における寛容度の度合いとする．男女平等意識としては，NHK 調査のなかで聞かれている「男女のあり方：名字」，「男女のあり方：家庭と職業」，「権威・平等：男女」，「男女のあり方：男子の教育・女子の教育」の項目についての回答を点数化し，足し合わせることで「男女平等意識得点」を作成し [9]，各調査時点における「男女平等意識得点」の平均値を「男女平等度」とした．

その他，統制変数として，居住地域について「特別区，人口 100 万以上の市ダミー」，性別の効果について「女性ダミー」，教育について教育年数，そして職業については，「専門自由経営者管理ダミー」「事務技術ダミー」「生徒・学生ダミー」「無職ダミー」を投入する．また個人レベルの「男女平等意識得点」も投入した．

---

[9] 点数化の手順は以下の通りである．「男女のあり方：名字」については，「夫婦は同じ名字を名のるべきだが，どちらが名字を改めてもよい」と「一方に合わせる必要はなく夫と妻は別々の名字のままでよい」に 1 点を与え，その他を 0 点とした．「男女のあり方：家庭と職業」については，「結婚しても子どもができるまでは，職業をもっていたほうがよい」を 1 点，「結婚して子供が生まれてもできるだけ職業をもち続けたほうがよい」を 2 点として，それ以外を 0 点とした．「権威・平等：男女」については，「乙に賛成：夫が台所の手伝い等をするのは当然だ」を 1 点，それ以外を 0 点とした．「男女のあり方：男子の教育・女子の教育」については，「男女のあり方：男子の教育」として回答された学歴と「男女のあり方：女子の教育」として回答された学歴を比較して，前者を後者よりも高く回答している場合は 0 点，それ以外の場合を 1 点とした．そして，これら 4 項目について合計したものが男女平等意識得点となる（最低点 0 点，最高点 5 点）．

3.2──分析モデル

　本章で焦点を当てる，年齢，時点そして生まれ年について，変数値をそのまま投入することは，先述の通り識別問題を生じさせてしまう．この問題をクリアする方法としては，コーホート効果を無視した2要因モデルを用いる方法，APCを異なった期間のグループとして係数に制約を加える方法，APCの少なくともひとつを非線形の関連を持つものとして定義する方法，そして代理変数を用いる方法がある（Yang and Land 2013）．本章では，コーホート効果と時代効果について先に論じた仮説に基づいた代理変数を投入することで，識別問題をクリアしつつこれらの効果の有無を検証していく．ただし，Yang and Land（2013）が指摘するように，このアプローチでは，代理変数として選択された変数以外の効果は検証できず，これらの効果の検証結果は代理変数として何を選択したかに大きく依存するという問題点がある．したがって，本章では，各調査時点に個人がネストするマルチレベル・モデルによって，変量効果としての時代の影響を考慮した上で，代理変数で表された時代効果やコーホート効果を検証する[10]．

　また，従属変数である生活満足度得点は4件尺度で測定されており，分布にも大きな偏りがある．このような場合，従属変数を間隔尺度とみなすことは妥当ではないため，マルチレベル順序ロジットモデルを用いることもひとつの選択肢となる．しかし，独立変数の効果が，順序性のあるカテゴリーに依存せず均一であることを仮定する平行性の仮定を満たさなかったためマルチレベル順序ロジットモデルの結果は示していない[11]．

---

[10]　個人を出生コーホートと調査年の2つの変数に同時にネストしたものとしてモデル化したものとして，cross-classified random effect modelがある．この手法の，主観的幸福感研究への応用についてはYang（2008）や宍戸・佐々木（2011）を参照．なお，本章の分析にこの手法を適用した場合も傾向に違いは無い．

[11]　なお，マルチレベル順序ロジットモデルを用いて推定を行っても傾向性に変化はない．

4 ── 分　析

　まず，年齢の効果について，先行研究で指摘されているように加齢とともにU字型の効果となっているかどうかを，他の個人属性や都市規模，そして時点のランダムエフェクトをコントロールして検証したのがモデル1である．コントロール変数の効果から確認しておくと，まず都市規模の影響として投入した「特別区，100万以上の市ダミー」がマイナスの効果を示し，大都市圏に居住することで生活満足感が低くなっていることが分かった．

　個人属性を示す変数としては，「女性ダミー」「既婚ダミー」がいずれもプラスの効果を示した．この傾向も先行研究と整合的であるが，「離死別ダミー」は有意な効果を持たなかった．社会経済的地位変数として投入された変数のうち，「教育年数」はプラスの効果を示し，職業カテゴリーのうち「専門自由経営者管理ダミー」「事務技術ダミー」，そして「主婦ダミー」「生徒・学生ダミー」がプラスの効果を示し，これらのカテゴリーの人びとは，それ以外に比べて生活満足感が高いことが分かった．「無職ダミー」については有意な効果を示さなかった．これは無職者には失業者が含まれる一方，専業主婦や年金生活者のような，働かなくてもよい層も含まれていることで生活満足感が両極分化しているためと考えられる[12]．最後に「男女平等意識得点」はマイナスの有意な効果を持っていた．これは男女平等意識が強い人ほど，現実の社会とのギャップやそれによる居心地の悪さを感じることで，生活満足感を低下させるという解釈が可能であり，興味深い結果だといえるだろう．

　そして，加齢効果については，「年齢（中心化）」および「年齢二乗項（中心化）」のいずれもプラスの有意な効果を持っていた．二乗項がプラスであるということは，U字型に生活満足感が高まっていることを示すもので，さらにこれらの係数から推定される生活満足感のボトムは30代中盤であり，いずれ

---

12) この解釈は，「満足している」の割合が無職者で35.8％と，無職者以外における「満足している」割合の23.7％よりも高いことや，男女別に分析を行った場合，男性でのみマイナスの効果が見られることからも妥当と考えられる．

表 4-4 記述統計 (N=29,698)

	平均値	標準偏差
生活満足度得点	3.09	0.67
特別区,人口 100 万以上の市ダミー	0.18	0.39
女性ダミー	0.54	0.50
既婚ダミー	0.71	0.45
離死別ダミー	0.08	0.27
教育年数(学生は在籍学校まで加算)	11.90	2.26
専門職,自由業,その他の職業,経営者・管理者ダミー	0.05	0.22
事務職・技術職ダミー	0.17	0.37
主婦ダミー	0.21	0.40
学生ダミー	0.07	0.26
無職ダミー	0.11	0.31
男女平等意識得点	2.67	1.36
年齢実年齢化	44.8	16.95
コーホートサイズ(単位 10 万人)	100.07	13.68
1934-1938 年生まれダミー	0.09	0.29
1979-1992 年生まれダミー	0.03	0.17
調査時点の平均男女平等意識得点	2.66	0.47
1 人あたり実質 GDP(暦年・万円)	312.38	70.07
消費者物価指数年対前年同月比平均	2.93	3.77

も先行研究と整合的な結果といえる.

さらにランダムエフェクトが有意となっていることが重要である.これは同時にモデルに投入された変数を考慮しても,時点間で生活満足度の平均に有意なばらつきがあり,それは加齢効果でも説明できないということを示している.

ただし,モデル 1 ではコーホート効果が考慮されていないため,それらの影響が交絡している可能性について,更に検証する必要がある.そこで,モデル 2 ではコーホート効果の代理変数として「コーホートサイズ」および「1934-1938 年生まれダミー」「1979-1992 年生まれダミー」を投入した.その結果,「年齢(中心化)」および「年齢二乗項(中心化)」ともプラスの傾向は変わらず,コーホート効果を考慮しても,加齢効果の傾向に変化が無いことが確認できる.

そして,コーホート効果については,「コーホートサイズ」と「1934-1938 年生まれダミー」がマイナスの,「1979-1992 年生まれダミー」がプラスでいずれも 0.1% 水準で有意な効果を示した.このうち「コーホートサイズ」のマ

表4-5 マルチレベル分析の結果

固定効果	model 1				model 2				model 3			
	B	SE		t	B	SE		t	B	SE		t
切片	2.839	0.023		125.915 ***	2.847	0.022		128.706 ***	2.846	0.017		170.804 ***
都市規模（ref. それ以外）												
特別区，人口100万以上の市ダミー	-0.041	0.010		-4.114 ***	-0.039	0.010		-3.999 ***	-0.039	0.010		-3.978 ***
女性ダミー	0.150	0.009		16.809 ***	0.150	0.009		16.856 ***	0.150	0.009		16.849 ***
婚姻状況（ref. 未婚）												
既婚ダミー	0.105	0.014		7.554 ***	0.112	0.014		8.034 ***	0.112	0.014		8.070 ***
離死別ダミー	0.029	0.020		1.476	0.029	0.020		1.489	0.030	0.020		1.524
教育年数（中心化）	0.008	0.002		4.048 ***	0.009	0.002		4.202 ***	0.008	0.002		4.096 ***
職業（ref. それ以外）												
専門自由経営者管理ダミー	0.147	0.018		8.041 ***	0.146	0.018		7.992 ***	0.146	0.018		8.018 ***
事務技術ダミー	0.045	0.012		3.816 ***	0.043	0.012		3.687 ***	0.044	0.012		3.711 ***
主婦ダミー	0.046	0.012		3.889 ***	0.048	0.012		4.026 ***	0.048	0.012		4.036 ***
生徒・学生ダミー	0.149	0.020		7.406 ***	0.130	0.020		6.399 ***	0.130	0.020		6.392 ***
無職ダミー	-0.005	0.015		-0.321	-0.008	0.015		-0.513	-0.008	0.015		-0.505
男女平等意識（中心化）	-0.029	0.003		-9.379 ***	-0.030	0.003		-9.706 ***	-0.030	0.003		-9.744 ***
年齢（中心化）	0.004	0.000		12.046 ***	0.005	0.000		13.702 ***	0.005	0.000		13.537 ***
年齢二乗項（中心化）	0.000	0.000		12.329 ***	0.000	0.000		9.786 ***	0.000	0.000		9.806 ***
コーホートサイズ（単位10万人）（中心化）	—	—		—	-0.002	0.000		-5.012 ***	-0.002	0.000		-5.013 ***
1934-1938年生まれダミー	—	—		—	-0.048	0.013		-3.613 ***	-0.048	0.013		-3.588 ***
1979-1992年生まれダミー	—	—		—	0.129	0.026		4.997 ***	0.128	0.026		4.949 ***
男女平等意識得点時点平均（暦年・実質）（中心化）	—	—		—	—	—		—	-0.080	0.064		-1.243
1人あたりGDP（暦年・実質）（中心化）	—	—		—	—	—		—	0.000	0.000		0.468
消費者物価指数年対前年同月比平均（中心化）	—	—		—	—	—		—	-0.014	0.003		-4.535 *

変量効果	分散	DF	χ^2	分散	DF	χ^2	分散	DF	χ^2
時 点	0.00221	7	155.793 ***	0.00202	7	142.808 ***	0.0003	4	15.310 **
level-1残差	0.42279			0.42172			0.42172		

*$p<0.05$, **$p<0.01$, ***$p<0.001$.

イナス効果は，当該出生コーホート人口が多いほど，生活満足感が生涯にわたって低くなることを示し，コーホート・クラウディングが生じている可能性を示唆する．また「1934–1938年生まれダミー」の負の効果は，幼少期に第2次世界大戦を経験した世代の生活満足感がその後も低く抑えられることを意味し，先行研究と整合的な結果である．しかし，「1979–1992年生まれダミー」が正の効果を示したことは，1979年から1992年の間に生まれた世代の生活満足感がコーホート・クラウディングの影響を考慮してもなおプラスに働いているということであり，先行研究の指摘する傾向とは矛盾する結果である．

最後に，時代効果として「男女平等意識得点時点平均」「1人あたり実質GDP」「消費者物価指数年対前年同月比平均」を投入したのがモデル3である．「消費者物価指数年対前年同月比平均」のみが有意なマイナスの効果を示した．これは，前年からの物価上昇の度合いが高いほど生活満足感が低くなるということであり，先行研究と整合的な結果である．

これら時代効果として投入された3変数の間には高い相関があるため，念のため1つずつモデルに投入した場合も，やはり「消費者物価指数年対前年同月比平均」のみ有意なマイナス効果を示した．ここからも，生活満足感に対する時代背景の影響としては，物価変動の度合いがもっとも大きな影響を与えているとみなすのが妥当だといえるであろう．

5──まとめと議論

本章では，主観的幸福感の代表的指標である生活満足感の規定要因について，特に加齢効果，コーホート効果，時代効果に焦点を当てて分析を行ってきた．1973年から2008年までの繰り返し調査データの分析から得られた結果は以下の通りとなる．仮説Ⅰについては，コーホート効果と時代効果をコントロールした分析においても，年齢の二乗項にプラス効果が見られたことから，生活満足感は加齢とともにU字型の関連を持つことが確認できた．したがって，仮説Ⅰは支持されることになる．

次に，コーホート効果であるが，特にコーホートサイズの影響に焦点を当てた仮説Ⅱについては，加齢効果を考慮しても人口が多いコーホートほど生活

満足感が低くなる傾向が見られた.この傾向は,時代効果をコントロールしても変わらず1%水準で有意なマイナス効果を持ち変化しなかった.このような傾向からは,仮説IIも支持することが適当であろう.仮説IIIについては,「1934-1938年生まれダミー」は仮説の想定通りマイナスの効果を持っていたが,「1979-1992年生まれダミー」はプラスの効果を示したことから,完全に支持することはできない.ただし,幼少期に戦争を体験することが,終生幸福感にマイナスとなっているという解釈は可能であり,その背後には阪口・柴田 (2014) が明らかにしたような,この世代の愛志向の低さと関連するものがあるのかもしれない.

時代効果については,3つのセカンドレベル変数を同時に投入した場合も,別個に投入した場合でも,「消費者物価指数年対前年同月比平均」のみが有意なマイナス効果を示したことから,インフレのマイナス効果を主張する仮説IV-bが支持される.

以上のような分析結果からは,2つの知見が得られるであろう.まず,本章の分析で明らかになった,コーホートサイズのマイナスの影響は,近年の若年層の幸福感の高さの一部分を説明するかもしれないということである.すなわち,少子化の進行とともに若年世代のコーホートサイズが相対的に縮小していることが,同世代の間の競争を易化させていて,それがこの世代の生活満足感を高めている可能性である.学校から仕事への移行に際しては,新規学卒一括採用の慣行によって,卒業時(正確には卒業の約1年前)における労働需要とのバランスと合わせて考えなくてはならない.しかし,大学や短大そして専門学校への進学が女子においても一般化し,高卒就職が「マイノリティ化」(尾嶋 2001; 小林 2016印刷中) するなかでは,16歳から19歳層にとって問題となるのは進学に向けての制約であり,その競争をめぐる困難さは,1991年度に63.3%だった大学進学者に占める現役入学者の比率が2008年度には83.1%にまで増大したことに顕著なように明確に弱まってきている.分析モデルに「学生ダミー」が含められていることからは,学生比率の上昇による影響は統制されていると考えられる.であれば,この年代層の幸福感の高さには,進学の易化によるストレスの軽減も寄与していると解釈出来るのではないだろうか.

もうひとつ,時代効果について,物価上昇率の高さが生活満足感にマイナス

となるという傾向は，今回用いた分析データにおいて最新のデータである2008年のデフレ状況下では，生活満足感を高める方向に作用している可能性がある．特に，生活費のほとんどを親に依存する高校生，同じく親からのお小遣いと仕送り，およびアルバイトによって生活している大学生・短大生や専門学校生にとっては，デフレ下における賃金抑制よりも物価の下落によって購買力が実質的には上昇するという恩恵の方が勝っている可能性が考えられるのである．

すなわち，デフレ下の経済状況において，戦後もっとも少ないコーホート人口で，かつ加齢とともにU字を描くカーブの左端に位置する，2008年調査の16歳から19歳層には，生活満足感が高くなる条件が揃っていたといえるのである．

冒頭の詩は，中島みゆきの「成人世代」の一節である．周りばかりが良く見えて，それが更に自分を惨めにさせる．そんな状況に陥りやすいのは，甘く塗り固められた宣伝文句に抱いた夢に破れる，「大人」にもなりきれない，「子供」のままではいられない「成人世代」なのである．そして，本章の分析においても確認された，U字の加齢効果の底の部分こそ「成人世代」なのかもしれない．この歌が収録されたアルバム「臨月」は1981年発表で，当時の高卒就職率は25.7%[13]である．はるかに高学歴化が進んだなかで，夢に破れる年齢も遅くなっているのだとしたら，現在，「幸福」な若者が今後も「幸福」であり続けられるとは考えにくいのである．

もちろん，本章の分析にはいくつかの点で限界があるのも確かである．まず，1点目は個人の属性についてのコントロールが十分とはいえない点である．何よりも，データに収入関連の変数が含まれていないため，教育年数と職業変数では統制しきれない，個人の社会経済的地位の影響が時代効果と交絡して現れている可能性が無いとはいえない．

2点目として，分析の手法上の限界がある．3.2でも述べたように，今回用いたデータにおける生活満足感を間隔尺度と見なして分析することは本来適切とはいえない．にもかかわらず，マルチレベル順序ロジットモデルを用いない

---

[13] 学校基本調査による．なお，短期大学は含まず，過年度高卒者等は含む．

のは,その前提となる平行性の仮定が満たされていなかったためであるが,これは説明変数の効果が生活満足感の各カテゴリーで均一ではないということを意味する.この場合,名義尺度とみなしマルチレベル多項ロジットモデルで推定する方法があるが,今回の分析では解が収束しなかったため用いなかった.マルチレベル順序ロジットモデルで推定した場合も傾向に差は見られなかったとはいえ,今後,より適切な分析手法を用いた,更なる検証の余地があるであろう.

3点目としては,時点レベルの変数が切片に与える効果を検証した model 3 においても,依然セカンドレベルのランダムエフェクトは有意であった点である.これは,ランダムスロープやクロスレベル交互作用効果が存在する可能性を示唆する.したがって,今後は時点間で個人レベルの規定要因にどのように変化したかについても焦点を当てて,分析を深めることが重要であろう.

最後に,時代効果のなかでも,大災害などの後に生活満足感がどのように変化するのかという点については,本書のデータからは検証することが難しかった.以上のような課題に対処していくためにも,今後はより時点数の多いデータに対して,適切にコーホートと時点を扱うことが出来る分析手法を採用することで,本稿で得られた知見の頑健さを確認していくことが重要になるだろう.

(謝辞)本研究は JSPS 科研費 JP16K04030, JP16H03689 の助成を受けたものです.

[文献]

Blanchflower, David G. and Andrew J. Oswald, 2004, "Well-Being over Time in Britain and the USA," *Journal of Public Economics*, 88(7–8): 1359–86.

Clark, Andrew E., Paul Frijters, and Michael A. Shields, 2008, "Relative Income, Happiness, and Utility: An Explanation for the Easterlin Paradox and Other Puzzles," *Journal of Economic Literature*, 46(1): 95–144.

Easterlin, Richard A., 1974, "Does Economic Growth Improve the Human Lot?" in Paul A. David and Melvin W. Reder, eds., *Nations and Households in Economic Growth: Essays in Honor of Moses Abramovitz*, New York: Academic Press, Inc.

Easterlin, Richard A., 1995, "Will raising the incomes of all increase the happiness of all?" *Journal of Economic Behavior & Organization*, 27(1): 35–47.

Frey, Bruno S., 2008, *Happiness: A Revolution in Economics*, Cambridge, Mass:

MITPress（白石小百合訳，2012,『幸福度をはかる経済学』NTT 出版）.
Frey, Bruno S. and Alois Stutzer, 2002, *Happiness and Economics*, Princeton University Press（佐和隆光監訳・沢崎冬日訳，2005,『幸福の政治経済学——人々の幸せを促進するものは何か』ダイヤモンド社）.
古市憲寿，2011,『絶望の国の幸福な若者たち』講談社.
Inglehart, Ronald, 1990, *Culture Shift in Advanced Industrial Society*, Princeton, NJ: Princeton University Press.
Inglehart, Ronald, Roberto Foa, Christopher Peterson, and Christian Welzel, 2008, "Development, Freedom, and Rising Happiness: A Global Perspective (1981–2007)," *Perspectives on Psychological Science*, 3(4): 264-85.
Kimball, Miles, Helen Levy, Fumio Ohtake, and Yoshiro Tsutsui, 2006, Unhappiness after Hurricane Katrina, *NBER Working Paper*, No. 12062.
小林大祐，2016（刊行予定），「就職希望者のプロフィール——その 30 年の変化に着目して」尾嶋史章・荒牧草平編『高校生の生活と進路——30 年の軌跡』世界思想社.
小林盾，カローラ・ホメリヒ，見田朱子，2015,「なぜ幸福と満足は一致しないのか——社会意識への合理的選択アプローチ」『成蹊大学文学部紀要』第 50 号：87-99.
厚生労働省編，2014,『平成 25 年度 厚生労働白書』.
黒川博文・大竹文雄，2013,「幸福度・満足度・ストレス度の年齢効果と世代効果」『行動経済学』第 6 巻：1-36.
NHK 放送文化研究所編，2004,『現代日本人の意識構造』［第 6 版］日本放送出版協会.
尾嶋史章，2001,「進路選択はどのように変わったのか」尾嶋史章編著『現代高校生の計量社会学——進路・生活・世代』ミネルヴァ書房，pp. 21-61.
大澤真幸，2011,「可能なる革命 第 1 回『幸福だ』と答える若者たちの時代」『at プラス』07 号，太田出版：114-27.
小塩隆士，2014,『「幸せ」の決まり方——主観的厚生の経済学』日本経済新聞出版社.
太田聰一，2010,『若年者就業の経済学』日本経済新聞出版社.
大竹文雄・白石小百合・筒井義郎編，2010,『日本の幸福度——格差・労働・家族』日本評論社.
阪口祐介・柴田悠，2014,「生活目標のコーホート分析——いかなる時代・世代において日本人の生活目標は変化したのか？」『ソシオロジ』59(1)：21-37.
宍戸邦章・佐々木尚之，2011,「日本人の幸福感——階層的 APC Analysis による JGSS 累積データ 2000-2010 の分析」『社会学評論』62(3)：336-55.
袖川芳之・田邊健，2007,「幸福度に関する研究——経済的ゆたかさは幸福と関係があるのか」ESRI Discussion Paper Series No. 182（http://www.esri.go.jp/jp/archive/e_dis/e_dis182/e_dis182.html）.
豊泉周治，2010,『若者のための社会学——希望の足場をかける』星雲社.
Yang, Yang, 2008, "Social Inequalities in Happiness in the United States, 1972 to

2004: An Age-Period-Cohort Analysis," *American Sociological Review*, 73: 204–26.

Yang, Yang and Kenneth C. Land, 2013, *Age-Period-Cohort Analysis: New Models, Methods, and Empirical Applications*, Boca Raton, FL: CRC Press.

成人世代（p. 75）
作詞　中島みゆき　　作曲　中島みゆき
Ⓒ 1981 by YAMAHA MUSIC PUBLISHING, INC.
All Rights Reserved. International Copyright Secured.
㈱ヤマハミュージックパブリッシング　　出版許諾番号　16322P

5章
性役割意識はなぜ，どのように変化してきたのか

永瀬圭・太郎丸博

1── はじめに

　性役割意識は性別分業を維持する要因のひとつとみなされ（大和 1995），従来からその動向や形成要因の分析が数多くなされてきた．そのなかでは，1970-1990年代にかけて性役割意識は弱まってきたと言われているが（尾嶋 2000），1990年代後半以降の変化も含めた長期的な意識の変化については，まだ十分な分析がなされていない．そもそも，長期的な変化の傾向自体が明らかにされておらず，変化の要因の解明にまで至っていないのが現状である．しかし，夫のディストレスは妻の働き方そのものではなく，夫の性役割意識と妻の働き方との関係における両者の齟齬によって生じること（裵 2007）や，性役割分業観が女性のライフコース選択の際の判断基準になっていること（中井 2000）からもわかるように，性役割意識は様々な事象に対して直接あるいは間接的に影響を与える要因とされている．したがって，性役割意識が何によってどのような変化を見せるのかを明らかにすることは重要な研究課題であろう．

2── 先行研究の検討

2.1── イングルハートの価値意識の変化に関する理論

　性役割意識を含めた社会全体の平均的な価値観の変化に関する代表的な研究

としては，イングルハートの一連の研究（Inglehart 1990=1993; Inglehart and Baker 2000; Inglehart and Norris 2003）が挙げられる．まずは，それらの内容を概観することにしたい．

イングルハートによると，社会が経済的に豊かでない場合，人々は生きるために必要なものを満たすことを最優先とし，伝統的な性役割に固執する．しかし，社会が経済的に豊かになって生存の安定が保障されると，単なる衣食住の供給といった物質的なものの代わりに人々は生活の質や自己表現といった文化的なものに重きを置くようになり，ジェンダー平等を志向するようになるという（Inglehart and Baker 2000; Inglehart and Norris 2003）．文化や歴史的文脈による価値観の違いは根強く残るものの，基本的には社会が経済的に豊かになるに従って上記のような価値観の変化が起こると考えられている．イングルハートは，若年時に経験した状況は後々まで人々の文化的な価値観に影響を及ぼすと考えており，上記のような価値観の変化は経済的に豊かな時代に成長した世代が増加したことによって生じていると説明している．

一方，イングルハートは，インフレが起こった時期に人々の価値観が脱物質主義から物質主義へと再び変化していることから，社会経済的環境の変化が価値観の変化に影響を及ぼすとも論じている（Inglehart 1990=1993）．ベイカーとの共著の中でも，従来の経済・社会・政治システムが崩壊した時期に文化的なものから物質的なものへ価値観の揺り戻しが起こっていることから，社会経済的不安定性という時代の要因が価値観に及ぼす影響を指摘している（Inglehart and Baker 2000）．

このように，イングルハートは価値観の変化に対するコーホート交代[1]の影響を強調してはいるが，同時に社会経済状況という時代の要因が価値観の変化に影響を及ぼすとも指摘している．しかし，イングルハートの研究では価値

---

1) Firebaugh（1997: 7）によると，コーホートの効果とは，あるコーホートにおける共通の経験や反応に起因するコーホート間の相違を指し，時代の効果とは，すべてのコーホートに一様に影響を及ぼす出来事や歴史的条件を指す．コーホート間に価値観の違いがあれば，個々人の価値観が変化しなくてもコーホート（＝世代）が入れ替わることで社会全体の平均的な価値観の変化は生じ，時代の変化によって個々人が価値観を変化させれば，世代交代が起こらなくても社会全体の平均的な価値観の変化は生じることになる．

観の変化に対する時代とコーホートの影響を明確に区別するような計量分析は行われていないので，人々の価値観の変化は時代とコーホートのどちらの要因によって生じているのか，あるいは変化に対してどちらの要因が強く働いているのかという点については解明されていない．

2.2——性役割意識の変化に関する国内外の研究

性役割意識に限定すると，要因分解や回帰分析を行って変化の要因を検討した研究も存在しており（Brewster and Padavic 2000 など），その中には Cotter et al.（2011）のように長期間の変化を分析しているものもある．コッターらは，1977–2008 年にかけてアメリカにおける性役割意識がどのように変化し，コーホートや学歴の分布の変化といった諸要因は意識の変化にどのような影響を及ぼしているのかについて検証している．そして，性役割意識は一貫して弱まるわけではなく 1994–2000 年にかけて一度強まることを確認し，さらにその保守化は新しいコーホートが保守的であるためではなく，社会全体が時代の変化の影響を受けて個々人が意識を保守化させたために生じたものであることを見出している．

日本に関しては，時代とコーホート，双方の影響によって，1972–1995 年にかけて性役割意識は弱まってきたとされており（尾嶋 2000），女性の場合は 1985–1995 年にかけて，コーホート交代や高学歴化，就業形態の変化には還元できない時代の影響によって弱まっていることが指摘されている（尾嶋 1998）．その後の変化については，1994–2002 年にかけておおむね性役割意識が弱まっていること（Lee et al. 2010），2000–2010 年にかけて性役割意識は弱まってはいるが 2006 年以降は大きな変化が見られず停滞していること（佐々木 2012）が示されている．このように，日本でも性役割意識の変化に関する研究は存在するものの，記述統計による分析であったり，計量分析を行っていても短期間の変化の分析に留まっており，アメリカのように長期的な変化を捉えるには至っていない．また，近年の研究（松田 2005; 山田 2009）において若年層の女性に保守的な傾向が見られることが指摘されてはいるが，これらの研究では性役割意識との関連がしばしば指摘されている学歴，職の有無やライフステージの影響までは考慮されていない．

2.3 ── 問題設定

そこで，本章では「日本人の意識」調査（1973-2008）という長期にわたって行われている調査データを用いて共分散構造分析を行い，1970-2000年代にかけて性役割意識がどのように変化してきたのかを明らかにした上で，意識の変化が何によって引き起こされているのかについて解明する．

これまでに紹介してきた先行研究の知見を踏まえると，日本における性役割意識は1970-2000年代にかけて次第に弱まっていると推測される．しかし，日本では2000年代に入って公的福祉が縮小したり（田渕 2011），労働法制の規制緩和が行われる（山垣 2008）など，生活に直結する社会保障や労働の分野で大きな変化が生じた．このような状況はイングルハートが想定していた体制の崩壊のような事態とは異なるものの，程度の差こそあれ，人々の生存の安定が脅かされるという点では同一であり，したがって2000年代に入って性役割意識が再び強まった可能性も考えられる．

以下では，意識の変化の傾向は2000年代以降に変わるのか，仮に変化が見られた場合にコーホート交代，学歴，職の有無そしてライフステージがどの程度影響を及ぼしているのかについて特に注目して分析する．

3 ── データと分析方法

3.1 ── 分析対象

「日本人の意識」調査（1973-2008）[2]の公開データでは年齢は5歳刻みのカテゴリカル変数で提供されているが，75歳以上はひとくくりになっており年齢の幅が確定できないため，本章では16-74歳の男女を分析対象にした．

3.2 ── 分析方法および分析に用いる変数

本章では，性役割意識を被説明変数，調査年と出生年を説明変数，学歴，職

---

[2] 調査の概要は第2章を参照．

の有無とライフステージを統制変数として用いて共分散構造分析を行う.

分析に用いる変数について説明すると，この調査では，性役割意識に関する質問項目は「リストには，父親が台所の手伝いや子どものおもりをすることについて，甲，乙2つの意見をのせてあります．あなたはどちらに賛成しますか」(以下「男性の家事」と略記)，「結婚した女性が職業をもち続けることについては，どうお考えでしょうか」(以下「女性の働き方」と略記)，「一般に，結婚した男女は，名字をどのようにしたらよいとお考えですか」(以下「結婚後の姓」と略記) の3つであったので[3]，これらを分析に用いている[4]．性役割意識を多次元的に捉える必要性を説いている研究 (大和 1995) もあるが，3項目のポリコリック相関係数を求めると男女とも 0.27-0.38 とある程度の相関が見られたので，本章では探索的因子分析 (因子負荷量の推定方法は最尤法) を行って3項目に影響を及ぼす因子を抽出し (結果は表5-1を参照)，それを「性役割意識」と捉えた[5]．

その他の変数については，学歴は教育年数に換算し，「高等学校・高等専門学校1-3年生在学中」は12年，「高等専門学校4-5年生，短期大学，大学・大

---

[3] 「男性の家事」の回答は以下の2択 (カッコ内は略称).
・甲に賛成：台所の手伝いや子どものおもりは，一家の主人である男子のすることではない (すべきでない)
・乙に賛成：夫婦は互いにたすけ合うべきものだから，夫が台所の手伝いや子どものおもりをするのは当然だ (するのは当然)
「女性の働き方」の回答は以下の3択.
・結婚したら，家庭を守ることに専念したほうがよい (家庭専念)
・結婚しても子どもができるまでは，職業をもっていたほうがよい (育児優先)
・結婚して子どもが生まれても，できるだけ職業をもち続けたほうがよい (両立)
「結婚後の姓」の回答は以下の4択.
・当然，妻が名字を改めて，夫のほうの名字を名のるべきだ (当然，夫の姓)
・現状では，妻が名字を改めて，夫のほうの名字を名のったほうがよい (現状では夫の姓)
・夫婦は同じ名字を名のるべきだが，どちらが名字を改めてもよい (どちらでもよい)
・わざわざ一方に合わせる必要はなく，夫と妻は別々の名字のままでよい (別姓でよい)
[4] 結婚後の姓の選択は性別分業そのものではないが，家父長制の影響を反映している (井田 1989) という点では性役割意識の指標にふさわしいと考えられるので，結婚後の姓の選択に関する意識も性役割意識の指標のひとつとして分析に加えることにした．
[5] 性役割意識の構造が調査年や性別で異なると，数値の持つ意味が変わってくるので分析結果を単純に比較することができない．そこで，多母集団分析を行って調査年や性別による構造の異同を検討したところ，調査年や性別によって性役割意識の構造に違いは見られないことが確認されたので (結果は割愛)，そのまま分析を進めることにした．

表 5-1　探索的因子分析の結果

	男　性	女　性
	因子負荷量	因子負荷量
男性の家事	0.45	0.50
女性の働き方	0.53	0.51
結婚後の姓	0.41	0.46
	因子寄与率	因子寄与率
	0.22	0.24

学院在学中」は15年としている．職の有無は主婦，生徒・学生，無職をまとめて無職，その他を有職としている．ライフステージは，学生の未婚者，学生以外の未婚者，子供のいない既婚者，末子が中学生以下の既婚者，末子が中学生より大きい既婚者，離死別者の6カテゴリーの変数を作成している（分析の際の基準カテゴリーは，末子が中学生以下の既婚者）．変数の記述統計は，**表 5-2** の通りである[6]．

4──分析結果

4.1──時代およびコーホート別に見た性役割意識の変化

まず，性役割意識が時代とともにどのように変化してきたのか，コーホート間で性役割意識の強さにどのような違いが見られるのかについて確認しておく．**図 5-1** は，性役割意識の時代による変化をコーホート別に示したものである．なお，図の縦軸の値は，「男性の家事」，「女性の働き方」そして「結婚後の姓」の3指標について因子分析を行って求めた因子得点の平均値である．

まず，時代による変化を見ると，男女とも2003年までは性役割意識は弱まるが，その後は意識の変化が停滞あるいは保守化に転じており，このような傾向はほぼすべてのコーホートで見られる．

---

[6]　1899–1992年生まれまでが5年ごとの20グループに区分されているので，分析の際には各々の中間値を出生年として割り当てた．ただし，1989–92年コーホートは1991年としている．また，グラフを作成する際は，NHK放送文化研究所編（2010）にならってコーホートを6つに区分した．

表 5-2 記述統計

	男性	女性
男性の家事（％）		
すべきでない	25.8	21.6
するのは当然	74.2	78.4
女性の働き方（％）		
家庭専念	26.8	18.8
育児優先	41.7	39.8
両立	31.5	41.4
結婚後の姓（％）		
当然，夫の姓	39.7	38.4
現状では夫の姓	28.7	25.6
どちらでもよい	23.8	29.2
別姓でよい	7.8	6.8
平均出生年	1945.8	1946.1
	(17.8)	(17.1)
平均教育年数	12.2	11.8
	(2.5)	(2.0)
有職者の割合（％）	82.0	47.7
ライフステージ（％）		
学生の未婚者	8.6	6.8
学生以外の未婚者	15.5	11.7
子どものいない既婚者	5.4	5.4
末子が中学生以下の既婚者	30.7	32.0
末子が中学生より大きい既婚者	36.9	34.9
離死別者	3.0	9.3
N	11,571	13,826

注：（　）内は標準偏差．

次に，コーホート間の比較をすると，男女とも1968年以前のコーホートでは新しいコーホートほど性役割意識が弱い傾向がうかがえるが，山田（2009）の研究で保守化が指摘されているコーホートにほぼ相当する1969年以降のコーホートは1954-68年コーホートに比べると性役割意識が強い傾向が見られる．

4.2──共分散構造分析の結果

図5-1で見られたような傾向は，学歴などの諸要因を統制しても確認されるのだろうか．以下では，時代の影響が2003年以降にどの程度変化したのかを示す変数（表5-3，表5-4ではsp08と表記）と，コーホート間の意識の違いが1969年以降のコーホートでどの程度変化したのかを示す変数（表5-3，表5

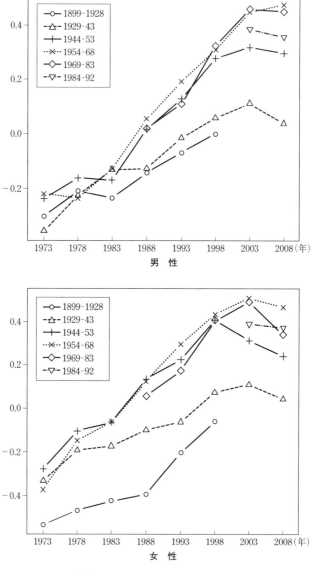

図 5-1 時代・コーホート別に見る性役割意識の変化

−4 では sp69 と表記）を加え[7]，共分散構造分析（推定方法はロバスト重み付き最小二乗法）を行った[8]．

　表 5-3，表 5-4 は，性役割意識が「男性の家事」，「女性の働き方」，「結婚後の姓」に対する考え方にどのような影響を及ぼしているのか（測定モデル），そして性役割意識の変化に対して時代，コーホート，さらには学歴，職の有無そしてライフステージといった諸要因がどのような影響を及ぼしているのか（因果モデル）についての分析結果を男女別に示したものである．モデルのフィッティングを示す指標を見ると，モデル 1 は男女とも全般にあてはまりがよいが，モデル 2 と 3 に関しては特に女性で CFI や TLI の値がやや低い．これは性役割意識の 3 つの指標によって出生年やライフステージから受ける影響が多少異なるからである．この問題は誤差相関を仮定すれば改善が可能であるが，煩雑になるのであえて誤差相関は仮定せずにそのままにしてある．性役割意識の 3 つの指標による細かい違いについては，永瀬・太郎丸（2014）を参照されたい．

男性の結果　モデル 1 を見ると，「調査年」の係数がプラスの値であるので，性役割意識は 2003 年までは時代とともに弱まっていることがわかる．2003 年以降も弱まってはいるが，図 5-1 で見られたように 2003 年以前に比べると変化が緩やかになっていることが示された（$0.028-0.015=0.013<0.028$）．

　それでは，このような性役割意識の変化はコーホート交代に起因しているの

---

[7] sp08 という変数は 2003 年までは 0，その後は毎年 1 ずつ値が増える変数である（−2003 年＝0，2004 年＝1……）．調査年の係数を b_1，sp08 の係数を b_2 とすると，2003 年までの時代の効果は b_1，その後の効果は b_1+b_2 と推定される．b_1+b_2 の値がプラスの場合は時代の影響が 2003 年以前よりも性役割意識を弱める方向へ，マイナスの場合は強める方向へ作用していることを示す．同様に，sp69 という変数は 1968 年生まれまでは 0，その後は毎年 1 ずつ値が増える変数であり（−1968 年＝0，1969 年＝1……），出生年の係数を b_3，sp69 の係数を b_4 とすると 1968 年生まれまでのコーホートの効果は b_3，その後の効果は b_3+b_4 と推定される．b_3+b_4 の値がプラスの場合は 1969 年以降のコーホートの方が 1968 年以前のコーホートよりも性役割意識が弱いこと，マイナスの場合は強いことを示す．なお，変数の作成にあたっては Cotter *et al.*（2011）を参照した．
[8] 分析は R で行い（R Core Team 2014），相関係数の計算は ltm（Rizopoulos 2006），探索的因子分析は psych（Revelle 2014），共分散構造分析は lavaan（Rosseel 2012）というパッケージを用いた．

表 5-3 男性の分析結果

測定モデル
（係数は，モデル 3 の時の値）

	係　数	R^2
女性の働き方	0.591 f	0.349
男性の家事	0.596***	0.355
結婚後の姓	0.476***	0.227

因果モデル

	モデル1	モデル2	モデル3
調査年	0.028*** (0.001)	0.024*** (0.001)	0.023*** (0.001)
sp08	−0.015* (0.007)	−0.014† (0.007)	−0.015* (0.007)
出生年		0.007*** (0.001)	0.003** (0.001)
sp69		−0.004 (0.003)	0.004 (0.003)
教育年数			0.036*** (0.004)
有職ダミー			0.070* (0.029)
ライフステージ （ref 既婚・末子中学生以下）			
未婚・学生			0.018 (0.052)
未婚・学生以外			0.047† (0.028)
既婚・子供なし			0.143*** (0.038)
既婚・末子中学生より大きい			−0.035 (0.026)
離死別			0.018 (0.049)
CFI	0.996	0.919	0.944
TLI	0.991	0.848	0.909
RMSEA	0.015	0.045	0.020
N	11,571	11,571	11,571

***$p<.001$, **$p<.01$, *$p<.05$, †$p<.1$.
注：（　）内は標準誤差．
　　f は分析の際に非標準化係数を 1 に固定していることを示す．
　　測定モデルの数値は標準化係数，因果モデルの数値は非標準化係数．因果モデルの係数は，値が大きいほど性役割意識を弱める方向に作用していることを示す．

表 5-4 女性の分析結果

測定モデル (係数は,モデル3の時の値)	係　数	R^2
女性の働き方	0.581 f	0.337
男性の家事	0.676***	0.457
結婚後の姓	0.527***	0.278

因果モデル	モデル1	モデル2	モデル3
調査年	0.028*** (0.001)	0.021*** (0.001)	0.021*** (0.001)
sp08	−0.042*** (0.006)	−0.036*** (0.005)	−0.042*** (0.006)
出生年		0.012*** (0.001)	0.010*** (0.001)
sp69		−0.020*** (0.003)	−0.005† (0.003)
教育年数			0.068*** (0.004)
有職ダミー			0.185*** (0.015)
ライフステージ (ref 既婚・末子中学生以下)			
未婚・学生			−0.164*** (0.035)
未婚・学生以外			−0.205*** (0.026)
既婚・子供なし			0.014 (0.032)
既婚・末子中学生より大きい			−0.051* (0.022)
離死別			−0.053† (0.029)
CFI	0.991	0.927	0.892
TLI	0.980	0.864	0.823
RMSEA	0.026	0.050	0.033
N	13,826	13,826	13,826

***$p<.001$, **$p<.01$, *$p<.05$, †$p<.1$
注：( ) 内は標準誤差．
　　f は分析の際に非標準化係数を1に固定していることを示す．
　　測定モデルの数値は標準化係数，因果モデルの数値は非標準化係数．因果モデルの係数は，値が大きいほど性役割意識を弱める方向に作用していることを示す．

だろうか．モデル 2 はコーホートの影響を考慮に入れて分析した結果であるが，上記の点について検討する前に，まずはコーホート間で意識の強さにどのような違いが見られるのかについて確認する．モデル 2 の「出生年」の係数を見ると，1968 年以前のコーホートでは新しいコーホートほど性役割意識が弱くなる傾向がうかがえる．1969 年以降のコーホートについても，有意ではないが新しいコーホートほど性役割意識が弱くなることが示されており（0.007－0.004＝0.003），先行研究（山田 2009）が指摘しているような新しいコーホートの保守化傾向は確認されなかった．このように，1969 年以降のコーホートではコーホート間の意識の違いが小さくなっていることが示されてはいるが，モデル 1 とモデル 2 の「sp08」の係数にはほとんど変化が見られないので，2003 年以降の意識の変化はコーホート交代によって生じたのではないことがわかる．

　さらに，モデル 3 は学歴，職の有無やライフステージの影響も考慮に入れて分析した結果であるが，「sp08」の係数にほとんど変化が見られないので，意識の変化のペースを鈍化させた時代の影響は学歴，職の有無やライフステージの影響でも説明できないことが明らかになった．

　女性の結果　モデル 1 を見ると，性役割意識は 2003 年までは時代とともに弱まるが，2003 年以降は図 5-1 で見られたように強まっていることが示された（0.028－0.042＝－0.014）．

　このような性役割意識の変化がコーホート交代に起因しているのかについて検討する前に，コーホート間の意識の違いについて確認する．モデル 2 からは 1968 年以前のコーホートでは新しいコーホートほど性役割意識が弱くなる傾向が見られるが，1969 年以降のコーホートについては新しいコーホートほど性役割意識が強くなることが示され（0.012－0.020＝－0.008），先行研究（山田 2009）が指摘しているように新しいコーホートの保守化傾向がうかがえた．しかし，モデル 1 とモデル 2 の「sp08」の係数にはほとんど変化が見られないことから，2003 年以降の意識の変化はコーホート交代によって生じたのではないことがわかる．さらに，モデル 2 とモデル 3 の「sp08」の係数にもほとんど変化が見られないので，性役割意識を強める方向に作用した時代の影響

は学歴,職の有無やライフステージの影響でも説明できないことが明らかになった.

その一方で,学歴,職の有無やライフステージの影響を考慮して分析すると「sp69」の係数は−0.020から−0.005へと大きく変化し,1969年以降のコーホートでは1968年以前のコーホートに比べてコーホート間の意識の違いが小さくなっていることは示されているが,新しいコーホートほど性役割意識が強くなる傾向は見られない(0.010−0.005＝0.005＞0).モデル2で新しいコーホートの保守化傾向が見られたのは,学歴や職の有無,ライフステージの影響をコントロールしていなかったためである.

このように,コーホート,さらには学歴,職の有無やライフステージの影響を考慮に入れて分析しても,図5-1で見られたように男女とも性役割意識は2003年以降に変化が緩やかになったり逆に強まることが確認された.そして,このような意識の変化は,コーホートやその他の要因には還元できない時代の影響によることが示されたのである.

5 ── 考　察

本章では,1973-2008年にかけて性役割意識がどのように変化してきたのか,そしてその変化は何によってもたらされたのかについて,共分散構造分析を行って検討してきた.

分析の結果,アメリカの場合と同様に,日本においても性役割意識は1973-2008年にかけて一貫して弱まるわけではなく,2003年以降に意識の変化が以前と比べて緩やかになったり,意識が強まる傾向を見せることが明らかになった.しかし,本章の分析では,1969年以降のコーホートにおいてコーホート間の意識の違いが小さくなっていることは示されたが,先行研究（山田 2009）で指摘されているような保守化傾向は確認されず,依然として新しいコーホートほど性役割意識が弱くなることが解明された.つまり,2003年以降の意識の変化は,新しいコーホートが以前のコーホートに比べて保守的であるために引き起こされたのではなく,時代の影響によってすべてのコーホートが保守化したことで生じたものである.さらに,このような意識の変化を引き起こした

時代の影響は,少なくとも学歴,職の有無,そしてライフステージの影響では十分に説明できないことも明らかになった.

それでは,2003年以降に性役割意識の変化の停滞あるいは保守化を引き起こした時代の影響とは,一体何なのだろうか.仮説／解釈の提示に留まるが,以下で簡単に述べておくことにしたい.イングルハートによると,人々がジェンダー平等を支持するようになるためには,生存の安定が保障される——安定した生活が送れている必要がある.日本で性役割意識の変化の停滞や保守化が見られた2003-2008年という期間は好況期に相当するものの,同時に人々の生活の不安定さが高まった時期でもある.たとえば,ほぼ同時期における1人当たりのGDPは392万円から401万円に増加しているにもかかわらず,1人当たりの雇用者報酬[9]は487万円から461万円に減少している(内閣府 2012).また,給与が200万円以下の給与所得者の割合は男性で6.9%から9.5%,女性で39.8%から43.7%に(国税庁 2012),世帯主が働いている世帯における1カ月あたりの生活保護受給世帯も8万世帯から12万世帯に増加しており(国立社会保障・人口問題研究所 2013),好景気にもかかわらず人々の生活は苦しくなっている.このように,生活の安定が脅かされることで性役割意識が強まった可能性があり,人々の価値観は景気といった国全体の経済水準ではなく安心して生活を送れているかどうかに左右されるとしたイングルハートの説と整合している.

ただし,これはあくまでひとつの仮説に過ぎない.性役割意識の変化の停滞あるいは保守化を引き起こした時代の影響を解明するためにはさらなる検討が必要であるので,今後の課題としたい.また,アメリカでは保守化を経て再び性役割意識が弱まる傾向が見られたが(Cotter *et al.* 2011),日本でも同様の変化をたどるのだろうか.この点についても,調査データの蓄積／公開を待って再度分析したいと考えている.

---

[9] 雇用者報酬とは,「会計期間を通じて,被雇用者(わが国の公式統計ではしばしば「雇用者」と呼ぶ)の仕事に対する報酬として企業から被雇用者に支払われる現金または現物の報酬総額」(金森ほか編 2002: 428)を指す.

[文献]
裵智恵,2007,「共働きで夫はストレスがたまるのか」永井暁子・松田茂樹編『双書ジェンダー分析13 対等な夫婦は幸せか』勁草書房,pp. 63-76.
Brewster, Karin L. and Irene Padavic, 2000, "Change in Gender-Ideology, 1977-1996: The Contributions of Intracohort Change and Population Turnover," *Journal of Marriage and the Family*, 62(2): 477-87.
Cotter, David, Joan M. Hermsen, and Reeve Vanneman, 2011, "The End of the Gender Revolution? Gender Role Attitudes from 1977 to 2008," *American Journal of Sociology*, 117(1): 259-89.
Firebaugh, G., 1997, *Analyzing Repeated Surveys*, Sage.
井田恵子,1989(1995),「姓へのこだわり――夫婦別姓を考える」井上輝子・上野千鶴子・江原由美子編『日本のフェミニズム3 性役割』岩波書店,pp. 203-14.
Inglehart, Ronald, 1990, *Culture Shift in Advanced Industrial Society*, Princeton University Press(村山皓・富沢克・武重雅文,1993,『カルチャーシフトと政治変動』東洋経済新報社).
Inglehart, Ronald and Wayne E. Baker, 2000, "Modernization, Cultural Change, and the Persistence of Traditional Values," *American Sociological Review*, 65 (1): 19-51.
Inglehart, Ronald and Pippa Norris, 2003, *Rising Tide: Gender Equality and Cultural Change around the World*, Cambridge University Press.
金森久雄・荒憲治郎・森口親司編,2002,『経済辞典』[第4版]有斐閣.
国立社会保障・人口問題研究所,2013,「『生活保護』に関する公的統計データ一覧 No.4 世帯業態別被保護世帯数の年次推移(停止中世帯を除く)」(http://www.ipss.go.jp/s-info/j/seiho/seiho.asp 2013.8.22取得).
国税庁,2012,「民間給与実態統計調査結果3-2 1年勤続者の給与階級別給与所得者数(男,女,合計)」(http://www.nta.go.jp/kohyo/tokei/kokuzeicho/jikeiretsu/01_02.htm 2013.2.13取得).
Lee, Kristen Schultz, Paula A. Tufiş, and Duane F. Alwin, 2010, "Separate Spheres or Increasing Equality? Changing Gender Beliefs in Postwar Japan," *Journal of Marriage and Family*, 72: 184-201.
松田茂樹,2005,「性別役割分業意識の変化――若年女性にみられる保守化のきざし」『ライフデザインレポート』2005年9月:24-26.
内閣府,2012,「平成24年度年次経済財政報告 長期経済統計暦年統計国民経済計算」(http://www5.cao.go.jp/j-j/wp/wp-je12/index_pdf.html 2013.9.9取得).
永瀬圭・太郎丸博,2014,「性役割意識のコーホート分析――若者は保守化しているか?」『ソシオロジ』58(3):19-33.
中井美樹,2000,「若者の性役割観の構造とライフコース観および結婚観」『立命館産業社会論集』36(3):117-27.
NHK放送文化研究所編,2010,『現代日本人の意識構造』[第7版]日本放送出版協

会.

尾嶋史章, 1998,「女性の性役割意識の変動とその要因」尾嶋史章編『SSM 調査シリーズ 14 ジェンダーと階層意識』1995 年 SSM 調査研究会, pp. 1-22.

尾嶋史章, 2000,「『理念』から『日常』へ——変容する性別役割分業意識」盛山和夫編『日本の階層システム 4 ジェンダー・市場・家族』東京大学出版会, pp. 217-36.

R Core Team, 2014, R: A language and environment for statistical computing, R Foundation for Statistical Computing, Vienna: Austria (http://www.R-project.org/ 2015.4.5 閲覧).

Revelle, W., 2014, *psych: Procedures for Personality and Psychological Research*, North-western University, Evanston, R package version 1.4.12.

Rizopoulos, Dimitris, 2006, "ltm: An R Package for Latent Variable Modeling and Item Response Theory Analyses," *Journal of Statistical Software*, 17(5): 1-25 (http://www.jstatsoft.org/v17/i05 2016.7.24 閲覧).

Rosseel, Yves, 2012, "lavaan: An R Package for Structural Equation Modeling," *Journal of Statistical Software*, 48(2): 1-36 (http://www.jstatsoft.org/v48/i02/ 2015.4.5 閲覧).

佐々木尚之, 2012,「JGSS 累積データ 2000-2010 にみる日本人の性別役割分業意識の趨勢——Age-Period-Cohort Analysis の適用」『日本版総合的社会調査共同研究拠点研究論文集』12：69-80.

田渕六郎, 2011,「福祉における格差」坂井素思・岩永雅也編『格差社会と新自由主義』放送大学教育振興会, pp. 193-208.

山田昌弘, 2009,『なぜ若者は保守化するのか——反転する現実と願望』東洋経済新報社.

山垣真浩, 2008,「労働——新自由主義改革の現状と問題点」櫻谷勝美・野崎哲哉編『新自由主義改革と日本経済』三重大学出版会, pp. 59-76.

大和礼子, 1995,「性別役割分業意識の二つの次元——『性による役割振り分け』と『愛による再生産役割』」『ソシオロジ』40(1)：109-26.

6章
仕事の価値と人々の価値志向

田靡裕祐・宮田尚子

1──仕事の価値とは

　現代社会を生きる多くの人々は，職業に就き仕事をすることで社会生活を営んでいる．ときに肉体的・精神的な苦痛をともなう仕事に，私たちはなぜ取り組むのだろうか．ある人にとって仕事とは，自らの生活の糧を得るための単なる手段にすぎないかもしれない．他方で，仕事に手段的な，あるいは道具的なものとは異なる特別な価値を求める人も少なくない．たとえば，「やりがい」や「自己実現」といった言葉に象徴される価値である．本章では仕事の価値（work values）という概念を手がかりとして，日本社会における働くことの意味について考える．

　仕事の価値とは，働く人々にとっての目標や動機づけとなる，すなわちそれを獲得することが望ましいと認知される仕事の特性や条件であり，特定の仕事を選択したり継続したりする際の判断基準や行動指針となるものである（Ros et al. 1999）．ある仕事に従事する人が，自分の志向する価値をそこで手にしていると感じている場合，その仕事や職業に対する満足感やコミットメントは高まるだろう．逆に十分に享受できていない場合には，彼／彼女は不満を感じ，転職を考えるかもしれない．

　仕事の価値には，実に多様なものが挙げられる．それらを大別するならば，外的価値（extrinsic work values）と内的価値（intrinsic work values）に分けられる[1]．外的価値とは，例えば収入や職位などの待遇の良さや，雇用の安

表 6-1 「日本人の意識」調査における仕事の価値

区　分	仕事の価値	本章での略称
外的価値	働く時間が短い仕事	時　間
	失業の心配がない仕事	安　定
	健康をそこなう心配がない仕事	健　康
	高い収入が得られる仕事	収　入
内的価値	仲間と楽しく働ける仕事	仲　間
	責任者として，さいはいが振るえる仕事	責　任
	独立して，人に気がねなくやれる仕事	独　立
	専門知識や特技が生かせる仕事	専　門
	世間からもてはやされる仕事	名　声
	世の中のためになる仕事	貢　献

定性といったような，労働者にとって所与の労働条件や報酬のことである．その一方で内的価値とは，働くことそのものに内在する価値である．たとえば専門性や能力が発揮できること，責任ある立場を任せられること，裁量や自律性が与えられていることなどが含まれる．前述の「やりがい」や「自己実現」といった言葉は，内的価値が満足に得られる仕事かどうかを問うものであると言えるだろう．

「日本人の意識」調査では，仕事の価値について「仕事にもいろいろありますが，どんな仕事が理想的だと思いますか．あなたがいちばん理想的だと思う仕事と，2番目にそう思う仕事とを，リストの中から選んでください」という質問文によって尋ねている[2]．表 6-1 は，リストに挙げられている仕事の価値の選択肢である．これらのうち「安定」や「収入」は，外的価値の典型である．労働時間の適切さや余暇の取得のしやすさの目安となる「時間」は，先行研究

---

1) 外的／内的価値という概念区分は，欧米の実証研究において頻繁に用いられている．そこでは，それぞれの価値に対する志向がどのような要因によって形成され，その後の職業選択やキャリア形成にどのようにつながっていくのかといったことが，精緻な計量モデルによって検討されている（Johnson and Mortimer 2011; Gesthuizen and Verbakel 2011; Gallie 2007 など）．また外的／内的報酬という語が用いられることもあるが，報酬（rewards）と価値（values）は明確に区別する必要がある．報酬とは，労働の過程で労働者が実際に獲得するものである．一方で価値とは，あくまでも労働者が重視する仕事の特性であり，獲得しているかどうかは問われない．
2) 回答者に価値の優先順位を付けさせるこのような方法（ranking method）に対して，たとえばフラナガンが指摘するように，それぞれの価値の重要性を個別に評定させる方法（rating method）の方が適切であるという立場もある（Inglehart and Flanagan 1987）．

表 6-2 仕事の価値の相対度数（有職者，男女別・調査時点別）

男性	1973年	1978年	1983年	1988年	1993年	1998年	2003年	2008年
時間	4.5	3.2	2.2	3.2	3.9	4.0	3.2	3.5
安定	11.5	**18.5**	<u>17.5</u>	14.9	12.6	<u>16.5</u>	15.6	<u>16.5</u>
健康	**22.7**	<u>17.4</u>	15.4	<u>15.9</u>	<u>16.7</u>	14.8	11.9	12.3
収入	8.2	9.1	10.0	9.6	13.3	9.4	11.2	10.8
仲間	14.3	13.8	12.5	15.2	**17.7**	16.1	<u>16.7</u>	16.1
責任	4.0	4.6	7.4	7.9	5.6	4.2	4.0	4.9
独立	12.8	12.1	12.5	10.4	8.3	8.9	7.5	5.8
専門	<u>15.0</u>	15.8	**17.9**	**17.9**	16.4	**19.8**	**21.3**	**19.5**
名声	0.1	0.3	0.1	0.3	0.1	0.2	0.2	0.1
貢献	6.9	5.2	4.5	4.7	5.5	6.2	8.5	10.5
n	1,652	1,560	1,428	1,336	1,296	1,250	1,057	944

女性	1973年	1978年	1983年	1988年	1993年	1998年	2003年	2008年
時間	5.2	4.2	5.1	4.2	5.6	4.6	2.7	3.2
安定	12.0	<u>18.4</u>	15.2	13.4	12.2	15.5	16.8	14.0
健康	**34.3**	**25.7**	**26.0**	**23.7**	**23.9**	<u>20.4</u>	18.1	19.8
収入	4.8	5.6	5.8	6.3	9.2	7.9	7.2	6.9
仲間	<u>15.4</u>	16.5	<u>19.3</u>	22.0	22.5	**24.5**	**24.3**	**24.8**
責任	0.6	1.3	1.3	1.4	0.8	1.4	1.4	1.3
独立	8.2	7.0	5.5	5.2	3.1	3.5	3.1	3.3
専門	14.9	16.3	18.3	19.6	18.3	17.9	<u>21.6</u>	<u>20.6</u>
名声	0.0	0.0	0.2	0.1	0.2	0.0	0.0	0.3
貢献	4.7	5.1	3.2	4.0	4.2	4.2	4.7	5.9
n	881	978	964	939	1,000	920	802	793

注：太字は，各調査時点で最も多く選ばれている価値．下線は，次に多く選ばれている価値．

では外的価値として扱われている（Ester *et. al.* 2006）．また「健康」は，体を壊さずに仕事を続けるための要件であることから，外的価値と解釈することができる．他方で「仲間」「責任」「独立」「専門」「名声」「貢献」は，いずれも内的価値とみなせるだろう．

詳細な分析に入る前に，労働者によって志向される仕事の価値の分布について，全調査時点の集計データを用いて概観しよう．表 6-2 は，それぞれの仕事の価値を「いちばん理想的」なものとして選択した回答者（有職者のみ）の相対度数を，調査時点・男女別に集計したものである．表中の太字は，各時点で最も多く選ばれている価値である．また下線は，次に多く選ばれている価値である．

男性の場合，1970年代には「安定」「健康」といった価値が重視されていた．1980年代以降，2000年代にいたるまでに，それらの価値の優先順位がやや後退し，その代わりに「専門」が1番目に選ばれるようになった．一方で女性の場合は，1990年代まで「健康」や「仲間」といった価値が重視されてきた．2000年代に入ると「健康」の重要性が背景に退き，「専門」が選ばれる割合が増加した．以上を簡単にまとめるならば，男性では1980年代，女性では2000年代に入ってから，働く人々の志向の重心が外的価値から内的価値へと移行したと言える．

2──労働者の価値志向の移行

　前節で述べた外的価値から内的価値への移行という趨勢は，どのような理論によって説明することができるだろうか．本章で取り上げるのは，R. イングルハートの価値変動の理論である．この理論は，社会の近代化ないしポスト近代化の水準と，人々が志向する価値の移行を関連づけるものであり，日本を含む複数の国を対象とした時系列データによって繰り返し検証されている．
　イングルハートが主張する基本的な命題は，経済成長や福祉国家の発展の帰結として，人々の志向の対象が物質主義的な価値（Materialist values）から脱物質主義的な価値（Postmaterialist values）へと移行するというものである（Inglehart 1977, 1990）．物質的な価値には，物価の抑制，経済の安定や成長，犯罪の撲滅，法と秩序の遵守，強力な国防力といった領域における政府の役割の重視が含まれる．その一方で脱物質的な価値には，政府に対する発言権，言論の自由，人間性の豊かな社会，知識や思考の重視などが含まれている．また近年の研究では理論枠組みがより拡張され，伝統主義／世俗合理主義と，生存志向／自己表出志向と呼ばれる2つの分析基軸が示されている．後期近代においては，第2の軸における移行，すなわち生存志向の衰退と自己表出志向の拡大が生じるという（Inglehart 1997; Inglehart and Baker 2000）．
　イングルハートは，価値の移行が生じるメカニズムとして，欠乏仮説（scarcity hypothesis）と社会化仮説（socialization hypothesis）という2つの仮説を提示している（Inglehart 1977, 1990, 1997）．欠乏仮説とは，ある社会の物

質的・経済的な豊かさが，当該社会における価値の優先順位に影響を与えるというものである．社会が豊かになるほど，生存のために必要な物質的な豊かさを追求する必要性が薄らぎ，その一方で脱物質主義的な価値が注目され，自己表出志向が拡大する．また社会化仮説とは，人格形成の時期に同じ経済的環境で育った人びとが同じような価値を志向し，世代が入れ替わることによって価値の優先順位が変化するというものである．物質的な富を享受できる豊かな環境で育った若い世代が，そうではない時代に育った世代と交代することによって，その社会における脱物質主義的な価値への評価や自己表出志向がしだいに高まる．

以上のような理論枠組みと仮説は，仕事の価値に対しても適用することができる．すなわち物質主義的な価値や生存志向は，収入や雇用の安定のような仕事の外的価値への志向に読み替えることができる．その一方で脱物質主義的な価値や自己表出志向は，専門性や責任といったような仕事の内的価値と対応している．したがってイングルハートの理論から，仕事の価値についての2つの仮説が導かれる．第1に，ある社会が経済的に豊かである（豊かでない）ほど，その社会における仕事の内的価値（外的価値）への志向が高まると考えられる（欠乏仮説）．第2に，豊かな時代（豊かでない時代）に育った世代ほど，仕事の内的価値（外的価値）を志向すると考えられる（社会化仮説）．

日本社会を対象とした先行研究では，これらの仮説の妥当性が確かめられてきた．「日本人の意識」調査を実施したNHK放送文化研究所編（2010）によれば，戦後の高度経済成長が終わった1970年代以降，特に若い世代において，内的価値の典型である「専門」が選択される割合が増加傾向にある一方で，外的価値の典型である「安定」や「収入」の優先順位は低下した．また「社会階層と社会移動に関する全国調査（SSM）」のデータを分析した岡本英雄・原純輔（1979）は，どのような仕事が魅力的かという評価において「収入の高さ」よりも「仕事のやりがい」を重視する割合が，1960年の時点で上回っていることを見いだした．同じく米田幸弘（2011）は，1965年，1975年，2005年のSSMデータを比較分析し，時代が下るにつれて「能力の発揮」できる仕事や「仲間と楽しく働く」ことを重視する傾向が高まることを示している．いずれの知見も，戦後の経済成長がもたらした社会の豊かさを背景として，人々の志

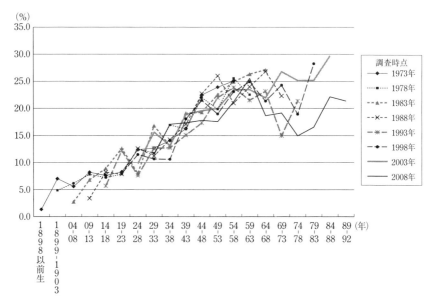

図 6-1 「専門」を選択する割合(有職者, 出生年・調査時点別)

向が内的価値に向けられるようになったことを示唆するものである.

　以上のような知見を踏まえたうえで本章では, 内的価値への志向と時代・世代との関連のあり方について改めて詳細に分析する. どのような時代や世代で, 仕事における内的価値が重視されてきたのか. すでに述べたとおり, 欠乏仮説が妥当性を持つならば, 内的価値は好景気の豊かさを実感できる時期に志向が強まり, 逆に経済状況が悪化する時期には志向が抑制されると考えられる. また社会化仮説が妥当性を持つならば, 若い世代ほど内的価値を志向するという結果が示されるだろう.

　ここで特に注目するのは, 最も新しい世代の傾向である. 図 6-1 は, NHK 放送文化研究所編(2010: 143)と同様に, 典型的な内的価値である「専門」を重要視する回答者の割合を, 出生年および調査時点ごとに集計したものである. 確かに, 出生年が新しくなるほどそのような仕事への志向が強く, 基本的な趨勢としては, 世代交代によって内的価値への移行が生じていることが示唆される. しかし出生年が新しくなるほど(図中の右側ほど)調査時点ごとのばらつ

きが大きくなり，特に最近の調査時点ではやや下方に落ち込んでいる世代も見られる．戦後の経済成長は，内的価値への志向の高まりをもたらした．しかし高度経済成長が過去のものとなり，長期不況や雇用の不安定化による社会・経済格差の拡大が懸念され続けるなかで，はたして内的価値への志向は保持されているのだろうか．本章では，この点について検証する．

3 ——時代および世代と仕事の価値

3.1 ——使用する変数

　本章の分析では，1973年から2008年までの計8回のデータをプールして使用する．また分析の対象は，有職者に限定する．

　本章で注目する独立変数は，時代と世代である．時代については，計8回の調査時点のダミー変数を作成した．一方で世代については，NHK放送文化研究所編（2010）で用いられている区分を適用し，ダミー変数を作成した．すなわち，「コーホート1：戦争世代（1899–1928年生まれ）」「コーホート2：第1戦後世代（1929–1943年生まれ）」「コーホート3：団塊世代（1944–1953年生まれ）」「コーホート4：新人類世代（1954–1968年生まれ）」「コーホート5：団塊ジュニア（1969–1983年生まれ）」「コーホート6：新人類ジュニア（1984–1992年生まれ）」の6つである[3]．分析にあたっては，それぞれのコーホート区分に含まれるサンプルサイズを確保するために，コーホート1（戦前世代）と2（第1戦後世代），コーホート3（団塊世代）と4（新人類世代），コーホート5（団塊ジュニア）と6（新人類ジュニア）をそれぞれ併合した．**表6-3**は，分析に使用するサンプルのコーホート構成である．

　また時代と世代の他に，以下の個人属性および階層的地位の指標を独立変数として用いた．まず学歴の変数として大学卒ダミーを作成した．職業的地位の

---

[3] このコーホート区分は，「日本人の意識」調査に含まれている多数の質問項目を数量化 III 類によって整理し，2つの意識の基軸（伝統志向／伝統離脱，まじめ志向／あそび志向）を抽出したうえで，各軸の出生年ごとの平均値を算出し，その類似性に基づいてグループ分けを行ったものである（NHK放送文化研究所編 2010）．

表 6-3　分析に使用するサンプルのコーホート構成

調査年	戦争 ＋第1戦後	団塊 ＋新人類	団塊 J ＋新人類 J	計
1973 年	1,829	690	0	2,519
1978 年	1,626	916	0	2,542
1983 年	1,316	1,049	0	2,365
1988 年	1,042	1,184	27	2,253
1993 年	820	1,241	216	2,277
1998 年	626	1,152	371	2,149
2003 年	356	1,069	399	1,824
2008 年	222	979	523	1,724
計	7,837	8,280	1,536	17,653

表 6-4　分析に使用するサンプルの個人属性・階層的地位（相対度数）

	1973 年	1978 年	1983 年	1988 年	1993 年	1998 年	2003 年	2008 年
大学卒	8.3	10.1	13.5	14.6	16.6	20.3	23.0	25.2
専門・管理	7.6	9.4	8.6	8.7	8.3	7.6	9.7	11.5
事務・販売	29.2	30.8	35.4	36.1	41.7	47.4	45.1	45.8
技能・労務	30.5	27.3	25.2	25.1	25.7	22.7	22.7	21.9
自　営	19.6	22.5	21.8	20.2	18.1	15.5	17.4	17.5
農　林	13.1	10.0	9.0	9.9	6.2	6.8	5.2	3.4
無配偶	20.2	18.3	16.9	18.6	17.6	19.2	18.8	21.9
有配偶	74.7	76.2	77.7	76.3	77.2	74.9	74.3	70.4
離死別	5.1	5.5	5.5	5.1	5.2	5.9	6.9	7.7
子ども無し	27.4	24.0	23.3	23.6	23.3	26.9	26.5	29.4
子ども有り （中学生以下）	44.1	45.2	38.8	31.7	30.8	26.1	26.6	23.5
子ども有り （中学生より上）	28.5	30.8	37.9	44.7	45.9	47.0	46.9	47.1
n	2,519	2,542	2,365	2,253	2,277	2,149	1,824	1,724

変数としては，「専門・管理」「事務・販売」「技能・労務」「自営」「農林」の5つのダミー変数を作成した．また配偶者の状況として，「無配偶」「有配偶」「離死別」の各ダミー変数を作成した．さらに子どもの有無として，「子ども無し」「子ども有り（中学生以下）」「子ども有り（中学生より上）」の各ダミー変数を作成した．**表 6-4** に，分析に使用するサンプルの個人属性および階層的地位の分布を示す．

なお，年齢を示す変数は投入しない．一般に，時代・世代（出生年）・年齢

の3変数を同時に回帰モデルに投入して,それぞれの効果を適切に推定することはできない.なぜならば,年齢＝調査時点－出生年という関係が成り立っているからである.これを,識別問題という(Firebaugh 1997).この問題を回避することは困難であるが,本章では年齢の代替変数として,ライフステージの指標ともなる配偶者や子どもの有無といった変数を用いることとする.また経済的な豊かさを示す収入は,調査項目に含まれていないため分析に用いることができない.

従属変数となる仕事の価値(内的価値への志向)については,次のように尺度化した.前述のとおり,回答者は提示された仕事の価値のリスト(前掲・表6-1)の中から,最も理想的なものと,2番目に理想的なものを選択する.そこで,1番・2番ともに内的価値に分類されるものが選ばれた場合に「2点」,内的価値と外的価値からひとつずつ選ばれた場合に「1点」,ともに外的価値に分類されるものが選ばれた場合に「0点」を付与し,一次元の尺度を構成した.すなわち点数が大きくなるほど,内的価値への志向を表していることになる.

3.2——分　析

本節では,仕事の価値を従属変数とした重回帰分析によって,時代や世代と,仕事の価値との関連を探る.重回帰分析とは,従属変数(内的価値への志向)に対して,複数の独立変数(時代,世代,個人属性および階層的地位)のそれぞれがもつ影響力の大きさを推定する統計的手法である.**表6-5**に男女別の分析結果を示す.表中の係数(標準化偏回帰係数)が正の値の場合,その独立変数のカテゴリで内的価値が志向される傾向にあると解釈される.逆に係数が負の値であれば,内的価値への志向が抑制され,相対的に外的価値が重視されていると解釈できる.

男性有職者では,団塊世代および新人類世代において,正の有意な効果(ただし10%水準)が示された.これらの世代は,より古い世代と比較して,内的価値を志向する傾向がある.一方で,これらの子世代の効果は有意ではない.すなわち団塊ジュニアおよび新人類ジュニア世代においては,内的価値を志向する明確な傾向は見られない.また1993年,98年,2008年で負の有意な効果

表6-5 仕事の価値の重回帰分析(有職者,男女別,標準化偏回帰係数)

	男性有職者		女性有職者	
	係数	S.E.	係数	S.E.
大学卒	0.116**	0.021	0.109**	0.030
専門・管理	(ref.)		(ref.)	
事務・販売	−0.126**	0.023	−0.133**	0.043
技能・労務	−0.227**	0.024	−0.245**	0.045
自　営	−0.071**	0.025	−0.098**	0.045
農　林	−0.157**	0.031	−0.160**	0.050
無配偶	(ref.)		(ref.)	
有配偶	0.005	0.032	−0.074**	0.035
離死別	−0.002	0.050	−0.045*	0.041
子ども無し	(ref.)		(ref.)	
子ども有り(中学生以下)	−0.057**	0.029	0.000	0.032
子ども有り(中学生より上)	−0.036†	0.030	0.005	0.032
戦争＋第1戦後	(ref.)		(ref.)	
団塊＋新人類	0.024†	0.019	0.070**	0.021
団塊J＋新人類J	0.009	0.037	−0.003	0.039
1973年	(ref.)		(ref.)	
1978年	−0.018	0.024	−0.001	0.030
1983年	−0.015	0.025	−0.013	0.030
1988年	−0.007	0.026	0.010	0.031
1993年	−0.025*	0.027	0.002	0.032
1998年	−0.025†	0.028	−0.001	0.033
2003年	−0.011	0.031	−0.004	0.035
2008年	−0.041**	0.033	0.007	0.036
調整済み R^2		0.057		0.062
N		10,200		7,077

注：**$p<0.01$, *$p<0.05$, †$p<0.10$. (ref.)は参照カテゴリを示す. 欠損値を含むケースは，リストワイズで除去した．

が示された．つまり景気が落ち込んだ時期，労働市場が不安定な時期において，内的価値への志向が抑制されていることが分かる．

　階層的地位では，大学卒の正の有意な効果，専門職や管理職でない場合の負の有意な効果が示された．高い学歴を得た労働者は，労働市場における優位性から，高い収入や安定した雇用といった外的価値の獲得が相対的に容易である．そのため，内的価値を追求する傾向が高まると解釈できる．また専門職や管理職は，その仕事の内容自体が内的価値を追求しやすい／実現しやすいものであると言える．また個人属性では，子どもがいる場合に内的価値への志向が抑制

されることが示された．子どもの存在が，男性有職者に一家の生計維持者としての役割を強く認識させ，それによって外的価値への志向が高まると解釈できる．

続いて，女性有職者の分析結果を見てみよう．男性の場合と同様に，団塊世代および新人類世代が，より古い世代と比較して，内的価値を志向する傾向がある．また，これも男性と同様に，最も新しい世代が内的価値を志向するという傾向はない．一方で，男性とは異なり，時代の効果はいずれも有意ではなかった．経済や労働市場の状態からもたらされる時代の効果は，労働市場において中心的なポジションを占める男性に顕著なものである．

階層的地位の効果は，男性の結果と同様であった．すなわち大学卒や，専門職・管理職といった地位において，内的価値を志向する傾向がある．また個人属性では，子どもがいることの効果が有意ではなく，有配偶である場合と，配偶者と離死別した場合に，内的価値が抑制されることが示された．共働きの場合，妻が仕事に就く理由は家計の補助であることが一般的である．そのような働き方では，内的価値への志向は抑制され，外的価値が求められると解釈できる．また配偶者との離死別は，一般的に生計維持の困難をもたらす．そのような状況では，内的価値を追い求める余裕はなく，やはり外的価値が一義的に重要になる．

4 ── 結論：揺れ動く仕事の価値

本章では仕事の価値という概念に注目し，内的価値に対する志向と時代・世代との関連を検討した．得られた知見をまとめると，以下のように結論付けられる．

仕事の価値に対する人々の志向は，大きな趨勢としてはイングルハートの理論枠組みや仮説に沿ったものとなっている．記述的な集計（**図 6-1**）や多変量解析の結果（**表 6-5**）は，社会化仮説を支持するものである．すなわち戦中を生きた世代や，終戦直後の貧困を経験した世代よりも，高度経済成長の恩恵を受けた若い世代が内的価値を重視する傾向を示している．世代交代の速度は緩やかではあるが，日本社会における仕事の価値の重心は，時代が下るにつれて

確実に内的価値へと移行してきたと言えるだろう．また今後も，このような趨勢は大枠として保持されると考えられる．

　しかし同時に，仕事の価値に対する志向のあり方は，時代や世代によって微妙に揺れ動くことも明らかとなった．本章の分析では，最も若い世代が内的価値への志向を明確に示していないことに加えて，経済状況・雇用環境が悪化する時期における内的価値への志向の抑制（＝外的価値への志向の高まり）が明らかとなった[4]．イングルハートの理論においては，世代の効果に言及する社会化仮説が中心的な位置を占めており，時代の効果である欠乏仮説についてはやや二義的な扱いがなされているが，時代による志向の揺れ動きも確かに存在するのである．またこのような揺れ動きは，他の調査研究によっても確認されている．たとえば労働政策研究・研修機構編（2013）は，2000年代以降，最も若い世代である20・30歳代において「終身雇用」を支持する割合が15ポイント程度上昇し，他の年齢階級との差が見られなくなったことを示している．これはいわば，安定した雇用やキャリアの継続可能性といった外的価値への「回帰」と言えるだろう．

　本章で検討した仕事の価値は，雇用や労働の制度的・構造的な側面と労働者の心的側面とを結びつける重要な概念である．将来の日本社会における人々の雇用・労働の姿を予想するためには，若い世代が志向する仕事の価値に注目しなければならない．今後とも，本章では扱えなかった収入などの経済的変数や，雇用形態・従業上の地位といった変数を含むより詳細なデータを準備し，新たに労働市場に参入する世代の動向を注意深く追い続けることが必要である．

［文献］

Ester, P., M. Braun, and H. Vinken, 2006, "Eroding work values?" P. Ester, M. Braun, and P. Mohler, eds., *Globalization, Value Change, and Generations: A Cross-National and Intergenerational Perspective*, Brill, pp. 89-113.

4）　この点について田靡・宮田（2015）は，本章と同じデータを用いて，時代と世代の交互作用項を導入したより詳細なモデルによって分析をしている．それによると，団塊・新人類世代において，男性では90年代以降，女性では2000年に入ってから，内的価値の抑制と外的価値への回帰が同時に生じている．また団塊ジュニア・新人類ジュニア世代では，2000年代以降，特に女性において内的価値が抑制されている．

Firebaugh, G., 1997, *Analyzing Repeated Surveys*, Thousand Oaks, California: Sage Publications.

Gallie, D., 2007, "Welfare Regimes, Employment Systems and Job Preference Orientations," *European Sociological Review*, 23(3): 279-93.

Gesthuizen, M. and E. Verbakel, 2011, "Job Preferences in Europe: Tests for Scale Invariance and Examining Cross-national Variation Using EVS," *European Societies*, 13(5): 663-86.

Inglehart, R., 1977, *The Silent Revolution: Changing Values and Political Styles among Western Publics*, Princeton: Princeton University Press(三宅一郎・金丸輝男・富沢克訳,1978,『静かなる革命――政治意識と行動様式の変化』東洋経済新報社).

Inglehart, R., 1990, *Culture Shift in Advanced Industrial Society*, Princeton: Princeton University Press(村山皓・富沢克・武重雅文訳,1993,『カルチャーシフトと政治変動』東洋経済新報社).

Inglehart, R., 1997, *Modernization and Postmodernization: Cultural, Economic, and Political Change in 43 Societies*, Princeton: Princeton University Press.

Inglehart, R. and S. C. Flanagan, 1987, "Changing Values in Industrial Societies," *the American Political Science Review*, 81(4): 1289-1319.

Inglehart, R. and W. E. Baker, 2000, "Modernization, Cultural Change, and the Persistence of Traditional Values," *American Sociological Review*, 65(1): 19-51.

Johnson, M. K. and J. T. Mortimer, 2011, "Origins and Outcomes of Judgments about Work," *Social Forces*, 89(4): 1239-60.

NHK放送文化研究所編,2010,『現代日本人の意識構造』[第7版]日本放送出版協会.

岡本英雄・原純輔,1979,「職業の魅力評価の分析」富永健一編『日本の階層構造』東京大学出版会,pp. 421-33.

Ros, M., S. H. Schwartz, and S. Surkiss, 1999, "Basic Individual Values, Work Values, and the Meaning of Work," *Applied Psychology: an International Review*, 48(1): 49-71.

労働政策研究・研修機構編,2013,『第6回勤労生活に関する調査(2011年)』労働政策研究・研修機構.

田靡裕祐・宮田尚子,2015,「仕事の価値の布置と長期的変化――『日本人の意識』調査の2次分析」『社会学評論』66(1): 57-72.

米田幸弘,2011,「格差社会のなかの仕事の価値志向――脱物質主義化仮説の再検討」斎藤友里子・三隅一人編『現代の階層社会3 流動化のなかの社会意識』東京大学出版会,pp. 111-25.

7章
日本人の政治参加
投票外参加のコーホート分析

伊藤　理史

1──問題の所在

　政治は，政治家や官僚のようなひとにぎりの政治的エリートによってのみ，行われているわけではない．当該社会の一般市民が行う様々な政治行動も，現実の政治に対して無視できない影響を及ぼしていると考えられる．このような，一般市民が政治に対して何らかの影響を及ぼすことを意図して行う政治行動を，政治参加と呼ぶ（Verba and Nie 1972; 蒲島 1988）．そして政治参加には，多種多様な形態が存在する（Milbrath 1965=1976; Verba and Nie 1972; Verba et al. 1978=1981; Norris 2002）．最も一般的な政治参加の形態は，選挙の際の投票（投票参加）であるが，金銭的・時間的な参加コストが低く参加率も際立って高いため，特殊な形態と位置付けられる．それ以外にも党員活動，選挙活動の支援，政治集会への出席，政治家への陳情，デモ活動などの形態がある．投票参加以外の多様な政治参加の形態は，金銭的・時間的な参加コストが高く参加率も低いため，投票外参加として区別[1]される（山田 2004）．

　投票外参加は，投票参加に劣らず民主主義にとって重要だとみなされている．例えば Putnam（2000=2006）は，投票参加だけでなく党員活動，選挙活動の支援，政治集会への出席などの投票外参加の減少を根拠に，アメリカにおける

1）　本章では以後，投票参加も含めた政治参加全般を含意している場合には「政治参加」，投票参加以外の政治参加のみを含意している場合には「投票外参加」と表記し，両者を区別する．

民主主義の衰退を主張している．それに対してDalton（2008）は，投票参加や上記のような伝統的な投票外参加の減少は認めつつも，デモ活動や不買運動など抗議活動という新しい投票外参加の増加を根拠に，アメリカにおける民主主義の再編を主張している．以上のように今日の民主主義をめぐる議論は，投票参加の減少を前提として投票外参加の変容から論じられる傾向がある．

そこで本章では，このような投票外参加に焦点を絞り，オイルショック（1973年）以後の日本における変容とその規定要因について論じていく．投票行動（投票参加を前提とした政治家や政党の選択）については，歴史的変化やその規定要因が盛んに研究されており（e.g. Lipset and Rokkan, eds. 1967; Evans, ed. 1999），日本でも一定の研究蓄積が存在している（e.g.三宅・木下・間場 1967; 平野 2007）．しかし投票外参加の歴史的変化とその規定要因については，それほど多くの研究蓄積があるわけではなく，特に日本では乏しい（詳細は第2節を参照）．したがって，このような研究の空隙を埋めることは，非常に重要な課題といえよう．

本章の構成は次の通りである．まず第2節では，政治参加の歴史的変化とその規定要因に関する，Inglehart（1977=1978, 1990=1993）の包括的な理論を概観する．そして関連する先行研究を整理し，本章で解明すべき投票外参加についての具体的な3つの課題を導出する．続く第3節では，分析に使用する変数，分析手法の説明を行う．第4節では，全体・世代別の参加率の時代変化の確認と，カテゴリカル探索的因子分析，カテゴリカル確証的因子分析を含む構造方程式モデルによって，日本における投票外参加の参加率の変化，投票外参加内の形態の分類，およびその規定要因を検討する．最後に第5節では，得られた知見から，日本における投票外参加の歴史的変化と規定要因について総括する．

2──先行研究の検討と課題設定

2.1──政治参加の歴史的変化とその規定要因に関する理論

Inglehart（1977=1978, 1990=1993）によると，政治参加はエリート動員型とエリート対抗型の2種類の形態に分類して考えることができるという．エリー

ト動員型とは，政治家，官僚，政党，労働組合など，既存の政治的エリートの動員にもとづく，上からの伝統的な参加の形態であり，投票参加だけでなく党員活動，選挙活動の支援や，政治集会への出席などの投票外参加も該当する．それに対してエリート対抗型とは，政治参加欲求の強い自律した一般市民の，既存の政治的エリートへの抗議にもとづく，下からの新しい参加の形態であり，署名活動，デモ活動，不買活動などの投票外参加が該当する．経済発展の途上である社会で貧しい子ども時代を過ごした世代では，生存や安全に対する低次で経済的な欲求を充足させるために，エリート動員型の政治参加をしやすいが，豊かな社会で育った新しい世代では，より高次で非経済的な欲求を満たすために，エリート対抗型の政治参加をしやすいという．このような世代間の政治参加のスタイルの違いから，経済発展を遂げた国々では，時代が進むにつれて，少しずつエリート動員型が減少し，エリート対抗型が増加するといわれている．

さらに Inglehart and Catterberg（2002）によれば，このようなエリート動員型とエリート対抗型の歴史的変化は，民主主義についての長い伝統を有する西側諸国において，普遍的に生じる現象と位置付けられている．ただし政界汚職や短期間での政権交代，また経済停滞などの時代効果は，民主主義への幻滅を生じさせる要因になるという．その結果として，エリート対抗型が一時的に減少する可能性はあるとされている．

イングルハートの理論にしたがうならば，日本でもエリート動員型の減少と，エリート対抗型の増加が観察されるはずであるが，十分に検討されていない．それどころか日本の若者論や世代論では，全共闘運動の終焉以後，若年世代を中心とした政治参加全般からの撤退が幾度となく指摘されてきた（e. g. 小此木 1978; 小谷 1998）．この点については，イングルハートらも時代効果による減少は認めているため，エリート対抗型の増加が観察されないからといって，ただちに理論が誤りだと判断することはできない．したがってまずは，投票外参加の歴史的変化とその規定要因の実態解明が重要となる．そのため以下では，政治参加の歴史的変化と分類，規定要因についての先行研究を順番に検討する．

2.2──政治参加の歴史的変化と分類

政治参加の歴史的変化を把握することは，多種多様な投票外参加の形態が存

在すること,時系列比較可能なデータが限られていることから,容易ではない.アメリカでは Putnam(2000=2006)が,1973 年から 1994 年にかけて,投票参加[2]だけでなく党員活動,地域活動,政治集会への出席,政治家への陳情,メディアへの投書などが減少し,政治参加全般が衰退したことを報告している.それに対して Inglehart and Catterberg(2002)が,デモ活動,署名活動,不買運動など抗議活動参加の国際比較分析を行っており,1981 年または 1990 年から 2000 年にかけて,アメリカや日本を含む西側諸国では例外なく増加,1980 年代末から 1990 年初頭に民主化した東側諸国と中米諸国では減少したことを報告している.また東側諸国,中米諸国における減少も,あくまで民主化後の新政府への幻滅や経済停滞による短期的な時代効果から生じたものと結論付けている.また日本については山田(2008)が,1976 年から 2005 年にかけて,政治家への陳情やデモ活動が減少,献金・カンパや地域活動が増加したことを報告している.以上の結果をまとめると,伝統的な投票外参加は減少しているが,新しい投票外参加は増加している可能性がある.ただし調査によって異なる結果が得られており,また 2000 年代後半についても検討されていない.そのため信頼性の高い別の反復横断調査によって,再検証する必要がある.

　それではこのような結果の差異は,エリート動員型とエリート対抗型という分類から理解できるのだろうか.欧米諸国では,政治参加はいくつかの形態に分類できることが知られている.Verba and Nie(1972)や Verba, Nie, and Kim(1978=1981)の古典的な研究では,因子分析の結果,投票参加,選挙活動参加,地域活動参加,個別接触の 4 種類に分類している.また日本でも蒲島(1988)が同様に因子分析を用いて,類似の分類が可能なことを実証している.ただしこれらの研究では調査設計が古いために,新しい投票外参加の形態であるデモ活動や署名活動などが十分に含まれていない.また Norris(2002)や Dalton(2008)では,デモ活動や署名活動,不買運動を抗議活動参加として,従来とは異なる新しい投票外参加の形態と位置付けているが,あくまでも論理的な分類であり,統計的な妥当性が確認されたわけではない.したがって,エ

---

2) 投票参加の減少は,東側諸国や中米諸国よりも西側諸国において比較的多く観察される現象である(Norris 2002).

リート動員型とエリート対抗型という2軸から投票外参加を捉えることの有効性については,改めて検証する必要がある.

2.3──政治参加とその歴史的変化の規定要因

　政治参加の規定要因については,一貫して参加の不平等という観点から研究されてきた(Verba et al. 1978=1981).欧米諸国では Verba, Schlozman, and Brady (1995) の包括的な研究にもとづいて,社会経済的資源 (resources),政治的関与 (engagement),政治的動員 (recruitment) の3つの要因からなる説明モデル (civic voluntarism model: *CVM*) が提唱されている.第1に,社会経済的資源(の多寡)は,政治参加を説明する基本的な変数として位置付けられるが (Verba and Nie 1972; Verba et al. 1978=1981),最も重要なのは学歴である.なぜなら高学歴者は,政治参加するための自由時間,金銭,政治情報を獲得しやすく,またそれらを有効活用するだけの技能 (civic skill) も持ち合わせているからである (Dalton 2014).それ以外では,女性は男性と比べて政治参加しにくいという性別(ジェンダー)間格差 (Verba et al. 1978=1981; Norris 2002) や,社会の中心的な成員である年齢期ほど政治参加しやすいという年齢のライフ・サイクル効果 (Verba and Nie 1972) も重要となる.第2に,政治的関与とは,政治参加に必要な心理的動機付けのことであり,かつて Almond and Verba (1963=1974) が,健全な民主主義にとって重要な政治文化と位置付けた,政治的有効性感覚 (political efficacy) や政治的関心 (political interest) などが該当する.第3に,政治的動員とは,職場や非政治的な結社も含めた集団や個人からの政治参加への動員のことである.*CVM* ではこれら3つの要因を,個別的にではなく総合的に考えることが重要となる.

　ただし日本では,初めて政治参加の規定要因についての包括的な研究を行った蒲島 (1988) 以後,*CVM* の効果のうち,政治的関与と政治的動員の効果については欧米諸国と同様であるが,社会経済的資源の効果については異なるものと理解されてきた.つまり日本の特殊性として,地方部で低学歴,自営業・農林業者による保守(体制護持)的な政治参加が盛んなために,社会経済的資源による参加の不平等が相殺されたと考えられている.しかし投票参加について再検証した境家 (2013) によると,このような日本における低い政治参加の

不平等という「日本型政治参加構造」は，55年体制期の成熟期（1970年代から1980年代）にのみ見られる一時的な現象に過ぎない．したがって投票外参加の規定要因として社会経済的資源が有効か否かという点は，同様に再検証する価値があるといえよう．

政治参加の歴史的変化の規定要因についての研究は，欧米諸国でもほとんど行われていない．その例外として Caren, Ghoshal, and Ribas（2011）では，1973年から2008年にかけてのアメリカにおける，デモ活動と署名活動の増加の規定要因を分析し，世代効果は世代の入れ替わりではなく特定世代（ベビーブーマーおよび1980年代以後生まれ）の参加によること，時代効果は署名活動で大きいこと，また CVM が有効なことを明らかにしている．しかし日本では，このように政治参加の歴史的変化の規定要因について，他の要因を考慮した上で世代効果と時代効果を検討した研究は，管見の限りでは皆無である．

2.4 ── 課題設定

欧米諸国および日本における先行研究を整理したところ，信頼に足るデータの不足もあり，政治参加の歴史的変化とその規定要因についてはいまだ十分に検証されていないことが明らかとなった．先行研究では特定の投票外参加指標についての限定的な分析しか行われておらず，エリート動員型とエリート対抗型という分類の妥当性や，歴史的変化に対する世代効果，時代効果の影響も検討されていない．そのため本章では，理論および先行研究の空隙を埋めるべく，以下の3つの課題を提示する．

課題1 投票外参加の参加率は，1973年から2008年にかけてどのように変化したのか．
課題2 投票外参加について，エリート動員型とエリート対抗型の分類は妥当なのか．
課題3 投票外参加とその変容は，世代効果，時代効果と CVM の効果から説明できるのか．

日本における投票外参加の歴史的変化とその規定要因については，実証研究

に乏しく，基本的な事項すら解明されていない状況にある．そのため本章では，上記3つの課題に答えることを通して，投票外参加の歴史的変化とその規定要因について，基礎的な資料を提示することを目的とする．特に規定要因については，世代効果，時代効果を識別することの重要性が示唆されているため，コーホート分析（Firebaugh 1997）を行って，（年齢効果を含む）CVM の効果を相互に統制した上での，世代効果と時代効果を検討する．また識別問題については，世代効果と時代効果を有意味なカテゴリカル変数として扱うことで対処する．具体的な対処方法は次の通りである．世代効果では，若者論や世代論を考慮して，団塊ジュニア世代以前と新人類世代以後の差異に注目する．時代効果では，政治の安定と流動化，日本経済の成長と停滞の時期を考慮して，55年体制期とポスト55年体制期の差異に注目する．

3 ── 方 法

3.1 ── 変 数

　従属変数は，複数の投票外参加指標である．NHK「日本人の意識」調査では，「あなたは，この1年ぐらいの間に，政治の問題について，リストにあるようなことをおこなったことがありますか．もしあれば，いくつでもあげてください」という質問で，8項目の投票外参加指標[3]，「デモに参加した（デモ）」，「署名運動に協力した（署名）」，「マスコミに投書した（投書）」，「陳情や抗議，請願した（陳情）」，「献金・カンパした（献金）」，「集会や会合に出席した（集会出席）」，「政党・団体の新聞や雑誌を買って読んだ（機関誌購読）」，「政党・団体の一員として活動した（党員活動）」についてたずねている（その他は除外）．そこで，これら8項目の投票外参加指標に対するカテゴリカル探索的因子分析の結果を参考にして抽出した滞在変数（連続変数）を用いる．また本章の分析からは，無回答の人を除外している．

　独立変数は，世代・時代に関する変数，CVM（年齢を含む社会経済的資源，

---

[3] 各投票外参加指標の略称については，NHK放送文化研究所編（2010）にしたがっている．

政治的関与，政治的動員）に関する変数，統制変数に分類できる．世代・時代に関する変数のうち，世代には，戦争世代（1899-1928 年），第一戦後世代（1929-1943 年），団塊世代（1944-1953 年）［基準カテゴリ］，新人類世代（1954-1968 年），団塊ジュニア以後世代（1969-1988 年）の 5 分類を用いる（綿貫 1994）．時代には，55 年体制期（1973-1988 年）と区別するため，ポスト 55 年体制期[4]（1993-2008 年ダミー）を用いる．CVM に関する変数のうち，社会経済的資源には，性別（女性ダミー），年齢線形（20 歳から 74 歳[5]までの年齢 5 歳刻みカテゴリに各中央値を与えた連続変数）と年齢 2 乗（100 で除算），学歴[6]（教育年数），職業[7]（経営者・管理者，ホワイトカラー［基準カテゴリ］，ブルーカラー，自営業・農林業，無職・主婦・学生）を用いる．政治的関与には，3 つの政治的有効性感覚の指標[8]を単純加算した上で用いる．政治的動員には，支持政党[9]（ありダミー）を用いる．統制変数には，都市規模（特別区と人口 100 万人以上ダミー）を用いる．分析に用いる変数の記述統計については，**表 7-1** に記載した．

---

[4] 1993 年の第 5 回調査は，55 年体制崩壊（1993 年 7 月 18 日に行われた第 40 回衆議院議員総選挙）後の実施である．
[5] 「日本人の意識」調査の対象者は 16 歳以上だが，本章では当時の選挙成年を考慮して 20 歳から 74 歳までに限定した分析を行っている．
[6] 学歴変数の操作化については，卒業者については高専・短大卒を 14 年，大学卒（大学院含む）を 16 年，在学者については高校在学中を 12 年，短大・大学在学中を 15 年に分類している．
[7] 職業変数の操作化については，専門職・自由業・その他の職業，事務職・技術職，販売職・サービス職を「ホワイトカラー」，技能職・熟練職と一般作業員を「ブルーカラー」，自営業者と農林業者を「自営業・農林業」，無職，主婦，生徒・学生を「無職・主婦・学生」に分類している．
[8] 「日本人の意識」調査における 3 つの政治的有効性感覚の指標とは，「国会議員選挙のとき，私たち一般国民が投票することは，国の政治にどの程度の影響を及ぼしていると思いますか（選挙）」，「私たち一般国民のデモや陳情，請願は，国の政治にどの程度の影響を及ぼしていると思いますか（デモなど）」という質問項目（非常に大きな影響を及ぼしている＝1，かなり影響を及ぼしている＝2，少し影響を及ぼしている＝3，まったく影響を及ぼしていない＝4）と，「私たち一般国民の意見や希望は，国の政治にどの程度反映していると思いますか（世論）」という質問項目（十分反映している＝1，かなり反映している＝2，少しは反映している＝3，まったく反映していない＝4）を，それぞれ反転させたものである．この 3 つの政治的有効性感覚の指標には相関があり，単独で分析に投入しても結果が変わらなかったため，単純加算した上で分析に投入している（クロンバックの $\alpha=0.667$）．
[9] 支持政党（の有無）を政治的動員の指標とすることには議論の余地があると思われるが，Dalton（2014）で政党への愛着（party attachment）を政治的動員の指標とした分析が行われており，大きな問題はないと判断している．

表 7-1 分析に用いる変数の記述統計

	変数名	Mean	S.D.	Min	Max
投票外参加	デモに参加した（デモ）	0.022	0.146	0.0	1.0
	署名活動に協力した（署名）	0.285	0.451	0.0	1.0
	マスコミに投書した（投書）	0.006	0.079	0.0	1.0
	陳情や抗議，請願した（陳情）	0.038	0.191	0.0	1.0
	献金・カンパした（献金）	0.126	0.332	0.0	1.0
	集会や会合に出席した（集会出席）	0.140	0.347	0.0	1.0
	政党・団体の新聞や雑誌を買って読んだ（機関誌購読）	0.084	0.277	0.0	1.0
	政党・団体の一員として活動した（党員活動）	0.032	0.175	0.0	1.0
性別	女性	0.532	0.499	0.0	1.0
年齢	線形	44.686	14.368	22.0	72.0
	2乗	22.033	13.360	4.8	51.8
学歴	教育年数	12.077	2.289	9.0	16.0
職業	経営・管理	0.049	0.216	0.0	1.0
	ホワイトカラー	0.281	0.450	0.0	1.0
	ブルーカラー	0.171	0.377	0.0	1.0
	自営業・農林業	0.181	0.385	0.0	1.0
	無職・主婦・学生	0.318	0.466	0.0	1.0
政治的関与	政治の有効性感覚	7.013	1.912	3.0	12.0
政治的動員	支持政党あり	0.592	0.491	0.0	1.0
都市規模	特別区と人口100万人以上	0.191	0.393	0.0	1.0
世代	戦争（1899-1928年）	0.162	0.368	0.0	1.0
	第一戦後（1929-1943年）	0.311	0.463	0.0	1.0
	団塊（1944-1953年）	0.252	0.434	0.0	1.0
	新人類（1954-1968年）	0.193	0.395	0.0	1.0
	団塊ジュニア以後（1969-1988年）	0.082	0.274	0.0	1.0
時代	ポスト55年体制期（1993年以後）	0.456	0.498	0.0	1.0

注：$N=23{,}539$.

3.2──分析手法

分析手法には，カテゴリカル探索的因子分析（categorical exploratory factor analysis: CEFA）と，カテゴリカル確証的因子分析（categorical confirmatory factor analysis: CCFA）を含む構造方程式モデル（structural equation modeling: SEM）を用いる．探索的因子分析は，データから理論仮説を想定せず探索的に潜在変数を抽出するための分析手法であるのに対し，確証的因子分析は，データから理論仮説が想定するような潜在変数が抽出できるのかを検討するための分析手法である（狩野 2002）．本章の分析で用いる各投

票外参加指標は，先行研究で使用されていたものと異なるため，二段階の分析を行う．第1に，カテゴリカル探索的因子分析によって，実際にどのような潜在変数が抽出されるのかを検討する．第2に，カテゴリカル探索的因子分析で抽出された潜在変数を参考に，カテゴリカル確証的因子分析を含む構造方程式モデルによって，潜在変数の規定要因の分析を行う．分析に使用するソフトウェアは，Mplus 7.11（Muthén and Muthén 2012）であり，推定方法にはどちらもロバスト重み付き最小二乗法（mean and variance weighted least square: *WLSMV*）を用いる．

4──分析結果

4.1──全体・世代別に見た参加率の時代変化

課題1について，8項目の投票外参加指標（デモ，署名，投書，陳情，献金，集会出席，機関誌購読，党員活動）の各参加率と，8項目のいずれか1つでも参加した率（反転した場合には不参加率を意味する）について，全体・世代別の傾向と時代変化を検討する．

全体の傾向について検討すると（表7-2），8項目の投票外参加指標の各参加率は，署名や献金，集会出席，機関誌購読で高く，陳情，デモ，党員活動，投書で低い．これは各投票外参加指標間の参加コストの差を反映したものと考えられ，金銭的コストよりも時間的コストの高い投票外参加指標で参加率が低い傾向にある．また時代変化について検討すると，すべての投票外参加指標の参加率は，必ずしも単調減少しない場合もあるが，共通して55年体制期（1988年以前の調査）よりもポスト55年体制期（1993年以後の調査）において減少している．いずれか1つでも参加した率についても同様であるが，特にポスト55年体制期では一貫して減少している．ここから投票外参加全般の長期的な衰退傾向が示された．

世代別の傾向について検討すると（図7-1），戦争世代，第一戦後世代，団塊世代と比べて，新人類世代および団塊ジュニア世代以後では，署名や集会出席など多くの投票外参加指標において参加率が低い．その一方で，投書やデモ

表 7-2 投票外参加指標の参加率の時代変化

時代 (調査年)	N	投票外参加（％）								
		デモ	署名	投書	陳情	献金	集会 出席	機関誌 購読	党員 活動	1つで も参加
1973	3,341	4.5	28.2	0.9	5.5	15.7	14.5	12.4	3.7	42.2
1978	3,305	4.1	29.3	0.6	5.1	14.9	14.0	10.2	3.1	41.8
1983	3,197	2.9	33.8	0.7	5.2	16.0	20.0	11.0	5.0	48.3
1988	2,970	2.0	36.8	0.7	4.5	14.4	16.0	8.9	3.4	48.6
1993	2,937	0.7	24.8	0.4	2.8	10.0	13.9	6.8	2.9	37.9
1998	2,881	0.9	27.4	0.7	2.3	10.1	10.3	6.1	**1.9**	36.5
2003	2,551	0.7	24.1	**0.4**	2.4	**8.2**	12.6	4.9	2.7	35.1
2008	2,357	**0.6**	**20.7**	0.5	**1.4**	8.8	**8.9**	**4.2**	2.0	**30.1**

注：太字は最低値。

などの一部の投票外参加指標では，そもそも全体的な参加率が低いため，世代差が事実上存在しなくなっている．また時代変化について検討すると，投票外参加指標の参加率は，各世代内の時代効果が必ずしも大きくないため，主に世代の入れ替わり効果によって減少していたことが示された．さらに各投票外参加指標の参加率の上昇時点が異なることから，ライフ・サイクル効果の存在も示唆される．以上より，世代効果，時代効果と年齢効果を識別することの重要性が再確認できた．

4.2──カテゴリカル探索的因子分析の結果

課題2について，8項目の投票外参加指標のカテゴリカル探索的因子分析を行い，どのような参加の形態（潜在変数）が抽出されるのか検討し，因子数と因子名を決定する．

因子数については，複数の適合度指標（RMSEA, CFI, TLI, SRMR）の値にもとづき総合的に決定する（表7-3）．1因子解から4因子解までの各適合度指標の値を比較検討した結果，すべての適合度指標の値が顕著に改善し，なおかつ TLI と SRMR も含めすべての適合度指標の値が，初めて経験的に十分な適合を示す数値となった，2因子解を採択した．

因子の命名については，第1因子と第2因子の各因子負荷量の値にもとづき総合的に決定する（表7-4）．第1因子と第2因子は，単純構造ではなく因子間相関も高い．例えば献金，署名は第1因子，党員活動は第2因子とのみ関連

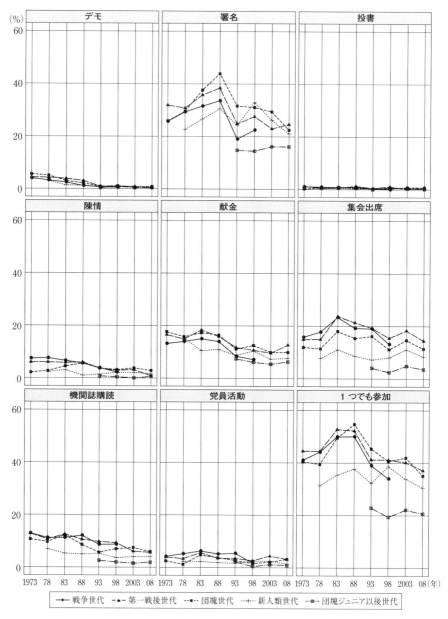

図 7-1　投票外参加指標の参加率の時代変化（世代別）

表 7-3 カテゴリカル探索的因子分析の適合度指標

	1因子解	2因子解	3因子解	4因子解
RMSEA	0.041	0.015	0.012	0.002
CFI	0.957	0.996	0.999	1.000
TLI	0.940	0.992	0.995	1.000
SRMR	0.063	0.027	0.019	0.006

表 7-4 カテゴリカル探索的因子分析（2因子解）の因子負荷量

因子名／項目名 (略称)	因子負荷量		共通性
	第1因子	第2因子	
第1因子：エリート対抗型			
献金・カンパした (献金)	0.831	−0.021	0.674
署名活動に協力した (署名)	0.790	0.002	0.626
デモに参加した (デモ)	0.574	0.315	0.601
陳情や抗議，請願した (陳情)	0.519	0.288	0.499
マスコミに投書した (投書)	0.294	0.279	0.243
第2因子：エリート動員型			
政党・団体の一員として活動した (党員活動)	−0.007	0.865	0.743
集会や会合に出席した (集会出席)	0.309	0.584	0.609
政党・団体の新聞や雑誌を買って読んだ (機関誌購読)	0.332	0.434	0.436

注：$N=23{,}539$，ジミオン回転，因子間相関＝0.478，因子負荷量の差分が大きな順に並べ替え．

しているが，デモ，陳情，機関誌購読，集会出席は，第1因子と第2因子の双方と関連している．反対に投書は，第1因子と第2因子の双方ともあまり関連していない．この結果は，投票外参加の複雑性を示している．ただし因子負荷量の値の差分が大きな順番に検討すると，第1因子では献金，署名，デモ，陳情，投書，第2因子では党員活動，集会出席，機関誌購読となった．つまり第1因子は，献金[10]や署名を中心にエリート対抗型の投票外参加が比較的盛んな形態，第2因子は，党員活動を中心にエリート動員型の投票外参加が比較的盛んな形態として分類することができる．したがって第1因子を「エリート対抗型」，第2因子を「エリート動員型」と命名した．

---

10) 「日本人の意識」調査では，献金対象を政治家や政党に限定していないことや，カタカナ語の「カンパ」という表現から，エリート対抗型と命名することに一定の妥当性があると考えている．

4.3──カテゴリカル確証的因子分析を含む構造方程式モデルの結果

　課題3について，8項目の投票外参加指標のカテゴリカル探索的因子分析から抽出された2つの投票外参加の形態，エリート対抗型とエリート動員型の規定要因を，カテゴリカル確証的因子分析を含む構造方程式モデルによって分析する（**表7-5**）．最初に適合度指標の値を検討すると$RMSEA=0.016$，$CFI=0.959$となり，いずれも許容範囲内であった．つまりエリート対抗型とエリート動員型の分類を想定した分析モデルの妥当性が示された．以下ではどのような要因が投票外参加を減少させているのか，分析結果の詳細を記述する．

　第1に，世代効果と時代効果について検討する．まず世代では，エリート対抗型とエリート動員型のどちらも，新人類世代，団塊ジュニア以後世代が負で統計的に有意である．つまり団塊世代と比べて新人類世代，団塊ジュニア以後世代であると，イングルハートの理論とは一部異なり，エリート動員型だけでなくエリート対抗型の投票外参加もしなくなる傾向がある．次に時代では，やはりエリート対抗型とエリート動員型のどちらも，ポスト55年体制期が負で統計的に有意である．つまり55年体制期と比べてポスト55年体制期であると，イングルハートらの理論でも許容しているように，エリート対抗型とエリート動員型の区別なく，すべての投票外参加をしなくなる傾向がある．

　第2に，CVM（社会経済的資源，政治的関与，政治的動員）の効果について検討する．まず社会経済的資源では，エリート対抗型とエリート動員型で結果が異なる場合がある．共通点としては，性別が負で統計的に有意，年齢線形が正，年齢2乗が負で統計的に有意，学歴が正で統計的に有意である．つまり男性と比べて女性であると，年齢のライフ・サイクル効果に沿って若年，高齢者であると，高学歴と比べて低学歴であると，エリート対抗型とエリート動員型の区別なく，すべての投票外参加をしなくなる傾向がある．異なる点としては，エリート対抗型で，職業（経営・管理，ブルーカラー，自営業・農林業，無職・主婦・学生）が負で統計的に有意，エリート動員型で，職業（無職・主婦・学生のみ）が負で統計的に有意である．つまりホワイトカラーと比べて経営・管理，ブルーカラー，自営業・農林業，無職・主婦・学生であると，エリート対抗型の投票外参加をしなくなる傾向があるが，ホワイトカラーと比べて

表7-5 投票外参加指標のカテゴリカル確証的因子分析を含む構造方程式モデル

	測定モデル	エリート対抗型		エリート動員型	
		因子負荷量	R^2	因子負荷量	R^2
投票外参加	デモ	1.000	0.649	—	—
	署名	0.964	0.607	—	—
	投書	0.608	0.254	—	—
	陳情	0.884	0.517	—	—
	献金	0.971	0.615	—	—
	集会出席	—	—	1.000	0.659
	機関誌購読	—	—	0.847	0.497
	党員活動	—	—	0.883	0.534
因子間相関（エリート対抗型×エリート動員型）		0.479***			

	因果モデル	Coef.	S.E.	Coef.	S.E.
性別	女性	−0.115***	0.018	−0.347***	0.022
年齢	線形	0.030***	0.004	0.013*	0.005
	2乗	−0.032***	0.004	−0.011*	0.005
学歴	教育年数	0.046***	0.004	0.020***	0.005
職業	経営・管理	−0.274***	0.039	0.025	0.042
	[ref. ホワイトカラー]				
	ブルーカラー	−0.098***	0.026	−0.007	0.030
	自営業・農林業	−0.296***	0.026	0.019	0.028
	無職・主婦・学生	−0.265***	0.023	−0.128***	0.029
政治的関与	政治的有効性感覚	0.035***	0.005	0.069***	0.006
政治的動員	支持政党あり	0.251***	0.018	0.496***	0.022
都市規模	特別区と人口100万人以上	−0.008	0.020	−0.064*	0.025
世代	戦争	−0.025	0.042	−0.054	0.048
	第一戦後	−0.012	0.025	−0.004	0.030
	[ref. 団塊]				
	新人類	−0.163***	0.028	−0.139***	0.034
	団塊ジュニア以後	−0.363***	0.048	−0.428***	0.065
時代	ポスト55年体制期	−0.228***	0.028	−0.115***	0.032
R^2		0.132		0.261	
χ^2		777.428***			
RMSEA		0.016			
CFI		0.959			

注：$N=23,539$、$^{***}p<0.001$、$^{**}p<0.01$、$^{*}p<0.05$、非標準化推定値。

無職・主婦・学生であると,エリート動員型の投票外参加をしなくなる傾向がある.反対に政治的関与と政治的動員では,エリート対抗型とエリート動員型で結果に違いはない.政治的関与に対応する政治的有効性感覚が,政治的動員に対応する支持政党が,それぞれ正で統計的に有意である.つまり政治的有効性感覚が低いと,また無党派(支持政党なし)であると,エリート対抗型とエリート動員型の区別なく,すべての投票外参加をしなくなる傾向がある.以上の結果より,CVMの効果は,いずれも欧米諸国の先行研究から得られた知見と一致している.かつて蒲島(1988)が社会経済的資源について指摘した,参加の不平等が低いという日本の特殊性は,投票外参加についても見いだすことはできなかった.また関連して,日本ではホワイトカラーよりも自営業・農林業で投票外参加が盛んになされているという点についても,支持されない.

第3に,統制変数(都市規模)の効果についても検討する.都市規模は,エリート動員型でのみ負で統計的に有意である.つまりエリート対抗型の投票外参加のしやすさに地域差はないが,地方部と比べて(大)都市部在住であると,エリート動員型の投票外参加をしなくなる.したがって,日本では都市部よりも地方部で政治参加が盛んであるとする蒲島(1988)の指摘は,エリート動員型のような伝統的な投票外参加に限り,適合的である.

5——考　察

本章では,3つの課題を設定した上で,オイルショック以後の日本における投票外参加の歴史的変化とその規定要因を,明らかにしてきた.以下では,得られた知見を各課題ごとに整理する.

課題1について,8項目の投票外参加指標(デモ,署名,投書,陳情,献金,集会出席,機関誌購読,党員活動)の各参加率とその変化を検討したところ,1973年から2008年にかけての35年間で,すべての項目で例外なく長期的に減少していることが明らかとなった[11].

---

[11] また2013年に実施された最新の「日本人の意識」調査では,投票外参加に対する東日本大震災の影響は確認されていない(高橋・荒牧 2014).つまり東日本大震災と福島第一原子力発電所

課題2について，カテゴリカル探索的因子分析より，イングルハートの理論が想定するほど明瞭ではなかったが，献金，署名，デモ，陳情，投書を比較的盛んに行っているエリート対抗型と，党員活動，集会出席，機関誌購読を比較的盛んに行っているエリート動員型に，分類できることが明らかとなった．またこの結果は，カテゴリカル確証的因子分析を含む構造方程式モデルの測定モデルからも支持されたため，一定の妥当性を有する．

課題3について，カテゴリカル確証的因子分析を含む構造方程式モデルの因果モデルより，世代効果，時代効果とCVMの効果から説明できることが確認された．まず世代効果の結果から，エリート対抗型とエリート動員型のいずれも，新人類世代，団塊ジュニア以後世代が団塊世代よりも参加しないという，世代の入れ替わり効果から減少していたことが明らかとなった．次に時代効果の結果から，55年体制期と比べてポスト55年体制期において減少していたことも明らかとなった．最後にCVMの効果は両義的なことが明らかとなった．社会経済的資源の結果からは，高齢化，高学歴化，ホワイトカラー化という社会構造の変化を考えると，投票外参加の増加が予想される．反対に政治的関与と政治的動員の結果からは，政治的有効性感覚の減少や無党派層の増加を考えると，投票外参加の減少が予想される．つまり社会経済的資源の効果よりも政治的関与と政治的動員の効果が上回ったため，投票外参加が減少したと考えられる．そして本章の趣旨からすれば，このようなCVMの効果を統制しても，上記の世代効果と時代効果が確認できたことが重要となる．

得られた知見より日本では，政治参加の歴史的変化とその規定要因についてのイングルハートの理論が部分的にしか妥当せず，エリート動員型にはあてはまるが，エリート対抗型にはあてはまらないことが明らかとなった．Inglehart and Catterberg（2002）が主張する通り，世代の入れ替わり効果によるエリート対抗型の増加が，民主主義の長い伝統を持つ西側諸国において普遍的な現象とするならば，日本はその例外として位置付けられる．

それではなぜ，オイルショック以後の日本では，エリート動員型だけでなく

事故を契機として，エリート対抗型の投票外参加（主にデモ活動が想定されている）が増加したとする言説（e.g. 五野井 2012; 小熊 2012）は，「日本人の意識」調査からは支持されない．

エリート対抗型も減少していたのだろうか．その理由について世代効果と時代効果の両面から考えてみたい．

まず世代効果としては，日本のエリート対抗型の特殊性を指摘できる．55年体制期では，欧米諸国と異なり，保守政党（自民党）が長期単独政権を維持し，革新政党による政権交代可能性が事実上閉ざされてきた．その結果，自民党の戦前回帰，再軍備政策への対抗から，安保闘争に象徴されるような反戦に訴えかけた，エリート対抗型の投票外参加が行われてきた（小熊 2012）．しかしこのような動機付けでは，戦争を体験，または戦争にリアリティのある世代しか動員することができない．すなわちエリート対抗型は，豊かな社会に生まれ育った新人類世代や団塊ジュニア以後世代を動員できなくなった結果として，減少したと考えられる．

次に時代効果としては，ポスト55年体制期における政治の流動化と経済停滞を指摘できる．ポスト55年体制期の政治の特徴は，有権者から高い支持を得た政治家が，比較的短期間のうちに失脚するという，「期待と幻滅のサイクル」に求められる（大嶽 2003）．またバブル崩壊以後の日本経済は，長期的に低迷し「失われた20年」ともいわれている．Inglehart and Catterberg（2002）によれば，このような短期間の首相交代や政権交代という政治の流動化，長期的な経済停滞が民主主義への幻滅を生じさせ，エリート対抗型を減少させたと考えられる．

最後に，民主主義にとって政治参加が重要であるとするならば，再び増加させる方法はあるのだろうか．イングルハートの理論にしたがえば，エリート動員型の減少は必然だが，エリート対抗型の増加については可能性がある．そして得られた知見から考えるならば，若年世代を対象とした民主主義についてのシティズンシップ教育が重要となろう．若年世代は，高等教育進学率が高いため，本来ならば参加に必要な技能を備えた潜在的な政治参加者である．したがってこれらの潜在的な政治参加者を，実際の政治参加と結びつけるための，シティズンシップ教育による政治的社会化が求められるのではないだろうか．

[文献]

Almond, G. A. and S. Verba, 1963, *The Civil Culture: Political Attitudes and De-*

mocracy in Five Nations, Princeton: Princeton University Press (石川一雄・薄井秀二・中野実・岡沢憲芙・深谷満雄・木村修三・山崎隆志・神野勝弘・片岡寛光訳, 1974, 『現代市民の政治文化――五カ国における政治的態度と民主主義』勁草書房).

Caren, N., R. A. Ghoshal, and V. Ribas, 2011, "A Social Movement Generation: Cohort and Period Trends in Protest Attendance and Petition Signing," *American Sociological Review*, 76(1): 125–51.

Dalton, R. J., 2008, *The Good Citizen: How a Young Generation is Reshaping American Politics, Revised Edition*, Washington, D. C.: CQ Press.

Dalton, R. J., 2014, *Citizen Politics: Public Opinion and Political Parties in Advanced Industrial Democracies, 6th Edition*, Washington, D. C.: CQ Press.

Evans, G., ed., 1999, *The End of Class Politics?: Class Voting in Comparative Context*, New York: Oxford University Press.

Firebaugh, G., 1997, *Quantitative Applications in the Social Sciences 115 Analyzing Repeated Surveys*, Thousand Oaks: SAGE Publications.

五野井郁夫, 2012, 『「デモ」とは何か――変貌する直接民主主義』NHK出版.

平野浩, 2007, 『変容する日本の社会と投票行動』木鐸社.

Inglehart, R., 1977, *The Silent Revolution: Changing Values and Political Styles Among Western Publics*, Princeton: Princeton University Press (三宅一郎・金丸輝男・富沢克訳, 1978, 『静かなる革命――政治意識と行動様式の変化』東洋経済新報社).

Inglehart, R., 1990, *Culture Shift in Advanced Industrial Society*, Princeton: Princeton University Press (村山皓・富沢克・武重雅文訳, 1993, 『カルチャーシフトと政治変動』東洋経済新報社).

Inglehart, R. and G. Catterberg, 2002, "Trends in Political Action: The Development Trend and the Post-Honeymoon Decline," *International Journal of Comparative Sociology*, 43(3-5): 300–16.

蒲島郁夫, 1988, 『現代政治学叢書6 政治参加』東京大学出版会.

狩野裕, 2002, 「構成方程式モデリングは, 因子分析, 分散分析, パス解析のすべてにとって代わるのか?」『行動計量学』29(2): 138–59.

小谷敏, 1998, 『若者たちの変貌――世代をめぐる社会学的物語』世界思想社.

Lipset, S. M. and S. Rokkan, eds., 1967, *Party Systems and Voter Alignments: Cross-National Perspective*, New York: Free Press.

Milbrath, L. M., 1965, *Political Participation: How and Why Do People Get Involved in Politics? 1st Edition*, Chicago: Rand McNally and Company (内山秀夫訳, 1976, 『政治参加の心理と行動』早稲田大学出版会).

三宅一郎・木下冨雄・間場寿一, 1967, 『異なるレベルの選挙における投票行動の研究』創文社.

Muthén, L. K. and B. O. Muthén, 2012, *Mplus Statistical Analysis with Latent*

Variables User's Guide, 7th Edition, Los Angeles: Statmodel.
NHK 放送文化研究所編，2010，『現代日本人の意識構造』［第 7 版］日本放送出版協会．
Norris, P., 2002, *Democratic Phoenix: Reinventing Political Activism*, Cambridge: Cambridge University Press.
小熊英二，2012，『社会を変えるには』講談社．
小此木啓吾，1978，『モラトリアム人間の時代』中央公論社．
大嶽秀夫，2003，『日本型ポピュリズム──政治への期待と幻滅』中央公論新社．
Putnam, R. D., 2000, *Bowling Alone: The Collapse and Revival of American Community*, New York: Simon and Schuster（柴内康文訳，2006，『孤独なボウリング──米国コミュニティの崩壊と再生』柏書房）．
境家史郎，2013，「戦後日本人の政治参加──『投票参加の平等性』論を再考する」『年報政治学』2013(I): 236–55．
髙橋幸市・荒牧央，2014，「日本人の意識・40 年の軌跡(2)──第 9 回『日本人の意識』調査から」『放送研究と調査』（月報）9: 2–23．
Verba, S. and N. H. Nie, 1972, *Participation in America: Political Democracy and Social Equality*, New York: Harper and Row.
Verba, S., N. H. Nie, and J.-O. Kim, 1978, *Participation and Political Equality: A Seven-Nation Comparison*, Cambridge: Harvard University Press（三宅一郎・蒲島郁夫・小田健訳，1981，『政治参加と平等──比較政治学的分析』東京大学出版会）．
Verba, S., K. L. Schlozman, and H. E. Brady, 1995, *Voice and Equality: Civic Voluntarism in American Politics*, Cambridge: Harvard University Press.
綿貫譲治，1994，「『出生コーホート』と日本有権者」『レヴァイアサン』15: 53–71．
山田真裕，2004，「投票外参加の論理──資源，指向，動員，党派性，参加経験」『選挙研究』19: 85–99．
山田真裕，2008，「日本人の政治参加と市民社会──1976 年から 2005 年」『法と政治』58（3, 4）: 1014–42．

8章
グローバル時代におけるナショナリズムの変化

永吉　希久子

1──問題意識：ナショナリズムへの関心の高まり

　1990年代半ば以降の日本社会について論じるうえで，ナショナリズムは1つのキーワードとなっている．歴史修正主義運動や「草の根保守運動」（小熊・上野 2003）だけでなく，ワールドカップの熱狂にみられる「ぷちナショナリズム」（香山 2002）や，インターネット掲示板における愛国的な言説の広がり（北田 2005）など，1990年代後半以降，多様な場面でナショナリズムの表出が目立つようになった．さらに，2010年代に入ると，韓国，中国，在日コリアンや在日外国人に対する差別的言説の広がりが社会問題になり，「在日特権を許さない市民の会」（在特会）に代表されるような排外主義運動の拡大がみられるようになるなど，「日本型排外主義」（樋口 2014）や「レイシズム」（小林編 2013）の高まりが指摘されている．

　こうした愛国心や排外意識の高まりは若者論と関連付けて論じられることも多い．例えば，高原（2006）は「ネット世代」におけるナショナリズムの高まりに注目し，雇用の流動化の影響を背負うことになった若年世代の先行き不透明感がその要因となっていると指摘する．ここでは，安定的な将来を思い描くことのできなくなった若者たちが，「疑似問題としての新しいナショナリズム」にのめりこみ，外部に敵を探した結果，今日の排外主義の高まりが生じていると考えられている（高原 2006: 237）．一方で，同じ若年層におけるナショナリズムについての分析であっても，古市（2011: 151）は，ワールドカップの盛り

上がりにみられるような若年層における「愛国志向」を,「日本をネタにただ盛り上がっているに過ぎ」ず,そこでの「日本」は「一瞬で消費される商品と何一つ変わらない」と述べている.そうであるなら,若年層において恒常的な強い愛国心や排外意識はみられないといえるだろう.

　上記のように,今日の日本社会,特に若年層におけるナショナリズムがどのような性質のもので,何がその高まりの背景となっているのかについて,多くの研究者が関心を持ち,分析がなされている.ただし,これらの研究の多くは歴史修正主義運動や排外主義運動,インターネット掲示板への書き込みなど,特定の事例にもとづいて考察を行っている.したがって,日本社会全体にナショナリズムが広がっているのかという点については,議論の余地がある.ナショナリズムの高まりが一部の過激な人々に限定されたものであるのか,あるいは,実際の運動に参加する層以外の「普通の市民」においてもみられるのかということは重要な問題である.一般の人々のレベルでもナショナリズムの高まりがみられるとすれば,それは排外主義運動を下支えするものになりえるからだ.ジャーナリストである安田 (2012: 313) は在特会や排外デモ参加者などへのインタビューから,「なにかを『奪われた』と感じる人々の憤りは,まだ治まって(ママ)いない.静かに,そしてじわじわと,ナショナルな『気分』が広がっていく.(中略)その怒りの先頭を走るのが在特会だとすれば,その下に張り巡らされた広大な地下茎こそが,その『気分』ではないのか.繰り返し述べたい.在特会は『生まれた』のではない.私たちが『産み落とした』のだ」と述べている.過激な運動の広がりは,社会全体のレベルで起きたナショナリズムの高まりの反映であるという見方は,他の論者にも共通したものである (たとえば小熊・上野 2003).

　一方で,実際に日本社会全体でナショナリズムの高まりが生じたのかについての検証は多くない.数少ない例外といえる NHK 放送文化研究所の調査 (NHK 放送文化研究所編 2010) においては,1970 年代から 1980 年代前半にかけて自国への自信が大きく強まったが,1980 年代半ば以降に低下に転じ,2003 年から 2008 年にかけては再び回復に向かっていることが示されている.この推移からは,日本に対する強い自信は経済状況が好転した年に高くなっており,経済状況の良いことが自信を高める要因となっていると考えられる

(NHK 放送文化研究所編 2010).また,日本に対する愛着については,1970年代から 2008 年まで一貫して高水準である.つまり,ナショナリズムを日本に対する愛着ととるのであれば,ここ数年での急激な高まりは生じていない.

　世代とナショナリズムの関連でみれば,一般的にナショナリズムは高齢層ほど強く,若年層では弱い傾向がある(田辺 2011a).さらに,20 歳から 44 歳のインターネット利用者を対象に調査を行った辻(2008)は,韓国や中国に対して否定的な感情をもち,歴史修正主義に賛同し,「政治や社会の問題」一般についてネット上で書き込みや議論を行ったことのある「ネット右翼」的な層が調査対象者の 1.3% にすぎないことを示している.この調査はインターネットのヘビーユーザーが調査対象者に多く含まれるため,その割合はインターネット利用者全般についてみれば 1% 未満になると推定される.つまり,若年層は一般的にナショナリズムの程度が弱く,いわゆる「ネット右翼」は若年層の中でもごく一部にすぎない.ただし,時系列でみた場合には,いくつかの変化がうかがえる.前述した NHK 放送文化研究所の調査では,日本における愛着が若い世代で高まり,世代差が少なくなってきたことが示されている.また,「日本は一流国だ」という意識についても,1990 年代前半以降では中年層と若年層の差がなくなり,その後高齢層で意識が低下したこともあり,世代差が小さくなっている.

　上記の傾向をみると,一般の人々においては「自国への自信」としてのナショナリズムの高まりはみられるが,これは経済的不安定性がもたらす「先行き不透明感」とは関連しないと推測される.一方,若年層はもともとナショナリズムの程度は低いが,近年ではやや高まっているため,若年層において強いナショナリズムがみられるようになったという指摘は妥当かもしれない.しかし,上記の研究は時代や世代ごとの傾向を概観するにとどまるため,実際に時代による差や世代による差があるのかは明らかではない.世代間の差や時代ごとの差には,様々な要因が影響しうる.たとえば,高学歴者と低学歴者で意識が異なるのであれば,高学歴者が多い世代と低学歴者が多い世代では,意識の傾向は異なりうるが,これは「世代による差」というよりも「学歴による差」が反映された結果に過ぎない.また,世代差の変化には,個々の世代の構成員が年齢を重ねたことによる意識変化も含みこまれる.したがって,時代や世代によ

る意識の差を明確にするためには，年齢や学歴をはじめとしたその他の属性の効果を統制する必要がある．さらに，上記の研究では，時代による変化がどのような要因によって生じたのかについても，十分に検証されていない．そこで，本章ではNHK放送文化研究所が実施した1973年から2008年までの調査データを用いて分析を行い，以下の3点を明らかにする．

1） 日本において1990年代後半以降，ナショナリズムが高まっているのか．
2） 若年層においてその他の世代よりも強いナショナリズムがみられるのか．
3） 上記の変化はどのような要因によって生じたものであるのか．

2──仮説：ナショナリズムの変化は何によって生じるか

2.1──ナショナリズムの定義

ナショナリズムの定義は多様であり，論者によって異なっているが，もっとも一般的には，政治的共同体と民族的共同体を一致させようとする運動を指す．たとえば，ゲルナー（Gellner 1983=2000）は，ナショナリズムを以下のように定義している．

> ナショナリズムとは，第一義的には，政治的な単位と民族的な単位とが一致していなければならないと主張する一つの政治的原理である．感情としての，あるいは運動としてのナショナリズムは，この原理によって最も適切に定義することができる．ナショナリズムの感情とは，この原理を侵害されることによって喚び起される怒りの気持ちであり，また，この原理が実現されたときに生じる満ち足りた気分である．ナショナリズムの運動とは，この種の感情によって動機付けられたものにほかならない（Gellner 1983=2000: 1）．

スミスによる定義もこれと近く，「ある人間集団のために，自治，統一，アイデンティティを獲得し維持しようとして，現に『ネイション』を構成しているか，将来構成する可能性のある集団の成員の一部によるイデオロギー運動」

(Smith 1991=1998: 135) と定義されている．こうした定義は，民族の単位と政治的な単位を一致させようとする過程におけるナショナリズムを捉えるものである．

しかし，すでに「国民国家」として成立した国家においても，「国民」は日常の中で，たとえば街角の国旗や国単位のニュースを伝えるメディアなどにおいて，再生産されている（Billig 1995; 吉野 1997）．このようなすでに成立した「国民」を再生産する活動や思考様式は「平凡なナショナリズム（banal nationalism）」（Billig 1995）や「再構築型ナショナリズム」（吉野 1997）と呼ばれる．

本章では，後者の定義にあるような，日常の中での「国民」の再生産に焦点を合わせ，それに伴って生じる意識をナショナリズムと呼ぶ．この意識は，国や郷土への愛着，自信，国に貢献したいという意識，自民族中心主義など，複数の側面によって構成される．これらの複数の側面は相互に関連しつつも，取り換え可能ではない（Dogan 1994）．たとえば，国に愛着を持っていても，自信をもっているとは限らず，自信をもっていても，貢献意識が高いとは限らない．また，後にみるように，ナショナリズムに対して諸要因が与える影響は，どの意識の側面に注目するのかによって変わりうる．したがって，ナショナリズムを複数の側面から構成されるものとしてみることによって，ナショナリズムの推移の全体像を，すべてではなくとも，つかむことができると考える．

2.2 ── 近代化仮説

ナショナリズムの変化に関する仮説の1つとして，近代化が進むことによってナショナリズムが低下するという近代化仮説があげられる（Dogan 1998; Inglehart 2008; Inglehart and Baker 2000）．ここでは，近代化によって生じた生活環境の変化により，権威を重んじる価値観（権威主義や伝統主義）から，個人の自由や合理性を重視する価値観（自由主義や世俗・合理主義）へと変化が生じ，結果としてナショナリズムが低下すると考えられている．

近代化仮説に従えば，ナショナリズムの低下のメカニズムは次のように説明される（Flanagan and Lee 2000; Inglehart and Baker 2000）．農業生活を中心とした伝統的社会においては，コントロール困難な自然とともに暮らすことが

求められる．身体的，経済的な安全は保障されておらず，共同体の秩序を守ることが必要となる．こうした状況の中では，個人の自由よりも権威に従うことが重視される．しかし，近代化の結果として生じた経済発展や福祉国家の成立によって，それまで重要視されてきた身体的，経済的な保障が得られることは自明のこととなり，個人の自由を実現する余裕が生まれる．この結果として，伝統や権威を重んじる価値観や経済的・身体的な安全を追求すべきという意識は失われ，人々はより合理的になり，多様な価値を受け入れるようになり，自己のアイデンティティを表現することを追求すべき価値と考えるようになる．ナショナリズムは，権威としての国家への忠誠や国に対する強い誇りなど，伝統的な価値を含む．そのため，経済発展とともに弱まっていくと考えられる．

ここで重要なのは，近代化による価値変化が，世代の入れ替わりによって生じるということである（Inglehart 2008）．権威主義や伝統主義のような価値観は，人々の心に深く根付いている．したがって，青年期に形成された後には変化しにくいと考えられる．この観点に立てば，社会全体における価値の変化が生じるのは，より自由主義的，世俗・合理主義的価値をもった新しい世代の出現によってである．イングルハートらに従えば，近代化以降の社会の中で社会化された世代，近代化の恩恵として得られる経済的な豊かさや自由を享受して育った世代において，新しい価値観が生じる．そして，世代の入れ替わりが起こることによって，社会全体の価値観の変化が生じるのである．

上記の視点から，次の仮説が立てられる．

仮説 1a より若いコーホートほど，ナショナリズムの程度が低い．

ただし，上記の近代化仮説は価値観の変化が不可逆で，一方向的なものだと考えているわけではない．重要なのはどのような社会環境の中で社会化されるかである．したがって，社会環境が変化し，経済的な安定が脅かされるようになれば，再び伝統的な価値観が重視されるようになる可能性がある（Inglehart 2008）．観点は異なるものの，社会流動化の中で成長した若年世代が右傾化しているという指摘（高原 2006）も，経済的不安定性がある特定の世代のナショナリズムの高まりを招いているという点で，生育期の経済状況とナショ

ナリズムを関連付ける仮説として位置付けられる．

　日本における経済状況の変化を見てみると，1990年代半ば以降，経済状況が悪化していることがうかがえる．図8-1はGDPの推移をみたものであるが，1994年まではほぼ一貫して上昇しているが，その後低下し，横ばいになっていることがわかる．つまり，1990年代半ば以降，日本経済は停滞傾向にあるといえるだろう．また，図8-2に示した完全失業率の推移をみると，1993年から急激に上昇していることがわかる．2002年をピークとしていったん低下，その後2008年のリーマンショックに端を発した世界不況のあおりを受けて再び上昇し，2010年には低下に転じている．しかしこちらも以前の水準にまで戻ることはなく，相対的に高い水準が維持されているといえるだろう．

　以上から，日本経済は1990年代のバブル経済崩壊以降に頭打ちになり，その後はやや悪化した状態が続いているといえるだろう．したがって，1990年代半ば以降に青年期を迎えた世代，すなわち1970年代半ば以降に生まれたコーホートでは，ナショナリズムの高まりがみられる，ということが起こりうる．そこで，以下の仮説が立てられる．

仮説1b　1970年代半ば以降に生まれたコーホートは，それ以前の世代と比べ，強いナショナリズムをもつ．

2.3――グローバル化仮説

　ナショナリズムに影響を与える第2の要因として挙げられるのが，グローバル化である．グローバル化の定義は多様であるが，多くの場合，経済の領域，政治の領域，文化の領域を含む社会の変化を指す（Beck 1997=2005; 伊豫谷 2001）．経済の領域においては，世界規模での金融市場のネットワークや，多国籍企業によってつくられた国家を超えた商品開発，生産，販売のシステム，国家を超えて形成される労働市場が，1つの国を単位とするような経済のあり方を変える．政治の領域においては，国際連合やEU，ASEANなどの超国家的な政治機構，国際NGOや，多国籍企業など，超国家的なアクターが，個々の国家の政治に影響を与え，その権限を制限する．また，国家は環境問題など

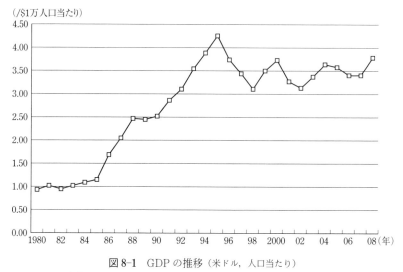

図 8-1　GDP の推移（米ドル，人口当たり）
出典：International Monetary Fund "World Economic Outlook Databases".

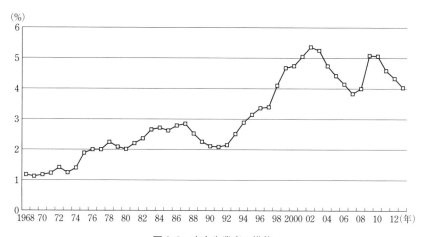

図 8-2　完全失業率の推移
出典：総務省統計局「労働力調査」.

のような，一国では対応できない政治課題に直面しており，超国家的な取り組みが必要となっている．さらに，文化の領域においては，国境を越えた人の移動の増加やインターネットをはじめとしたメディアの発達，巨大企業による販売網の拡大により，国境を区切りとした「国民文化」が存在する，という認識が揺らいでいる．

　グローバル化がナショナリズムに与える影響については，2つの相対する見方がある．第1の見方は，グローバル化がナショナリズムの衰退をもたらすというものである（Hobsbaum 1992=2001）．この観点では，国民国家が，政治的，文化的，経済的に重要性を失うなかで，ナショナリズムも重要性を失い，衰退していくと考える．たとえば，ナショナリズムを近代的な国民国家の成立に伴って19世紀に現れたものであると考えるホブズボーム（Hobsbaum 1992=2001）は，国家の重要性が失われるなかで，民族自決の要求は低下すると述べる．また旧来の「国民国家」においても，国民とは何かということや，国民と国家や政府との結びつきが自明ではなくなるため，アイデンティティにおける国民の重要性が低下すると予測している．

　他方で，国家の重要性の低下が，逆にナショナリズムの高まりを招くとの見方も存在する．デランティ（Delanty 2000=2004）によれば，ここでのナショナリズムは国民国家の成立を目指す「古いナショナリズム」とは異なり，アイデンティティと物質的利害に訴えつつ，「国民」の内部から少数者（たとえば移民など）を排除することを要求する．特に，グローバル化がもたらす「国民文化」の喪失への不安が，ナショナリズムの高まりの要因とされている．

　実証研究における分析結果は，上記の2つの見方のうち，ナショナリズムの衰退論を支持しているように見える．例えば，国際比較データを用いた分析においては，グローバル化の程度が進むと，国民の民族的同質性を重視する程度や自国への誇り，国民としてのアイデンティティが低下することが指摘されている（Ariely 2012; Kunovich 2009; Norris and Inglehart 2009）．ただし，自国を他の国よりも優れていると考える意識や，自国への愛着に対しては効果がみられない例もある（Ariely 2012）．また，マチダ（Machida 2012）においては異なる複数の領域におけるグローバル化の効果が検討されており，政治的グローバル化には効果がないものの，経済的グローバル化や文化的グローバル化の

程度が高いと，自国の文化を他の文化よりも優越し，守るべきものと考える自民族中心主義の程度が低下することを示している．

このように，実証研究においてはグローバル化がナショナリズムに与える効果は，どの領域におけるグローバル化に着目するか，また，ナショナリズムのどの側面に対する効果かによって異なるものの，効果がある場合には抑制効果が一貫してみられている．つまり，グローバル化がナショナリズムに対して効果をもつとすれば，それは抑制効果であり，グローバル化が進むことが逆にナショナリズムを強めるとの結果は得られていない．ただし，これらの研究は国際比較データをもとにしており，分析結果は「グローバル化の進んだ国」と「進んでいない国」の比較にもとづくものである．したがって，1つの国におけるナショナリズムがグローバル化の進展によってどのような影響を受けるのかはいまだ明らかではない．そこで，本章では以下の仮説を検証する．

仮説2　経済的・社会的・政治的グローバル化が進むと，ナショナリズムは低下する．

2.4──経済的不平等仮説

ナショナリズムの変化に影響を与えると考えられる第3の要素として，経済状況の変化があげられる．すでにみたように，非正規雇用の増加などによって生じた経済的な先行き不透明感の高まりは日本におけるナショナリズム高揚の要因として指摘されている（高原 2006）．また，国際比較データを用いた分析においては，自国への自信や愛着は経済格差が拡大することによって強くなることが示されている（Solt 2011）．これにはマクロレベル，ミクロレベルの2つのメカニズムが想定できる．第1のメカニズムはミクロレベルのものであり，経済格差が拡大すると，低い社会的地位に置かれた人々は，その社会的地位を自らのアイデンティティのよりどころとすることが困難になるため，社会的地位の代わりに国民への愛着を強め，その優越性を信じることで自尊感情を保つというものである（Han 2013; 岡本 2013）．ハンによれば，同じ階層に移民が増加すると，社会的地位をアイデンティティの核にすることは特に難しくなる．したがって，経済格差が拡大し，低学歴移民の数が増加すると，低所得者のナ

ショナリズムが高まる (Han 2013).第2のメカニズムはマクロレベルのものであり,経済的不平等が広がると,市民の政府に対する不満が高まることを恐れ,そこから目をそらすために,政府がナショナリズムを賞揚するというものである (Solt 2011). こうしたメカニズムが存在するのであれば,「国内の経済的不平等は国際的な文脈よりもはるかに重要なナショナリズムを引き起こす要因となる」(Solt 2011: 829).

これらの観点からは,次の仮説が立てられる.

仮説3 経済的不平等が広がると,ナショナリズムが高まる.

本章では,これら4つの仮説を,1973年から2008年まで5年ごとに行われた繰り返し調査である「日本人の意識」調査 (1973-2008) (NHK放送文化研究所世論調査部) を用いて検証する.

3──変 数

3.1──従属変数

本章の従属変数はナショナリズムである.「日本人の意識」調査では第1回から次のような質問でナショナリズムを尋ねている.

> 問 日本とか日本人とかについて,あなたがお感じになっていることをいくつかお尋ねします.リストのAからFまでの,1つ1つについて「そう思う」か「そうは思わない」かをお答えください.
>
> A) 日本に生まれてよかった
> B) 日本は一流国だ
> C) 日本の古い寺や民家をみると,非常に親しみを感じる
> D) 日本人は,他の国民に比べて,きわめてすぐれた素質をもっている
> E) 自分なりに日本のために役立ちたい

F) 今でも日本は，外国から見習うべきことが多い

　この質問を用いることで，ナショナリズムの多様な側面の変化をみることができる．以下では，Aを日本への愛着，Bを自国への自信，Cを郷土愛，Dを自民族中心主義[1]，Eを貢献意識，Fを外国への敬意と呼ぶ．

3.2――独立変数

　本章ではまず，ナショナリズムの変化におけるコーホートの効果について調べる．仮説1bでは，1970年代半ば以降に生まれたコーホートとその前の世代との比較が重要となるため，1974年生まれ以降の世代を「氷河期世代」としてその前の世代と区別する．さらに，戦後世代と戦中世代では，ナショナリズムのあり方が異なっていることが指摘されている（小熊・上野 2003）ため，戦時中に生まれた世代（–1943年生まれ）とその後の経済成長・安定期に育った世代（1944–1973年）を区別する．まとめると，本章では，コーホートを「戦中世代」，「成長・安定期世代」，「氷河期世代」の3つに区別する．

　また，時代やコーホートの効果を明確にするため，年齢も分析に用いる．ただし，「日本人の意識」調査では年齢は5歳ごとにまとめられている．また，時代とコーホート，年齢の相関が高いため，これらをそのまま分析に用いると，多重共線性が発生し，推定がゆがんでしまう．そこで，年齢は「25歳未満」，「25–34歳」，「35–39歳」，「40–44歳」，「45–49歳」，「50–54歳」，「55–59歳」，「60–64歳」，「65歳以上」の9カテゴリに分類した．

　本章では，ナショナリズムの時代変化をもたらす要因として，グローバル化と経済的不平等に注目する．このため，グローバル化に関する時代変数として，時代ごとのグローバル化の程度を示すKOF指標（Dreher et al. 2008）を用いる．この指標では，グローバル化は「人や情報，アイディア，資本，商品などを含む多様なフローを通じて，大陸を超えた行為者間のネットワークが形成さ

---

[1] 質問文では「日本人」と「他の国民」を比べているので，本来は「自国民中心主義」というべきかもしれない．しかし，日本では国民の条件として民族的要素が重視されていることを考慮し，ここではこの項目を「自民族中心主義」と名付けている．

れる過程」であり，「国境を侵食し，国々の経済や文化や技術や統治を統合し，相互依存の複雑な関係を生み出す過程」(Dreher 2005: 3) として定義される．そして，この定義のもとで複数のデータを用いて，経済的グローバル化，政治的グローバル化，社会的グローバル化の指標を作成している．経済的グローバル化は，貿易や海外直接投資などからなる実際の経済フロー，および，関税率，国際貿易に伴う税金，資本の統制の程度などからなる，貿易と資本の流れに関する規制をもとに測定している．政治的グローバル化の指標としては，国内の大使館数，加盟している国際機構数，国連の平和維持活動への参加回数，および1945年以降に調印した条約の数を用いている．社会的グローバル化の指標は，個人的な交流，情報のフロー，文化的近接性を用いて作成している．具体的には，海外旅行者数や外国籍人口，インターネット使用者数，本の輸出入額，マクドナルドの数などを用いている．KOF指標は，経済的グローバル化，政治的グローバル化，社会的グローバル化のそれぞれについて，主成分分析を用いて上記の項目を統合することによって作成している (Dreher 2005)．

もう1つの時代変数である経済的不平等の指標としては，ジニ係数に加え，非正規雇用率，生活保護率を用いる．ジニ係数は厚生労働省が実施している「所得再分配調査」をもとに算出した再分配後の値を用いている[2]．非正規雇用率は，総務省の「労働力調査」をもとに算出した労働者に占める臨時雇用および日雇いの割合によって測定している．生活保護率は国立社会保障・人口問題研究所 (2014) が算出した「被保護世帯数・保護率の年次推移」における1000世帯あたりの保護率によって測定している．非正規雇用率の高さや生活保護率の高さそのものは，経済的不平等の程度を示す指標とはいえないが，経済的不安定層の大きさを示す指標として用いている[3]．

さらに，統制変数として，性別，教育年数，職業を用いた．性別は男性＝1，

---

[2] 「日本人の意識」調査の調査年と，「所得再分配調査」の調査年が一致しない場合にはもっとも近い「所得再分配」調査の調査年のジニ係数を指標として用いている．具体的には，1973年調査については1972年のジニ係数を，1983年調査については1984年のジニ係数を，1988年調査については1987年のジニ係数を，1998年調査については1999年のジニ係数を，2003年調査については2002年のジニ係数を，それぞれ用いている．
[3] 各年の時代変数の値は本章末の**付表**に示している．

女性＝0としたダミー変数である．職業はノンマニュアル職，マニュアル職，自営業，無職（主婦・学生を含む）の4つに分類している．

4──分析結果

4.1──ナショナリズムの推移

　まず，ナショナリズムの程度は1970年代以降，どのように変化したのであろうか．これを調べるため，調査年ごと，コーホートごとのナショナリズムの各指標の平均値を示したのが図8-3である．

　愛着についてはすべての時代，コーホートで8割を超える人が「そう思う」と答えており，一貫して高い水準が維持されている．これに対して，自信は変動が大きく，1973年から1983年までは上昇，1983年から1998年まで低下し，その後わずかに高まっている．ただし，コーホート間の差は一定であり，戦中世代はその後の世代に比べて高い水準の自信を維持している．成長・安定期世代と氷河期世代の間には差はみられない．愛郷心についてみると，戦中世代，成長・安定期世代では一貫して高く，氷河期世代では年々高まっている．自民族中心主義は自信と似たトレンドを示しており，すべてのコーホートで1973年から1983年までは上昇，その後1998年まで低下し，1998年以降再び上昇に転じている．自信と異なる点は，成長・安定期世代と氷河期世代に意識の差がみられる点である．3つのコーホート間の差を維持したまま，時代によって変化しているといえるだろう．貢献意識については，もともと最も高かった戦中世代でわずかに低下している一方，成長・安定期世代と氷河期世代では高まり，コーホート間の差が見られなくなっている．外国への敬意は，もともと最も低かった戦中世代がわずかに低下しているのに対し，氷河期世代では高まっており，コーホート間の差は拡大している．

　まとめると，コーホートや時代によらず，多くの日本人が日本に対して愛着を感じている．他のナショナリズムの側面については，コーホートや時代による差がみられる．時代による変化が大きくみられるのは自民族中心主義と自信である．ともに1973年から1983年まで上昇，その後1998年まで低下し，再

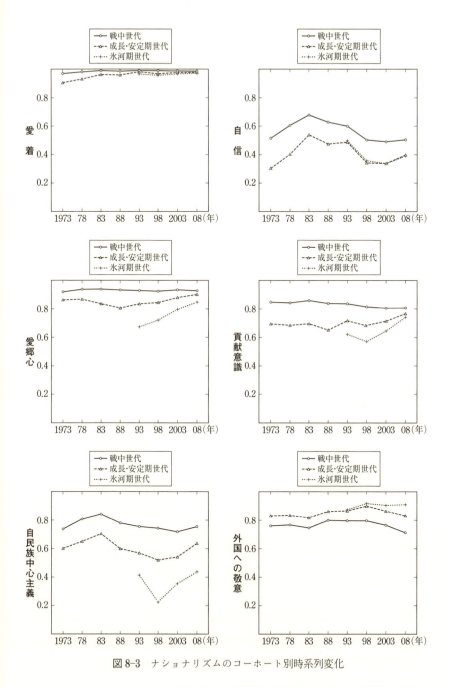

図8-3 ナショナリズムのコーホート別時系列変化

び上昇に転じるというトレンドを示している．また，自信では戦中世代とその後の世代で意識の差が，自民族中心主義についてはより若いコーホートほど意識が低いという傾向がみられた．愛郷心と貢献意識については，戦中世代では時代による変化は小さいものの，若いコーホートで意識の高まりがみられ，コーホート間の意識の差が1998年以降低下していることがわかる．外国に対する敬意については，他の意識とは逆に若年世代ほど高く，その差は近年特に拡大している．

　ただし，こうした差は必ずしもコーホートや時代による変化とは言い切れない．コーホートの差は世代ごとの教育年数や職業の分布の差によって影響を受けているかもしれない．また，愛郷心や貢献意識にみられた若いコーホートでの意識変化は，年齢を重ねたことによる加齢効果が反映されたものである可能性がある．そこで，ロジスティック回帰分析を行い，年齢や教育年数，職業を統制したうえでの時代効果やコーホート効果を検証する[4]．

　分析の結果を**表8-1**に示した[5]．コーホートの効果をみると，年齢を統制した上でも，コーホート間で意識の差がみられる．具体的には，愛着と愛郷心については，成長・安定期世代と戦中世代で差がないのに対し，氷河期世代は成長・安定期世代よりも高くなっている．また，自信と貢献意識については，成長・安定期世代に比べ，戦中世代や氷河期世代で高くなっている．つまり，仮説1bでみたように，氷河期世代はその前の世代に比べ，多くの側面でナショナリズムの程度が高い．特に愛着については1.8倍，自信については1.5倍，氷河期世代が成長・安定期世代よりももちやすくなっている．一方，自民族中心主義については，仮説1aで予測したように，より古いコーホートほど高くなり，氷河期世代は成長・安定期世代と比べ自民族中心主義をもつ確率が0.8倍になる．また，外国への敬意についてみると，若いコーホートほどもちやすく，氷河期世代が成長・安定期世代の1.4倍程度，そうした意識をもつ確率が高い．つまり，氷河期世代でナショナリズムが高くなっているとすれば，それ

4）　年齢，コーホート，時代変数の相関は高いが，VIFの最大値はすべてのモデルで4を下回っており，深刻な多重共線性の問題は生じていない．
5）　表では性別，教育年数，職業の偏回帰係数と標準誤差は省略している．

表 8-1　ナショナリズムに対する時代・コーホート効果についてのロジスティック回帰分析

		愛着	自信	愛郷心	自民族中心主義	貢献意識	外国への敬意
コーホート(ref. 成長・安定期世代)	戦中世代	0.156 (0.136)	0.103* (0.045)	0.071 (0.073)	0.126* (0.050)	0.272** (0.055)	−0.207** (0.057)
	氷河期世代	0.573** (0.179)	0.424** (0.067)	0.231** (0.086)	−0.197** (0.069)	0.340** (0.072)	0.308** (0.101)
時代(ref. 1998)	1973	−0.470** (0.161)	0.248** (0.058)	0.778** (0.090)	0.647** (0.063)	0.706** (0.069)	−0.456** (0.074)
	1978	−0.269 (0.155)	0.569** (0.086)	0.823** (0.086)	0.932** (0.061)	0.545** (0.065)	−0.410** (0.072)
	1983	0.345* (0.166)	0.947** (0.054)	0.525** (0.080)	1.100** (0.060)	0.531** (0.062)	−0.520** (0.069)
	1988	0.117 (0.158)	0.648** (0.053)	0.269** (0.076)	0.546** (0.056)	0.227** (0.060)	−0.159* (0.071)
	1993	0.633** (0.172)	0.577** (0.051)	0.140 (0.072)	0.323** (0.053)	0.309** (0.058)	−0.181** (0.070)
	2003	0.150 (0.164)	−0.091 (0.053)	0.147 (0.077)	−0.015 (0.054)	0.014 (0.059)	−0.206** (0.072)
	2008	0.001 (0.168)	0.001 (0.055)	0.207* (0.083)	0.225** (0.057)	0.172** (0.063)	−0.365** (0.074)
年齢(ref. 45-49歳)	25歳未満	−1.300** (0.198)	−0.510** (0.067)	−1.193** (0.101)	−0.938** (0.071)	−0.952** (0.078)	0.148 (0.089)
	25-34歳	−0.660** (0.181)	−0.367** (0.057)	−0.792** (0.091)	−0.547** (0.062)	−0.688** (0.068)	0.044 (0.076)
	35-39歳	−0.297 (0.187)	−0.209** (0.057)	−0.552** (0.092)	−0.395** (0.063)	−0.416** (0.069)	−0.012 (0.075)
	40-44歳	−0.396* (0.185)	−0.172** (0.057)	−0.316** (0.095)	−0.154* (0.064)	−0.219** (0.070)	−0.020 (0.075)
	50-54歳	−0.187 (0.203)	−0.011 (0.060)	0.081 (0.105)	0.098 (0.068)	−0.006 (0.074)	−0.177* (0.075)
	55-59歳	0.050 (0.219)	0.117 (0.061)	0.311** (0.112)	0.216** (0.070)	0.149 (0.078)	−0.197** (0.076)
	60-64歳	0.061 (0.234)	0.180** (0.065)	0.409** (0.120)	0.287** (0.076)	0.137 (0.083)	−0.265** (0.080)
	65歳以上	0.519* (0.232)	0.422** (0.062)	0.579** (0.111)	0.327** (0.072)	0.322** (0.079)	−0.256** (0.076)
切片		5.163** (0.314)	0.373** (0.105)	1.736** (0.163)	1.040** (0.114)	0.379** (0.125)	1.248** (0.138)
疑似 R^2		0.061	0.041	0.049	0.068	0.040	0.023
N		28656	27005	29381	26364	26687	26760

**$p<0.01$, *$p<0.05$. ( ) 内は標準誤差. 性別, 教育年数, 職業を統制.

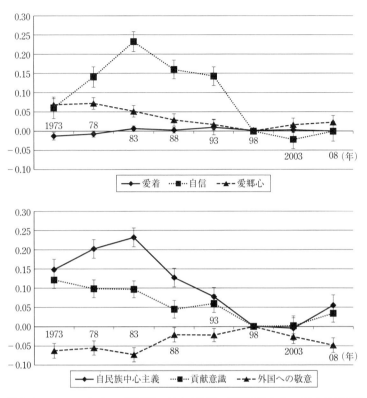

図 8-4　ナショナリズムの諸側面に対する時代の限界効果とその 95% 信頼区間
注：他の変数を平均値に固定し，1998 年を参照点 (0) とした限界効果．

は国や郷土に対する愛着と自国への自信，国への貢献意識についてであり，自民族の優秀性を強調する自民族中心主義はむしろ他の世代よりも低く，他国に対しても敬意をもちやすい傾向にあるといえる．

　次に，時代の効果を見ると，ナショナリズムの側面によって異なる傾向がみられた．それぞれの効果の大きさを考慮し[6]，図で示したのが図 8-4 になる．これをみると，愛着，愛郷心，外国への敬意については，愛着が 1993 年まで徐々に上昇，その後維持，愛郷心は 1998 年まで低下し，その後わずかに上昇，

---

6)　図 8-4 では，他の変数を平均値に固定したうえでの限界効果を示している．

外国への敬意は1998年まで上昇，その後わずかに低下という傾向がみられるものの，変動の幅は小さく，時代効果は大きくないことがわかる．一方，自信，自民族中心主義，貢献意識については，比較的変動の幅が大きい．自信と自民族中心主義については，変化の傾向も似ており，1973年から83年にかけて高まり，その後低下している．ただし，自信については1998年以降，ほぼ横ばいになっているのに対し，自民族中心主義については，2003年以降に高まっている．貢献意識のトレンドは異なり，1973年から98年までは一貫して低下し，その後緩やかに上昇している．ここからも，「ナショナリズムの時代による変化」は確かに存在するものの，それがどのような変化であるかは，ナショナリズムのどの側面に注目するかによって異なっていることがわかる．自国の伝統的な風景への愛着，自民族の優秀性を強調する意識，そして国に貢献したいという意識については，1990年代後半高まりを見せており，外国への敬意は低下している．しかし，いずれも1970年代，1980年代と比べれば低い水準にとどまる．

　年齢の効果を見ると，外国への敬意を除いて，年齢があがるほど意識を持ちやすくなるという加齢効果がみられた．外国への敬意に対しては逆に，年齢があがるほど持ちにくくなる傾向にある．

　ここまでの分析では，年齢や職業，教育年数等を統制した上でも，ナショナリズムの程度がコーホート間で異なることが示された．また，自国への自信，自民族中心主義，貢献意識については，時代によって大きく変化していることが示された．では，この時代によるナショナリズムの変化は，グローバル化の進展や経済状況の変化と関連しているのだろうか．これを調べるため，これら3つの意識について，時代の代わりにグローバル化や経済状況を示す変数をモデルに投入して分析を行った．この際，時代をレベル2とするマルチレベルロジスティック回帰モデルを適用している．

　グローバル化や経済状況に関する諸変数は互いに強い相関を持つため，同時にモデルに投入することができない．そこで，まずこれらの変数を別々にモデルに投入し，適合度を比較した．

　各モデルの適合度をまとめた表8-2をみると，自信と自民族中心主義についてはAICを基準とすると政治的グローバル化を投入したモデルが，BICを基

表 8-2 時代効果のモデル適合度比較

モデル		自信		自民族中心主義		貢献意識	
		AIC	BIC	AIC	BIC	AIC	BIC
M0	個人変数のみ	35963.6	**36103.0**	31346.8	**31485.9**	28161.4	28300.7
M1	M0+ジニ係数	35962.6	36110.3	31342.7	31489.9	28152.3	28299.8
M2	M0+非正規雇用率	35961.0[a]	36108.7	31342.3[a]	31489.5	28155.0	28302.4
M3	M0+生活保護率	35965.6	36113.2	31346.7	31493.9	28161.2	28308.6
M4	M0+経済的GL	35963.0	36110.7	31340.3	31487.5	**28151.5**	**28298.9**
M5	M0+社会的GL	35959.8	36107.4	31343.7	31491.0	28158.4	28305.9
M6	M0+政治的GL	**35959.4**	36107.1	**31339.0**	31486.2	28153.8	28301.2

注:aは,モデルが収束しなかった.表中の太字は最も適合度が高いことを示している.

準とすると個人変数のみのモデルが,もっとも適合度が高い.ただし,尤度比カイ二乗値を用いた検定を行った結果,モデル6はモデル0よりも有意にモデルの改善が行われていた.一方,貢献意識については経済的グローバル化を含めたモデルの適合度がAIC,BICともにもっともよい値を示している.したがって,自信と自民族中心主義の時代による変化については政治的グローバル化が,貢献意識の変化については経済的グローバル化がもっとも説明力が高いといえる.そこで,これらのモデルについて詳しい結果を表8-3に示した[7].

表8-3をみると,自信と自民族中心主義に対しては政治的グローバル化が負の効果をもっている.つまり,政治的グローバル化が進むほど,自信や自民族中心主義が低下するという抑制効果がみられた.ただし,社会的グローバル化と経済的グローバル化も,政治的グローバル化と同様に抑制効果がみられる(結果は省略)[8].このため,グローバル化の進展は国への自信や自民族中心主義を抑制する効果を持ち,特に政治的な領域でのグローバル化がもっともこれらの意識の低下を説明するのに適切であるといえる.一方,貢献意識に対しては経済的グローバル化が負の効果を持っており,経済的グローバル化が進むと,国への貢献意識が低下する.貢献意識に対しても,他の領域のグローバル化も負の効果を示している(結果は省略)が,その説明力は経済的グローバル化よりも低い.

---

7) 表では性別,教育年数,職業の偏回帰係数と標準誤差は省略している.
8) ただし,自信に対する経済的グローバル化の効果は10%有意水準で有意であるにとどまる.

表 8-3 ナショナリズムに対する時代効果のマルチレベルロジスティック回帰モデル分析

		自信	自民族中心主義	貢献意識
経済的 GL				−0.026 **
				(0.005)
政治的 GL		−0.025 **	−0.032 **	
		(0.008)	(0.007)	
コーホート (ref. 成長・安定期世代)	戦中世代	0.101 *	0.125 *	0.275 **
		(0.045)	(0.050)	(0.054)
	氷河期世代	0.424 **	−0.197 **	0.338 **
		(0.067)	(0.069)	(0.072)
年齢 (ref. 45-49 歳)	25 歳未満	−0.511 **	−0.937 **	−0.948 **
		(0.066)	(0.071)	(0.077)
	25-34 歳	−0.369 **	−0.547 **	−0.685 **
		(0.057)	(0.062)	(0.068)
	35-39 歳	−0.210 **	−0.395 **	−0.415 **
		(0.057)	(0.063)	(0.069)
	40-44 歳	−0.172 **	−0.154 *	−0.217 **
		(0.057)	(0.064)	(0.070)
	50-54 歳	−0.011	0.098	−0.008
		(0.060)	(0.068)	(0.074)
	55-59 歳	0.117	0.216 **	0.148
		(0.061)	(0.070)	(0.078)
	60-64 歳	0.181 **	0.287 **	0.135
		(0.065)	(0.076)	(0.083)
	65 歳以上	0.423 **	0.328 **	0.319 **
		(0.062)	(0.072)	(0.079)
切片		0.758 **	1.537 **	0.712 **
		(0.130)	(0.130)	(0.124)
ランダム効果		V.C.	V.C.	V.C.
切片：時代レベル		0.056	0.0414	0.011
N		27,005	26,364	26,687

**$p<0.01$, *$p<0.05$. ( ) 内は標準誤差. 性別, 教育年数, 職業を統制.

　さらに，経済的不平等の3つの指標はそれぞれ自信や自民族中心主義，貢献意識に対して効果を持っていたが，その説明力はグローバル化と比べれば低く，また結果も解釈しにくいものであった．具体的には，生活保護率は3つの意識のすべてに有意な効果を持たなかった．また，ジニ係数や非正規雇用率はこれらすべてを低下させる効果を持っていたものの，非正規雇用率を投入したモデルは自信と自民族中心主義については収束しておらず，モデルの適合がよいと

はいえない．したがって，経済的不平等の大きさや経済的不安定層の大きさ（高いジニ係数，非正規雇用率，生活保護率）が，ナショナリズムにどのような効果をもつのかは明確でない．生活保護率には経済成長率[9]との間に 0.5 の強い正の相関があった．生活保護率は経済成長期に高く，経済が安定した時期には低下したことがうかがえる．この結果，経済成長のもたらす効果と貧困のもたらす効果を判別することが困難になったと推測される．少なくとも，ジニ係数の効果からみれば，経済的な格差の拡大がナショナリズムの強まりを生んだとはいえず，むしろ格差が拡大することでナショナリズムは低下することが示唆された．

5──考　察

本章の目的は，ナショナリズムの時代／世代による差を検証することにあった．1990 年代後半以降の日本においては，愛国心や排外意識の高まりが指摘されており，特に若年世代についてそうした傾向がみられると論じられてきた．しかし，一般の人々のレベルでこうした意識の変化が生じているのかについては十分に検証されていない．そこで，本章では 1973 年から 2008 年まで 5 年おきに行われている繰り返し調査データを用い，実際にナショナリズムの程度は変化しているのか，また，変化しているとしたらその変化は何によって説明されるのかを検証した．その結果，次のことが明らかになった．

第 1 に，コーホート間の意識の差を見ると，仮説 1a と仮説 1b のどちらが支持されるかは，ナショナリズムのどの側面に注目するのかで異なっていた．より若いコーホートでナショナリズムが低下するという仮説 1a は，自民族中心主義に対してのみあてはまっているのに対し，1970 年代半ば以降に生まれたコーホートでナショナリズムが強まるという仮説 1b は国への愛着や国への自信，愛郷心，貢献意識について当てはまっていた．日本のナショナリズムをめぐる議論においては，若年層におけるナショナリズムの高まりが指摘されて

---

9) ここでの経済成長率は，内閣府が実施している「国民経済計算」をもとに算出した実質 GDP の対前年増加率の 3 カ年の平均値によって測定している．

いる．その際には特に，排外的なナショナリズムの高まりと関連付けて論じられていた（高原 2006）．しかし，今回の分析結果においては自民族の優秀性を強調するような意識にもとづく排外主義は，若年世代においてはむしろ他の世代よりも低いことが示唆された．また，外国に対して「見習うべきことが多い」と敬意を払う傾向がほかの世代よりも高いことも，若年世代が諸外国に対して必ずしも否定的な意識を持っているとはいえないことを示している．若年世代で高まっているナショナリズムは「日本人の優秀性」への信仰にもとづくものというよりも，国や伝統的な日本の風景に対する愛着，国家としての日本への強いコミットメントにもとづくものだといえるだろう．ただし，日本においては国への自信，とくに民主主義や経済力などへの誇りが，排外意識を高める効果を持つことが指摘されている（田辺 2011a）ため，「日本は一流国」という誇りは排外意識に結びつきうる．この調査では排外意識を測る指標が存在しないため，排外意識の世代差については分析できていない．若年層の国家としての日本への強いコミットメントや素朴な愛着が，排外主義と結びつくものであるのかについては今後検証する必要がある．また，今回の分析では，何がこうしたコーホート間の意識の差を生んでいるのかについて，データの制約もあり，検討できていない．この点を明らかにすることも今後の課題となる．

　第2に，ナショナリズムの時代変化の様相も，どの側面に注目するのかで大きく異なっていた．「日本に生まれてよかった」という愛着や愛郷心，外国への敬意については，時代ごとの変化が小さく，1970年代以降大幅に変化したとはいえない．これに対し，国への自信や自民族中心主義，貢献意識については時代による変化がみられ，後者の2つについては2000年代に入って若干の高まりがみられる．したがって，1990年代後半以降にナショナリズムが高まった，あるいは，変化していないと一概にいうことはできない．ナショナリズムの変化について論じるときには，それが国への愛着を指すのか，自信を指すのか，愛郷心を指すのか，あるいは自民族中心主義を指すのかといった点を区別する必要があるといえる．1990年代後半以降，特に高まりが生じたのは，国の伝統的な風景への愛着，自民族の優秀さを強調する自民族中心主義，そして，自国に貢献したいという意識である．また，外国への敬意についても低下がみられる．こうした変化は，近年の排外主義運動の広がりを支えるものであ

るとも考えられる．ただし，これらの意識の高まりは小さなものであり，1970年代，80年代と比べれば低い水準であることも，注意しておくべきだろう．

　第3に，国への自信，自民族中心主義，貢献意識の時代変化に影響を与える要因について，グローバル化と経済格差に注目して分析した結果，自信と自民族中心主義に対しては政治的グローバル化が，貢献意識については経済的グローバル化が，もっとも説明力が高かった．また，これらの効果は仮説2の想定通り，抑制効果であった．したがって，グローバル化が進み，国家の相対的な重要性が低下することによって，国への自信や自民族中心主義，貢献意識という複数の側面において，ナショナリズムは低下するのだといえる．ただし，先行研究においては，政治的グローバル化の効果はみられていない（Kunovich 2009; Machida 2012）．これに対し，本章の分析では政治的なグローバル化に強い説明力がみられた．これには2つの可能性が考えられる．第1の可能性として，先行研究の分析結果が国際比較にもとづくものであることの影響が考えられる．政治的グローバル化の進んだ国とそうでない国で，もともとナショナリズムの度合いに差があった場合には，政治的グローバル化自体にナショナリズムの抑制効果があっても，国際比較では効果が得られないことが起こりうる．第2の可能性は，この効果が日本独自のものだというものである．田辺（2010, 2011a）によれば，日本のナショナリズムは支配階層によって広められた「上から」のナショナリズムであり，また権威主義政権下においてはナショナリズムの賞揚が行われていた．このため，日本においては，国家の権力とナショナリズムが強く結びついた可能性がある．この場合，政治的グローバル化によって国家の政治的権力が低下することが，ナショナリズムの低下をうながしうる．政治的グローバル化のナショナリズム抑制効果が日本独自のもの，あるいは権威主義政権を経験した国に特有のものであるのかといった点については，今後他の国のデータを用いた時系列分析を用いることで，検証する必要がある．

　ただし，経済的グローバル化，政治的グローバル化は，ともに近年になるほど程度が強まっている（付表参照）．したがって，グローバル化の広がりは，1998年までのナショナリズムの低下を説明することはできても，なぜ2000年代後半以降，自民族中心主義や貢献意識が高まっているのかについては説明で

きていない．また，経済格差の説明力はグローバル化よりも小さく，指標ごとに結果が異なっていた．したがって，仮説3については明確な結果が得られなかった．これは，今回用いた3つの指標（ジニ係数，非正規雇用率，生活保護率）が，国全体の経済格差の程度，雇用の不安定性，貧困の拡大と，異なる種類の経済的不平等を捉えており，このそれぞれがナショナリズムに対して異なる効果をもつためであると考えることもできる．今回は8時点しか調査時点がなく，個々の指標の相関が高くなったため，これらの効果を区別し，詳細に検証することができなかった．さらに，ナショナリズムに影響を与える要因としては，政治的なアクターやメディアにおける言説なども考えられる（樋口 2014）．より多くの時点を含むデータを用い，経済格差も含めた，他の要因の効果を検証することは，今後の課題となる．

[文献]

Ariely, Gal, 2012, "Globalisation and the Decline of National Identity? An Exploration across Sixty-Three Countries," *Nations and Nationalism*, 18(3): 461-82.

Beck, Ulrich, 1997, *Was Its Globalisierung?: Irrtümer des Globalismus: Antworten auf Globalisierung*, Frankfurt: Suhrkamp（木前利秋・中村健吾監訳，2005,『グローバル化の社会学——グローバリズムの誤謬—グローバル化への応答』国文社）．

Billig, Michael, 1995, *Banal Nationalism*, London: Sage.

Delanty, Gerard, 2000, *Citizenship in a Global Age: Society, Culture, Politics*, Buckingham: Open University Press（佐藤康行訳，2004,『グローバル時代のシティズンシップ——新しい社会理論の地平』日本経済評論社）．

Dogan, Mattei, 1994, "The Decline of Nationalisms within Western Europe," *Comparative Politics*, 26(3): 281-305.

Dogan, Mattei, 1998, "The Decline of Traditional Values in Western Europe: Religion, Nationalism, Authority," *International Journal of Comparative Sociology*, 29(1): 77-90.

Dreher, Axel, 2005, "Does Globalization Affect Growth? Evidence from a New Index of Globalization," *TWI Research Paper Series 6*, Thurgauer Wirtschaftsinstitut, Universität Konstanz.

Dreher, Axel, Noel Gaston, and Pim Martens, 2008, *Measuring Globalization: Gauging its Consequences*, New York: Springer.

Flanagan, Scott C. and Arie-Rie Lee, 2000, "Value Change and Democratic Reform in Japan and Korea," *Comparative Political Studies*, 33(6): 627-59.

付表　各時点のグローバル化，経済的不平等の程度

	グローバル化			経済的不平等			N
	経済的	政治的	社会的	生活保護率	非正規雇用率	ジニ係数	
1973	26.36	61.88	33.40	21.67	0.06	0.31	4,243
1978	26.92	67.20	34.75	21.03	0.06	0.35	4,240
1983	33.19	66.48	35.88	21.2	0.07	0.34	4,064
1988	38.34	64.98	36.69	18.7	0.08	0.34	3,853
1993	44.23	78.29	40.37	14.33	0.08	0.36	3,814
1998	43.68	85.37	47.89	14.33	0.09	0.38	3,622
2003	46.55	87.50	53.77	19.03	0.11	0.38	3,319
2008	48.88	87.58	67.52	23.20	0.12	0.38	3,103
計	38.52	74.91	43.78	19.19	0.09	0.36	30,258

古市憲寿，2011，『絶望の国の幸福な若者たち』講談社．
Gellner, Ernest, 1983, *Nation and Nationalism*, Oxford: Blackwell Publishers（加藤節監訳，2000，『民族とナショナリズム』岩波書店）．
Han, Kyung Joon, 2013, "Income Inequality, International Migration, and National Pride: A Test of Social Identification Theory," *International Journal of Public Opinion Research*, 25(4): 502-21.
樋口直人，2014，『日本型排外主義——在特会・外国人参政権・東アジア地政学』名古屋大学出版会．
Hobsbawm, Eric J., 1992, *Nation and Nationalism, since 1780: Programme, Myth, Reality*, 2nd edn., Cambridge: Cambridge University Press（浜林正夫・嶋田耕也・庄司信訳，2001，『ナショナリズムの歴史と現在』大月書店）．
Inglehart, Ronald F., 2008, "Changing Values among Western Publics from 1970 to 2006," *West European Politics*, 31(1-2): 130-46.
Inglehart, Ronald F. and Wayne E. Baker, 2000, "Modernization, Cultural Change and the Persistence of Traditional Values," *American Sociological Review*, 65(1): 19-51.
伊豫谷登士翁，2001，『グローバリゼーションと移民』有信堂．
香山リカ，2002，『ぷちナショナリズム症候群』中央公論新社．
北田暁大，2005，『嗤う日本の「ナショナリズム」』日本放送出版協会．
小林真生編，2013，『移民・ディアスポラ研究3　レイシズムと外国人嫌悪』明石書店．
国立社会保障・人口問題研究所，2014，「被保護世帯数・保護率の年次推移」（http://www.ipss.go.jp/s-info/j/seiho/seiho.asp　最終アクセス 2014/9/24）．
Kunovich, Robert M., 2009, "The Sources and Consequences of National Identification," *American Sociological Review*, 74(4): 573-93.

Machida, Satoshi, 2012, "Does Globalization Render People More Ethnocentric? Globalization and People's Views on Cultures," *American Journal of Economics and Sociology*, 71(2): 436-69.

永瀬圭・太郎丸博, 2014, 「性役割意識のコーホート分析——若者は保守化しているか?」『ソシオロジ』58(3): 19-33.

NHK放送文化研究所編, 2010, 『現代日本人の意識構造』[第7版] 日本放送出版協会.

Norris, Pippa and Ronald Inglehart, 2009, *Cosmopolitan Communications: Cultural Diversity in a Globalized World*, Cambridge: Cambridge University Press.

小熊英二・上野陽子, 2003, 『〈癒し〉のナショナリズム——草の根保守運動の実証研究』慶應義塾大学出版会.

岡本雅享, 2013, 「日本におけるヘイトスピーチ拡大の源流とコリアノフォビア」小林真生編『レイシズムと外国人嫌悪』明石書店, pp. 50-75.

Smith, Anthony D., 1991, *National Identity*, London: Penguin Books (高柳先男訳, 1998, 『ナショナリズムの生命力』晶文社).

Solt, Frederick, 2011, "Diversionary Nationalism: Economic Inequality and the Formation of National Pride," *The Journal of Politics*, 73(3): 821-30.

高原基彰, 2006, 『不安型ナショナリズムの時代——日韓中のネット世代が憎みあう本当の理由』洋泉社.

田辺俊介, 2010, 『ナショナル・アイデンティティの国際比較』慶應義塾大学出版会.

田辺俊介, 2011a, 「日韓のナショナル・アイデンティティの概念構造の不変性と異質性の検討」『社会学評論』62(3): 284-300.

田辺俊介, 2011b, 「ナショナリズム——その多元性と多様性」田辺俊介編『外国人へのまなざしと政治意識——社会調査で読み解く日本のナショナリズム』勁草書房, pp. 21-42.

辻大介, 2008, 『インターネットにおける「右傾化」現象に関する実証研究 調査結果概要報告書』.

安田浩一, 2012, 『ネットと愛国——在特会の「闇」を追いかけて』講談社.

吉野耕作, 1997, 『文化ナショナリズムの社会学——現代日本のアイデンティティの行方』名古屋大学出版会.

9章
外国イメージのコーホート分析
好きな外国へのグローバリゼーションの効果

藤田　智博

1──はじめに

　人々は外国に対して，どのようなイメージを抱いているのだろうか．新聞やテレビといったマスメディアでは，日々，外国に関連する報道がなされ，人々はそれに触れるが，それらの報道における外国イメージは偏ることもあり，偏った外国イメージは，差別や偏見を助長することがありえる．あるいは，外国イメージを好ましいものにすることによって，軍事力や経済力に還元されない魅力が形成され，外交を進める上で有利であるといった議論もなされているが（Nye 2004=2004; 佐藤・渡辺・柴内編 2012），好ましい外国イメージは，その国を訪れる観光客の増加に寄与し，国の経済を豊かにするかもしれない．つまり，外国イメージは，差別の原因や，国家による政策の判断の根拠とされ，経済的な利益にもつながる可能性がある．それゆえ，外国イメージ形成のメカニズムの解明は，社会学的にも意義があるとみなされ，研究が蓄積されてきた．

　本章が目的とするのは，先行研究では十分に検証されてこなかった外国イメージ形成へのグローバリゼーションの影響を考察することである．グローバリゼーションとは，「大陸間や地域間に及ぶ行動のフローとネットワーク」（Held and McGrew 2003）と定義されるが，国境をこえる人々の移住や移動，テレビやインターネットを通した情報の流通が，外国イメージ形成に寄与することは十分に予測されることである．

　グローバリゼーションという概念が時代を認識するために頻繁に用いられる

ようになったのは，1989 年の東欧革命とベルリンの壁の崩壊，それから 1991 年のソ連邦の解体によって，資本主義対社会・共産主義といったイデオロギーに基づく対立が終焉して以降のことである（厚東 2006）．資本主義対社会・共産主義といったイデオロギーの対立は，人々の外国イメージ形成にも影響を及ぼしていたとされるが（三宅 2001），そのようなイデオロギーの対立が終わったとされる時代にあって，人々の外国イメージはどのようになっているのだろうか．本章では，時代によって人々の外国イメージはどのように変化してきたのか，特に冷戦後のグローバリゼーションの影響に注目しながら検討していく．

2──先行研究

　外国イメージ形成をめぐるこれまでの社会学的な研究では，どのような外国に対して，人々が好ましいイメージを持っているのか，序列をつけることの難しい外国イメージに対して，人々がどのような好ましさの基準を用いているのか，さらには，人々のどのような属性や要因がイメージ形成に影響するのかといった点が明らかにされてきた．

　どのような外国に対して，人々が好ましいイメージを持っているのかについては，戦後の日本人が，西洋資本主義国を好み，（旧）社会・共産主義国や発展途上国をそれほど好ましく思っていないことが明らかにされてきた（我妻・米山 1967; 小坂井 1996; 田辺 2008）．ここで，西欧資本主義国とは，アメリカ，イギリス，フランス，ドイツといったアメリカやヨーロッパ諸国であり，（旧）社会・共産主義国や発展途上国とは，アフリカ諸国，ロシアといった国である．それゆえ，「西高東低」とも呼びうるような好ましさの構造が存在してきたことが指摘されている．このことは，内閣府が継続的に行っている「外交に関する世論調査」の結果とも整合しており，この調査によれば，アメリカに親しみを感じる比率は中国や韓国といった他の国と比較してほぼ一貫して高くなっている．

　それでは，こういった好ましさの序列には，どのような基準が採用されているのだろうか．小坂井（1996）は，19 世紀に形成されたとされる社会の発展段階図式が存在しており，それが人々の好みの序列に反映されていると説明し

ている.すなわち,近代化に先んじた資本主義の欧米諸国と近代化に遅れた発展途上のそれ以外の国といった序列が外国イメージ形成を支えているという議論である.たしかに,このような世界観は人々の外国への好ましさの序列を説明するが,それに加えて,田辺（2008）は,メディアにおけるイメージが肯定的であるのか否定的であるのかといった基準の存在を示唆している.

また,西欧資本主義諸国とそれ以外の国といった世界観は,冷戦構造にも重ね合わせることができるが,冷戦構造と重ね合わされた外国イメージの形成には,自由主義陣営対社会・共産主義陣営というイデオロギー・党派的要因が作用しており,西欧諸国とそれ以外という単純な序列とは異質なものだと考えられる.その問題を,1964年から1993年までの時事通信社の世論調査データを用い,考察しているのが三宅（2001）であり,外国イメージに冷戦体制のような党派的要因が作用することを「対外国感情の冷戦構造」と特徴づけている.それは,自由主義陣営対社会・共産主義陣営というイデオロギーの対立が日本人の外国イメージ形成の基準として機能することを意味する.そして,自民党に代表される保守政党支持はアメリカをはじめとする自由主義陣営を好み,共産党に代表される革新政党支持はソ連をはじめとする社会・共産主義陣営を好むといった対応もそこには見られる.

さらに,三宅（2001）によれば,1960年代後半のベトナム戦争は,日本人の外国イメージに変化がもたらされるきっかけとなった.なぜならば,ベトナム戦争によってアメリカへの親しみが低下したからである.また,1972年の日中国交正常化は,中国への親しみを増加させることになった.そして,冷戦が終わるころになると,対外国感情の冷戦構造は弱体化したとされる.このように,日本人の外国イメージ形成の基準には,西欧資本主義国とそれ以外の国といった長期的なものに加え,冷戦体制による党派的な要因がもたらす基準が存在しており,それは,中・短期的なものであることが示された.このことは,日本人の外国の好みが一元的なものではないことを示唆する.

どのような要因,あるいは人々のどのような属性がイメージ形成に影響を及ぼすのかについては,年齢の影響が指摘されている.田辺（2008）によれば,とりわけ,メディアへの接触頻度が比較的高い年齢層において,メディアにおける報道が外国イメージ形成に寄与している可能性がある.また,国ごとに規

定要因が一致しているわけではないものの，海外旅行経験，外国人の友人を有しているかどうか，各種のメディア接触も，外国イメージ形成と関連していることが指摘されている（萩原編 2007; 田辺 2004, 2008）．

これらの先行研究は，外国イメージ形成について重要な知見を提出してきたが，本章では，先行研究では，十分に探究されていないグローバリゼーションの影響を考察することとしたい．後述するように，グローバリゼーションは，経済的，社会的，文化的な次元を含んだ多次元的な過程である．そして，グローバリゼーションは，外国イメージ形成に影響を及ぼすことが考えられる．

以下では，グローバリゼーションとの関係において検討されるべき仮説を挙げ[1]，データを用いて検証していく．また，グローバリゼーションという概念がさかんに用いられるようになった 1990 年代以降は，ポスト冷戦期に相当する（三宅 2001）．そのような時代において，外国イメージに反映されていた冷戦体制は変化したのかどうか，とりわけ，党派性に基づいた外国イメージ形成が変化しているのかどうかを検証する．

3──グローバリゼーションをめぐる理論枠組みと仮説

グローバリゼーションにかかわる議論は，しばしば，原因と結果が混同される．なぜならば，グローバリゼーションは社会に影響を及ぼす原因であると考えられるのと同時に，さまざまな変動の結果として，「社会がグローバル化した」といった場合のように，結果として考えることも可能であるからである．つまり，グローバリゼーションが原因なのか帰結なのかは，グローバリゼーションという概念を用いる論者の間でも混同がみられる．本章では，外国イメージ形成へのグローバリゼーションの影響を考察するという観点から，グローバリゼーションを原因にかかわる現象として捉え，以下の点を考察していく．

---

1) グローバリゼーション論の広範な整理としては Guillén（2001）が道筋を与えており，価値観の研究との接続については，Norris and Inglehart（2009）が参考になる．

3.1——親米化仮説

　まず，考えられるのが，グローバリゼーションによって，人々の外国イメージはよりアメリカに肯定的なものになる，という仮説である．これを親米化仮説と呼ぶこととする．これは，グローバリゼーションとは，何よりもアメリカナイゼーションに他ならないといった理論から引き出すことのできる知見であろう．

　すでに指摘したように，冷戦体制は，資本主義と社会・共産主義陣営といったイデオロギーの対立によって特徴づけられた．一方の資本・自由主義陣営を代表してきた大国がアメリカである．他方の社会・共産主義陣営を代表してきたのはソ連邦であった．そして，歴史的には，冷戦体制の崩壊が，旧社会・共産主義圏から生じてきたことを踏まえるならば，残るのはアメリカに体現される資本主義，自由主義のイデオロギーである．すなわち，冷戦体制崩壊後のグローバリゼーションの進行によって，世界はますますアメリカ的な価値観に染まっていき，社会・共産主義陣営の影響力は小さくなっていくのではないか，といった予測が成立する．これが，親米化仮説である．たとえば，Barbar (2001) は，MTV (Music Television) やマクドナルドが体現している消費の様式，商業的に均質化を促す力は，世界の統合を促すかもしれないと指摘し，そのような世界をマックワールドと呼んでいる．これは，親米化仮説のヴァリエーションであるといえるだろう．

　また，これと類似した議論として，ジョージ・リッツァのマクドナルド化の命題が挙げられるだろう (Ritzer 2004)．マクドナルド化とは，社会のあらゆる領域にファーストフード・レストランの原理が浸透していくことを意味する．そこには4つの次元があるとされ，具体的には，効率性，計算可能性，予測可能性がファーストフード・レストランのように追求されること，さらに，機械による人間の置換が進むことを意味する．マクドナルドが象徴する消費の様式はアメリカの生活様式であることから，マクドナルド化とはアメリカナイゼーションを部分的に含んだ命題であるとされる．次のような一節にそれはうかがえる．

> アメリカナイゼーションは，強力な一方向の過程として定義することができ，競合する過程（たとえば，ジャパナイゼーション）を圧倒するのみならず，アメリカのモデルに抵抗し，アメリカのモデルを異種混淆的な形式へと修正もしくは変換する地域的な力の強さを圧倒する傾向を有している（Ritzer and Stillman 2003: 35）．

ここで述べられているような傾向は，ハリウッド映画やNBA（バスケットボール）のようなアメリカのメディアのマーケティング，コカ・コーラ，ジーンズ，コンピュータのOSといった商品，世界各地での民主化政策を含むアメリカの軍事的関与に見られることも指摘されている．

消費の領域において，アメリカの影響力が顕著であることは，当然のことながら日本にも当てはまる．近代の日本は，西欧に由来する近代と伝統的な土着の文化とが混淆した国であるとされるが（厚東 2006; Delanty 2003），なかでも，影響力が大きいのがアメリカであった（吉見 2007）．戦後から高度成長期にかけて，アメリカは，モノの豊かさを体現し，個人の自由な生き方を体現した国として人々にイメージされてきた（作田 2001）．また，戦後の政策を通して現代日本社会の骨格を作ったとされる（鵜飼・永井・藤本編 2000）．こういった傾向は，冷戦体制が崩壊した後の1990年代以降，さらに強化されている可能性がある．すなわち，グローバリゼーションが進行することによって，アメリカへの親しみが増大するというのが親米化仮説である．

3.2——多様化仮説

上の親米化仮説が，グローバリゼーションによって，人々のアメリカへの親近感がますます高まるという説であるとすると，そうではなく，人々の外国イメージは，グローバリゼーションによって，逆に多様化するのではないかと考えるのが多様化仮説である．

この立場は，上のアメリカナイゼーション論への批判として提出される理論に見られる知見と無関係ではない．この立場によれば，グローバリゼーションによって文化は様々な地域で受容され，その際，土着の文化と混淆するため，アメリカの価値観でもなく，また土着の価値観でもない，新たな価値観が生ま

れる．すなわち，グローバリゼーションによって，文化の混淆がもたらされるため，新たな文化が誕生すると主張する．

たとえば，マクドナルドの東アジア地域での受容を分析した Watson, ed. (1997=2003: 38) によれば，「マクドナルドの国を越えた成功は，その地域ごとの事業形態に多くを負っている」とされる．具体的には，ファースト・フードの「ファースト (fast)」という言葉は，東アジア地域において，食べ物を出す速さを意味し，消費の速さを意味するわけではない．香港ではマクドナルドで若者が談笑や勉強をしており，それが店の雰囲気を良くすることで，商売に都合のよいものになっている．それは，アメリカ的な価値観とは異質のものであるとワトソンらは主張する．

また，先のバーバーの議論を受けた Inglehart and Baker (2000) は，たとえ，ジーンズやアメリカのポピュラー音楽が世界に広がっていこうとも，単一の「マックワールド」が到来するというのは，信じがたい考えであると指摘し，アメリカの価値観に収斂するというシナリオには否定的である．なぜならば，やはり，仮にアメリカの文化が拡散していこうとも，世界にはさまざまな文化圏があり，その文化圏に依存した影響が見られるからである．類似した議論は，Tomlinson (1999=2000) においてもうかがえ，文化が受容されるに際して変容を被る可能性に，アメリカナイゼーション論の支持者は注意を払っていないとしている．むしろ Tomlinson (1999=2000) によれば，グローバリゼーションを考察する上で重要なのは，自分が普段暮らしているローカルな生活世界に限られない，より広い世界への帰属意識（コスモポリタニズム）が涵養されるか否かであり，それはアメリカとの関係に限られるわけではない．グローバリゼーションがもたらすのは，アメリカとのつながりばかりではなく，自分が暮らしている地域に限られないより広い世界とのつながりであるからである．

このように，これらの理論は，細部に相違を抱えているけれども，グローバリゼーションが，アメリカ的な単一の価値観をもたらすという知見を否定している点では共通している．すなわち，これらの理論によれば，グローバリゼーションの進行はアメリカへの親しみの増加をもたらすわけではない．むしろ，グローバリゼーションは，様々な国の人々とかかわる機会を増加させるのであり，それはアメリカばかりではない．換言するならば，グローバリゼーション

は，グローバリゼーション以前であれば，出会うことの難しかった国の出身者や文化との出会い，そういった国や人，文化について，テレビや新聞を通して視聴し，知る機会をもたらす．そのような多様な情報に接触するならば，人々の外国の好みも多様化すると考えられる．すなわち，グローバリゼーションによって，人々の外国の好みはよりばらつきの大きなものになりえる．この立場を，多様化仮説と呼ぶこととする．

3.3 ── 冷戦構造の弱体化仮説

グローバリゼーションがもたらす変化としては，大きく上の2つの立場が考えられるが，1990年以降においても，対外国感情における冷戦構造が存続している可能性について考慮しておく意味はあるかもしれない．たしかに，三宅(2001)によれば，こういった感情面での冷戦構造は，すでに冷戦の崩壊が始まる前からほころびをみせていたとされる．しかし，1990年代以降，さらに，そういった傾向が加速しているかもしれない．三宅(2001)による時事データの分析は1993年までであり，それ以降については未解明である．

「感情の冷戦構造」とは，資本・自由主義対社会・共産主義陣営といったイデオロギーの軸，党派性が，好ましい外国を選択する原理として機能することであるとされるが，党派性の影響がどの程度まで存続しているのかという疑問は残る．冷戦構造の弱体化仮説によれば，グローバリゼーションが進行することによって，党派性が外国イメージ形成に及ぼす影響が弱くなったのではないか，といった予測が成立する．

4 ── 使用するデータ・変数と分析の方針

4.1 ── 被説明変数とグローバリゼーションにかかわる変数

上記の仮説の正しさを検証するために，1993年以降の4時点の「日本人の意識」調査を用いる（NHK放送文化研究所編 2010）．1993年以降に限定するのは，外国イメージに関する質問は1993年以降に加えられているからである．

被説明変数には，外国イメージに関する質問項目，「あなたがいちばん好き

な外国はどこですか．1つだけおっしゃってください」という「好きな外国」を尋ねたものを用いる．これは，自由回答の形式で尋ねられている．このような形式は，たとえば，複数の国を同じ程度に好ましく思っている可能性をあらかじめ除外してしまう点で注意が必要である．しかしながら，この質問項目を，人々の好きな外国を尋ねたものとして，外国イメージの指標として用いる．

また，説明変数となるグローバリゼーションについては，個人の属性というよりは，どのような時代に人々が暮らしているのかという集団・時代の属性にかかわる変数である．それゆえ，調査年を変数として用いることとする．グローバリゼーションの指標としては，Raab et al. (2008) があるが，それによれば，1970年前後から30年あまり，グローバリゼーションが進行している．また，その傾向は1990年代以降において顕著であり，日本もその例外ではなく，2000年代にも続いている[2]．それゆえ，グローバリゼーションの効果があるならば，時代の効果があると期待できる．

ただ，調査年（時代）の効果は，出生コーホートの影響を加味しない限り，偏ったものとなりうる．なぜならば，1993年の調査と比較して，2008年の調査には，より若い出生コーホートの人々がサンプルに多く含まれているため，時代の効果とみなしうるものが，実際には，出生コーホートの効果である可能性を除去できないからである．

4.2 ── 時代・コーホート・加齢効果の識別とコーホート分析

時代効果とコーホート効果の識別は，加齢効果も加えて，コーホート分析の肝である（Firebaugh 1997; Glenn 2005）．時代効果とは，時代に関連して，あらゆるコーホートで類似した変化が見られる場合に想定される効果である．コーホート効果は，ある特定のコーホートに見られる特性であり，出生コーホートはコーホートの代表例であろう．加齢効果は，どのような時代であっても，どのようなコーホートであっても，加齢によって引き起こされる変化である．グローバリゼーションを時代効果とみなす本章にとって，時代，コーホート，

---

[2] グローバリゼーション指標を作成し，公開しているスイス経済研究所のウェブサイト（http://globalization.kof.ethz.ch/）を参照されたい．2014年12月1日アクセス．

加齢効果を識別し，それぞれの効果を推定することが必要になる．換言するならば，1993年から2008年にかけて日本のグローバリゼーションは進行しているが，外国イメージ形成において，そのようなグローバリゼーションにかかわる時代効果は認められるのかどうかを，コーホート効果や加齢効果と分けて考察する必要があるのである．

要因分解　分析には次のような方針を採用する．まず，被説明変数は，自由回答であり，先行研究が明らかにしているように，国によって，規定要因が異なっていると考えられる．そこで，上で指摘した親米化仮説，多様化仮説，冷戦構造の弱体化仮説と関連する国を取り上げ，その国のダミー変数を作成して（基準カテゴリはそれに該当する国以外の国），分析を行うこととする．

時代効果としてのグローバリゼーションの効果の識別については，Firebaugh（1997）を参考に，加齢効果を0と仮定した上で，要因分解によって，時点間の被説明変数の平均値の相違をコーホート交代と個人変化（時代効果）に分解する．本章では，そのうち，代数的要因分解を用いる．これによって，被説明変数の平均値の変化が，コーホート交代によるものなのか，個人変化によるものなのかを明らかにすることができる．その上で，グローバリゼーションの影響が認められるならば，個人変化が時代間の被説明変数の平均値の変化を説明しているはずである．

二項ロジスティック回帰分析　続いて，代数的要因分解によって明らかになった傾向が，他の変数を統制しても見られるかどうかを，ロジスティック回帰分析を用いた推定によって検証する．投入する説明変数は，時代効果にかかわる調査年の変数，コーホート効果にかかわる出生年の変数を投入する．牧田（2008）によれば，団塊の世代を含む出生コーホートは，それ以外の出生コーホートにはない独自の特徴があるため，団塊世代を含む出生コーホートダミー（1934年から1953年の出生コーホート，基準カテゴリはそれ以外の出生コーホート）を投入する．

仮説3にかかわる党派性の指標としては，支持政党を投入する．支持政党は，保守政党支持であれば，アメリカを好む傾向が指摘されており（三宅 2001），

そのような知見を踏まえるならば,革新政党支持であれば,逆に,(旧)社会・共産主義圏への親しみが増すかもしれないという可能性が導き出せる.そして,冷戦体制の崩壊が,グローバリゼーションが進行するにしたがってさらに加速しているとするならば,調査年と支持政党の影響との交互作用効果が見られるはずである.支持政党は,自民党支持,革新政党支持(社会・社民党と共産党),無党派をそれぞれダミー変数とし,基準カテゴリはそれ以外の政党支持とした.

年齢の効果は,そのまま投入すると識別問題が生じるため,ライフサイクル効果とみなし,職業(有職ダミー),ライフステージ(学生で未婚,学生以外の未婚,子どものいない既婚者,末子が中学生より大きい既婚者,離死別者の5カテゴリのダミー変数で,基準カテゴリは末子が中学生以下の既婚者)といった変数によって代替する.そのほか,本人の属性として,性別(男性ダミー),教育年数を投入する.さらに,外国へのイメージと関わりが考えられる変数として,都市規模,外国人との接触経験(外国人との接触経験ありダミー),欠かせないコミュニケーション行動(新聞,本,テレビの3カテゴリのダミー変数で,基準カテゴリはこれら以外のもの)が考えられ,これらも投入した.都市規模は,大きければ,外国人や外国の文化に触れる機会が増加すると考えられる.また,外国人との接触経験と欠かせないコミュニケーション行動も同様であり,先行研究において指摘されていた点である.

条件付きロジスティック回帰分析 時代効果としてのグローバリゼーションの影響が確認された場合,さらに,グローバリゼーションのどういった次元が外国イメージに影響しているのかという問題を考察する必要が生じる.先行研究では,グローバリゼーションに,複数の次元や側面があることが指摘されている (Held 2004; Tomlinson 1999=2000).国家間での経済的な取引の増大,国際的な組織の設立,移民や観光客の増加,新聞やテレビといったマスメディアの報道,インターネット上のやりとり等は,その代表的なものであろう.これらを総合して,単一のグローバリゼーション指標を構成しようという試みも存在する (Raab *et al.* 2008).しかし,単一の指標では,グローバリゼーションのどういった側面と外国イメージが連動しているのかを明らかにすることはで

きない.そこで,経済的グローバリゼーション,社会的グローバリゼーション,文化的グローバリゼーションを区別し,グローバリゼーションのどういった側面が外国イメージと関連するのかを,条件付きロジスティック回帰分析を用いて明らかにする.条件付きロジスティック回帰分析では,選択肢のどのような特性が,人々の選択に影響しているのかを考察することができる[3].本章の場合,外国イメージ形成に影響しているのは,グローバリゼーションの経済的次元であるのか,社会的次元であるのか,文化的次元であるのかを考察することが可能となる.

経済的グローバリゼーションは,該当する国の各調査年の貿易額の対GDP比を算出し,分析に用いる.貿易額は財務省の貿易統計を参照した.社会的グローバリゼーションは,各調査年の入国者数に占める当該国の入国者数の比率を算出して用いる.各調査年の入国者数は法務省の入国管理統計を参照した.文化的グローバリゼーションは,それぞれの国が新聞の見出しに登場する回数をカウントし,各調査年の記事数の合計から,その国が占めている割合を算出し,推定に用いることとする.新聞記事の検索には朝日新聞「聞蔵ビジュアルII」を用いた.検索の期間は各調査年の調査日の前日から半年前までとした.キーワードには国名を指定し,「日米関係」のように,国名が漢字一文字である場合も考えられ,漢字一文字ではあまりにも多くの記事が抽出されることから,「日米」「日中」のように,「日—」の「—」の部分に当該国の漢字が含まれる場合に限定した.また,検索オプションで「見出しのみ」を選択している.

注意すべき点として,好きな外国が「その他」「ない」といった回答については,これらのグローバリゼーションにかかわる指標を算出できないため,分析から除外することとする.それゆえ,条件付きロジスティック回帰分析の対象となるのは,後に示す11カ国の外国のどれかを好んでいると回答したケースである.先行研究では,個人レベルの変数ではあるが,外国人との接触経験やメディアとの接触の効果が指摘されているため,グローバリゼーションのな

---

[3] たとえば,職業威信の高低に,職業レベルの属性(賃金やその職業に従事している人の数)と個人属性(性別や人種といった回答者の属性)が,それぞれ与える影響を考察した場合などに用いられている(Zhou 2005).これによれば,職業威信の高さは,職業それ自体が有する属性の影響を受けている.

かでも，とりわけ，社会的グローバリゼーションと文化的グローバリゼーションが外国イメージを良好なものにするという予測が成り立つ．

以上を踏まえ，先に提示した3つの仮説に，グローバリゼーションの多次元性にかかわる4つ目の仮説を加えるならば，検証すべき仮説を次のように整理することができるだろう．

仮説1　親米化仮説　親米化仮説によれば，グローバリゼーションが進行するにしたがって，アメリカへの親しみが増大するはずである．そして，それは，コーホート効果ではなく，時代効果であるとみなすことができる．それゆえ，親米化仮説が正しいならば，時代が下り，グローバリゼーションが進行するにつれて，好きな外国として，アメリカを挙げる人々が増加するはずである．

仮説2　多様化仮説　多様化仮説によれば，グローバリゼーションが進行するにしたがって，人々の外国の好みは，拡散するはずである．今回用いる被説明変数は，好きな外国を1つ選択する自由回答であるため，グローバリゼーションの進行によって，好きな外国の回答のばらつきが大きくなるならば，1つの国に回答が集中する度合いが低下すると考えられる．このようなカテゴリカルな変数のばらつきを測定する指標としては，質的分散が用いられるため（太郎丸 2005），多様化仮説が正しいならば，グローバリゼーションが進行するにつれて，質的分散が上昇すると考えられる．また，グローバリゼーションが進行することによって，さまざまな国の人，文化と出会う機会が増大するならば，少数回答が多く含まれるようになると考えられる．そこで，多様化仮説が正しいならば，グローバリゼーションの進行によって，少数回答の累計が増大し，それは，時代効果に反映されるはずである．

仮説3　冷戦構造の弱体化仮説　冷戦構造の弱体化仮説によれば，冷戦が終結したとされるポスト冷戦期において，党派性は，外国イメージ形成に影響を及ぼさなくなると考えられる．それゆえ，グローバリゼーションが進行するにしたがって，党派性の効果が弱まることが予測される．換言するならば，冷戦構造の弱体化仮説が正しいならば，党派性の指標となる支持政党と時代効果との

交互作用項を投入したモデルにおいて，支持政党と時代との交互作用項が有意になることが考えられる．

仮説4　社会的・文化的グローバリゼーション仮説　最後に，時代効果が外国イメージ形成に影響を及ぼしているならば，グローバリゼーションの多次元性が見られることが予測され，特に，社会的なグローバリゼーションと文化的なグローバリゼーションが外国イメージを良好なものにしていると考えられる．

5──結　果

上で示した分析の方針にしたがい，結果を示していく．好きな外国の分布を確認し，代数的要因分解によって，好きな外国の平均値の変化をコーホート交代と時代効果とに分解する．続いて，二項ロジスティック回帰分析を行い，その後，条件付きロジスティック回帰分析を行う．

5.1──好きな外国の分布の変化

それでは，上記の仮説は支持されるのだろうか．まず，記述統計を確認してみよう．表9-1は，それぞれの調査年の好きな外国の分布を示したものである．この表によれば，どの年も，上位3カ国は同じである．すなわち，アメリカがもっとも好まれており，オーストラリア，スイスがそれに続く．しかし，それらが占めている割合は，2008年においてもっとも低くなっている．アメリカは，23.3%から18.1%へ，オーストラリアは16.4%から9.5%へ，スイスは11.2%から9.4%へ低下している．逆に，増加が見られるのは，イタリア（1.3%から5.5%），「その他」（5.8%から9.8%），そして「ない」（19.7%から22.1%）といった回答である．「その他」には，上位の回答には含まれない少数回答が累積されている．

それゆえ，これらの記述統計の結果は，親米化仮説ではなく，多様化仮説に整合している．アメリカの比率が低下しており，「その他」の比率が上昇しているからである．「その他」には，上位に含まれない少数回答が含まれていることから，グローバリゼーションが多様な価値観形成に寄与している可能性が

表 9-1 好きな外国の分布と質的分散

年	米	豪	スイス	仏	中国	カナダ	英
1993	762	534	365	173	117	153	151
	(23.3)	(16.4)	(11.2)	(5.3)	(3.6)	(4.7)	(4.6)
1998	771	358	334	156	106	178	163
	(23.3)	(16.4)	(11.2)	(5.3)	(3.6)	(4.7)	(4.6)
2003	638	290	283	137	61	113	140
	(23.1)	(10.5)	(10.2)	(5.0)	(2.2)	(4.1)	(5.1)
2008	446	234	231	141	35	94	136
	(18.1)	(9.5)	(9.4)	(5.7)	(1.4)	(3.8)	(5.5)

年	独	ニュージーランド	イタリア	韓国	その他	ない	質的分散
1993	66	68	42	0	189	644	0.427
	(2.0)	(2.1)	(1.3)	(0.0)	(5.8)	(19.7)	
1998	75	70	122	0	214	592	0.431
	(2.0)	(2.1)	(1.3)	(0.0)	(5.8)	(19.7)	
2003	87	78	139	29	191	575	0.432
	(3.2)	(2.8)	(5.0)	(1.1)	(6.9)	(20.8)	
2008	91	80	135	53	242	544	0.438
	(3.7)	(3.2)	(5.5)	(2.2)	(9.8)	(22.1)	

注：( ) 内は行パーセント．

示唆される．また，こういったカテゴリカルな回答のばらつきの指標である質的分散を計算したところ，1993年から2008年にかけて，0.427から0.438へと上昇しており，この点も多様化仮説と整合的である．これらのことから，1つの国への集中度合いが低下していることが示唆される．

また，冷戦体制の弱体化仮説について，この表から検証することはできないものの，イデオロギー対立から距離をとり，中立国であったスイスがすべての調査時点で3位に入っていることから，冷戦期に中立国であったがゆえに，人々に好まれているという可能性を無視できないことに注意をする必要がある．

表9-1からは多様化仮説との整合性が示唆されたが，すでに指摘したように，時代の効果は，コーホート交代による影響かもしれない．すなわち，時代の効果とコーホート交代の効果とを識別する必要がある．

まず，分析の対象とする外国の回答については，上で指摘した仮説を考慮し，アメリカ，スイス，中国，「その他」，「ない」の5つに絞って分析を行う．アメリカは，自由主義・資本主義陣営の代表国であり，親米化仮説を検証してい

く上で無視できない国である．もう一方の，社会・共産主義陣営を代表する国としては，旧ソ連を構成していた国，とりわけロシアが考えられるが，ロシアは回答に含まれていないため，中国を取り上げる．また，こういったイデオロギー対立の中立国として，スイスの重要性が先行研究では指摘されており（三宅 2001），実際，各年で3位に入っていることから（表9-1），スイスを分析に含める．また，多様化仮説とかかわる選択肢として，少数回答を含めた「その他」が考えられるため，「その他」を含める．また，「ない」といった回答も一定の比率を占めていることから，分析に含めることとした．

5.2──出生コーホート別の平均値と代数的要因分解

それでは，上で指摘したような多様化仮説は，コーホート交代による擬似的な効果ではないのだろうか．変化の要因をコーホート交代と時代変化に分割するため，出生コーホートを大きく4つに区分し，それぞれの出生コーホートの平均値を4時点でプロットした（図9-1）．出生コーホートは，1919年から1933年，1934年から1953年，1954年から1973年，1974年から1992年と，15年から20年の幅で，4つに区分した．また，これらの記述統計を確認した後，代数的要因分解を行った（表9-2）．代数的要因分解によって全体平均の変化を，コーホート交代による変化とそれ以外の変化とに分解することができる．

図9-1からうかがえるように，出生コーホートの特性としては，牧田（2008）が指摘しているように，団塊の世代を含む出生コーホートにおいて，全ての調査時点においてアメリカへの親しみが低く，逆に，スイスが好まれている．アメリカへの反感はベトナム戦争時に高まったとされるが（三宅 2001），そこでアメリカに代わる選択肢を提供したのが，イデオロギー対立から距離をとった中立国スイスであったとするならば，この出生コーホートにおいて，アメリカへの反感が強く，スイスへの親しみが高いことは説明ができる．そして，全ての時点において，もっとも古い出生コーホートにおいて，中国への親しみが高く，同様に「ない」という回答の比率が高い．

1993年と2008年の2時点のサンプルを用いて，代数的要因分解を行った結果が表9-2である．

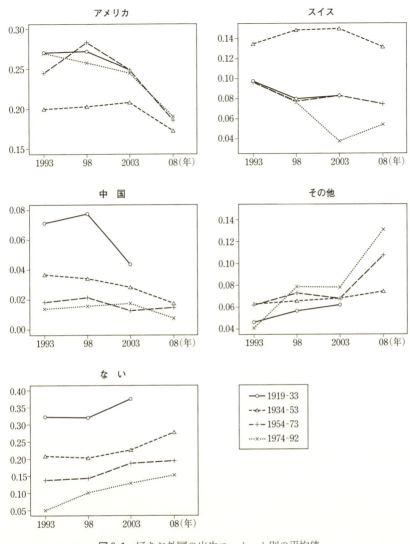

図 9-1 好きな外国の出生コーホート別の平均値

表 9-2 代数的要因分解の結果

	アメリカ	スイス	中国	その他	ない
コーホート交代	−0.018	−0.007	0.004	−0.012	0.007
個人変化	0.070	0.024	0.017	−0.028	−0.030
全体変化	0.051	0.017	0.022	−0.040	−0.023

表 9-2 によると，1993 年から 2008 年にかけて，アメリカは 5.1（全体変化の数値を 100 倍，以下同じ），スイスは 1.7，中国は 2.2 減少しており，逆に，「その他」は 4.0，「ない」は 2.3 上昇している．

アメリカ，スイスについては，減少分のすべてがコーホート交代ではなく，個人変化によって（個人変化はアメリカが 7.0，スイスが 2.4）説明される．中国においては，個人変化が全体の 77% を説明し（全体変化 2.2 のうちの 1.7），「その他」の場合，全体変化の 70% 以上（全体変化 4.0 のうち 2.8）を個人変化が説明し，「ない」の場合，全体変化（2.3）の全てを個人変化が説明した．これらの結果から，変化の大部分は，コーホート交代によるものではなく個人変化（時代効果）によるもので，グローバリゼーションの影響を示唆するものとなった．

5.3──二項ロジスティック回帰分析

それでは，時代の効果は，他の変数で統制した後も，残るのだろうか．ここでは，要因分解の結果を念頭に置きつつ，二項ロジスティック回帰分析の結果を示す．被説明変数となる好きな外国であるが，アメリカ，スイス，中国，「その他」，「ない」のそれぞれをダミー変数（基準カテゴリは当該国あるいは当該カテゴリ以外の回答）としたものを用いた．これらについて記述統計を示したのが表 9-3 になる．また，二項ロジスティック回帰分析によるパラメータの推定結果は表 9-4 で示した．

表 9-4 であるが，時代の効果については，代数的要因分解とおおむね整合的な結果が得られた．まず，親米化仮説は支持されない結果となった．さまざまな変数を投入した後も，時代の効果は残っており，時代が下るにつれて，アメリカへの親しみは低下しており，グローバリゼーションによって，アメリカへの親しみが増す結果にはなっていない．アメリカは，新しい出生コーホートに

表 9-3　各変数の記述統計（平均と標準偏差）

	平　均	標準偏差
時　代	2000	5.52
出生年	1954	16.27
団塊の世代含出生コーホートダミー	0.41	0.49
性別（男性ダミー）	0.46	0.50
有職（有職ダミー）	0.65	0.48
教育年数	12.44	2.21
学生で未婚	0.06	0.24
学生以外の未婚	0.15	0.35
子どものいない既婚者	0.06	0.23
末子中学生より大きい既婚者	0.43	0.49
離死別	0.07	0.26
都市規模	28.07	35.98
外国人との接触経験有りダミー	0.47	0.50
自民党支持	0.25	0.43
革新政党支持	0.06	0.24
無党派	0.53	0.50
新聞を不可欠	0.74	0.44
本を不可欠	0.35	0.48
テレビを不可欠	0.85	0.36

おいて親しみを持たれており，性別では男性が，教育年数は短い層で親しまれている．また，自民党支持が正の効果を持つことから，保守政党とのかかわりが強く，テレビを不可欠とするコミュニケーション行動をとっている層に親しまれている．

　他方で，多様化仮説については，少数回答を累積した「その他」の国において，時代効果が有意であり，グローバリゼーションによって，少数回答の比率が上昇していることが示唆された．「その他」の比率を上昇させるのは，教育年数や外国人との接触経験，読書を不可欠とするようなコミュニケーション行動であり，いずれも，価値観や選択肢の多様性をもたらしていると考えられる．これらのことから，多様化仮説により適合的な結果となった．

　スイスは，出生コーホートが古い層，とりわけ，団塊の世代を含む出生コーホートにおいて支持されている．そのほか，女性に支持されている．中国は，時代効果も出生年の効果も負で，団塊の世代を含む出生コーホートにも親しまれていない．性別は男性で，未婚者に親しまれている．自民党支持層で，中国

表 9-4　二項ロジスティック回帰分析の推定値

	アメリカ	スイス	中国	その他	ない
(Intercept)	−1.292***	−2.239***	−3.832***	−2.645***	−1.497***
	(0.023)	(0.033)	(0.071)	(0.039)	(0.026)
時代	−0.021***	−0.006	−0.03*	0.029***	0.035***
	(0.005)	(0.006)	(0.012)	(0.007)	(0.005)
出生年	0.006*	−0.009*	−0.032***	−0.001	−0.029***
	(0.003)	(0.004)	(0.007)	(0.004)	(0.003)
団塊世代含コーホートダミー	−0.301***	0.516***	−0.271*	0.021	−0.133*
	(0.056)	(0.075)	(0.128)	(0.097)	(0.056)
性別（男性ダミー）	0.631***	−0.595***	0.357**	−0.151	−0.047
	(0.049)	(0.069)	(0.124)	(0.078)	(0.052)
有職（有職ダミー）	−0.022	0.112	0.224	0.075	−0.062
	(0.058)	(0.073)	(0.144)	(0.092)	(0.057)
教育年数	−0.057***	0.023	−0.054	0.089***	−0.087***
	(0.012)	(0.016)	(0.029)	(0.019)	(0.013)
学生で未婚	−0.412**	0.176	0.846*	0.559**	−0.728***
	(0.129)	(0.192)	(0.391)	(0.199)	(0.169)
学生以外の未婚	0.007	−0.332**	0.478*	0.253*	−0.093
	(0.077)	(0.124)	(0.238)	(0.122)	(0.089)
子どものいない既婚者	0.081	−0.145	0.399	0.428**	−0.222
	(0.105)	(0.150)	(0.287)	(0.154)	(0.120)
末子中学生以下の既婚者（基準）	—	—	—	—	—
末子中学生より大きい既婚者	−0.003	−0.127	0.268	0.155	−0.145
	(0.078)	(0.103)	(0.214)	(0.127)	(0.082)
離死別	0.118	−0.368*	0.342	0.157	0.036
	(0.110)	(0.152)	(0.281)	(0.180)	(0.109)
都市規模	0.001	0	−0.003	0.001	−0.003***
	(0.001)	(0.001)	(0.002)	(0.001)	(0.001)
外国人との接触経験有りダミー	0.068	0.021	0.273*	0.387***	−0.448***
	(0.048)	(0.065)	(0.122)	(0.078)	(0.052)
自民党支持	0.188**	−0.039	−0.508**	−0.168	0.171*
	(0.070)	(0.097)	(0.161)	(0.122)	(0.085)
革新政党支持	−0.15	−0.023	0.077	0.179	0.25*
	(0.107)	(0.140)	(0.206)	(0.168)	(0.121)
無党派	−0.271***	−0.064	−0.617***	0.021	0.802***
	(0.065)	(0.089)	(0.153)	(0.104)	(0.077)
上記の政党以外支持	—	—	—	—	—
新聞を不可欠	−0.121*	0.175*	0.369*	−0.01	−0.159*
	(0.058)	(0.085)	(0.176)	(0.094)	(0.062)
本を不可欠	−0.158**	0.043	0.163	0.298***	−0.163**
	(0.050)	(0.066)	(0.122)	(0.076)	(0.054)
テレビを不可欠	0.211**	0.127	−0.075	−0.224*	−0.186**
	(0.068)	(0.094)	(0.178)	(0.095)	(0.069)
上記メディアいずれも不可欠ではない	—	—	—	—	—
Nagelkerke R^2	0.050	0.040	0.065	0.035	0.102
逸脱度	12014.22	7550.994	2753.093	5845.456	10938.24
N	11,626	11,626	11,626	11,626	11,626

***$p<0.001$, **$p<0.01$, *$p<0.05$.
注：（　）内は標準誤差．

表 9-5 仮説の結果

親米化仮説	多様化仮説	冷戦構造の弱体化仮説
×	○	×

を好んでいる層は少ないようだが,革新政党支持者に好まれているわけでもない.好きな外国が「ない」については,時代効果が有意であるが,出生年が古い層,教育年数が短い層,外国人との接触経験を持たない層,支持政党としては無党派の層といった特徴がうかがえた.

それでは,冷戦構造の弱体化仮説はどうだろうか.対外国感情の冷戦構造は,党派性が外国の好みにも反映される(三宅 2001).表 9-4 の結果によれば,たしかに,自民党支持であれば,アメリカへの親しみが増し,また,無党派であれば,「ない」が上昇していることから,支持政党と外国への好みには,一定の関連が見られると考えられる.それでは,こういった関連に,時代による変化は見られるのだろうか.

表 9-4 で推定したモデルを基準として,時代と支持政党(自民党支持,革新政党支持,無党派)の交互作用項を投入したモデルを推定した(結果は非表示).その結果,アメリカ,スイス,中国,「その他」については,尤度比検定が統計的に有意にはならず(5% 水準),交互作用項を投入することによってモデルが有意に改善されたとはいえない結果となった.また,残る「ない」の回答については,尤度比検定は有意であったものの(5% 水準),交互作用項はすべて統計的に有意ではなく,時代によって,支持政党の効果に変化があるとはいえない結果となった.これらのことから,表 9-4 からうかがえたように,たしかに,支持政党にあらわれる党派性は,外国への好みと関連しているといえるものの,それが,グローバリゼーションの進行によって,弱体化していたり,逆に,強化されていたりといった傾向は確認されなかった(仮説 3 は不支持).

以上の結果を踏まえるならば,親米化仮説,冷戦構造の弱体化仮説は支持されず,多様化仮説が支持されたといってよいだろう(表 9-5).

表 9-6　経済的・社会的・文化的グローバリゼーションの条件付きロジスティック回帰分析の推定値（選択肢特性のみ投入）

	推定値（標準誤差）		推定値（標準誤差）		推定値（標準誤差）	
経済的	−0.013	0.003***				
社会的			0.005	0.007		
文化的					−0.012	0.004**
対数尤度	−17337		−17346		−17342	
尤度比検定（p 値）	0.000		0.466		0.006	

***p<0.001, **p<0.01.
注：基準カテゴリはアメリカとし，それ以外の 10 カ国の切片も推定されるが省略．

表 9-7　経済的・社会的・文化的グローバリゼーションの条件付きロジスティック回帰分析の推定値（選択肢特性と個人特性を投入）

	推定値（標準誤差）		推定値（標準誤差）		推定値（標準誤差）	
経済的	−0.005	0.003				
社会的			0.009	0.008		
文化的					−0.009	0.005$^+$
対数尤度	−16582		−16582		−16581	
尤度比検定（p 値）	0.000		0.000		0.000	

$^+$p<0.1.
注：基準カテゴリはアメリカとし，それ以外の 10 カ国の切片と個人特性の効果も推定されるが省略．

5.4——条件付きロジスティック回帰分析

　それでは，グローバリゼーションのどういった側面がこうした外国への好みと関連しているのだろうか．条件付きロジスティック回帰分析では，選択肢のどのような特性が，人々の選択に影響を及ぼしているのかを検討することができる．

　調査年の代わりに，上で述べた各調査年におけるそれぞれの国の経済的グローバリゼーション，社会的グローバリゼーション，文化的グローバリゼーションの指標を用い，推定した結果を示したのが表 9-6 である．推定に際しては，それぞれの指標を個別に投入した．

　この結果によれば，経済的グローバリゼーションと文化的グローバリゼーションが有意となった．しかし，表 9-6 は，選択肢特性のみを変数として投入した結果であり，選択肢の特性のみならず，二項ロジスティック回帰分析と同様

の個人の特性も変数として投入したモデルを推定したところ,経済的グローバリゼーションについては有意ではなく,文化的グローバリゼーションのみ,10%水準で負の有意な効果が見られた(**表9-7**).

この結果から,文化的グローバリゼーションが,負の影響を有していたことが明らかになった.これには,次のようなメカニズムが考えられるだろう.ある国が報道で目立つことによって,その国への親しみが低下するのは,新聞で頻繁に報道されるのが,戦争をはじめ,事件や事故であり,人々にネガティブな印象を与えるものであるからではないだろうか.実際,2003年から2008年にかけて,アメリカへの親しみが低下している時期には,イラク戦争の長期化をめぐって,ブッシュ政権への批判が多くなされている.これは,グローバリゼーションがさまざまな国の情報をもたらすことによって,その国への親しみを増加させるといった予測とは異なるものである.ただ,自由回答の上位11カ国に限定した分析であり,それら以外の国にまで対象を拡大させたときには,異なる知見が得られる可能性は否定できない.

では,なぜ,経済的グローバリゼーションや社会的グローバリゼーションは影響を持たなかったのだろうか.経済的グローバリゼーションの指標とした貿易は,国と国とを経済的に活性化させると考えられる.しかし,日常的に接触するメディアの報道と比較して,人々が変化を感じとりにくいのではないだろうか.それは,社会的グローバリゼーションも同様である.外国人入国者数の多くは,ツーリストであり,ツーリストが訪れるのは観光地であろう.それゆえ,観光に従事している人であれば,社会的グローバリゼーションの影響を感得しやすいのかもしれないが,平均的な日本人にとってはそうではないと考えられる.また,外国人と接触を有している人については,別の変数で尋ねられており,その影響は多様化仮説と整合的であることは先に確認した通りである.そのことからも,社会的グローバリゼーションで測られているのは,グローバリゼーションのより曖昧な側面であると考えられる.それゆえ,外国イメージ形成への影響は見られなかったのだと考えられる.

6 ── 結　論

　以上の考察と分析を踏まえ，最後に，結論を記しておこう．本章では，外国イメージ形成をテーマに，1990年代以降，日本人が好む外国はどのように変化したのかについて考察してきた．とりわけ，外国イメージ形成についてはグローバリゼーションの影響が見られるのではないかという観点から，親米化仮説，多様化仮説を提出した．また，冷戦構造が弱体化しているのかどうかについても検証してきた．分析の結果，親米化仮説と冷戦構造の弱体化仮説は支持されず，多様化仮説が支持され，グローバリゼーションが外国イメージ形成を多様化させていることが明らかになった．そして，とりわけ，グローバリゼーションの文化的側面との関連が大きいことが明らかになった．

　このことは，外国イメージ形成は，コーホート効果以上に，時代効果の影響が大きいことを意味する．この知見は，外国イメージ形成に関するこれまでの先行研究で示唆されていた点であるが，先行研究では十分に検証されておらず，とりわけ，1990年代以降はそうであった．そこで本章では，1990年以降の繰返し横断調査のデータを用いることによってその点を明らかにした．たしかに，本章の分析からは，団塊の世代のように，20歳前後に，ベトナム戦争を経験し，それが，その後の人生の外国イメージ形成の基調となっていくことがありえることも確認されたが，外国との関係はそれほど安定しているわけではなく，変化するものである．そういった変化は，メディアの報道を通して知ることになり，その影響は，世代間に共通するものと考えた方が自然である．

　今後の課題としては，次のような点が挙げられるだろう．まず，外国イメージ形成の要因には，文化的グローバリゼーションの影響が見られることを示したが，その内実についてはさらに精緻にしていくことが必要だろう．メディアとの接触については，量的な側面のみならず，内容的な側面も考慮していく必要があり，これらは，個人レベル（個人がどのようなメディアとの関係を持っていたのか）と集合レベル（社会全体でどのようなメディア報道がなされていたのか）の双方にかかわるものであることから，データの取得は決して容易ではない．しかし，それらを考慮することで，外国イメージ形成の動態的な側面

が明確に把握できると考えられる．同様に，社会的グローバリゼーションや経済的グローバリゼーションの指標についても洗練させていく必要がある．本章では，これらの影響を検討するのに条件付きロジスティック回帰分析を用いたが，繰返し横断調査のデータの蓄積が進むならば，マルチレベル分析も視野に入れていく必要があるだろう．

[文献]

Barber, B. R., 2001, *Jihad vs. McWorld*, Ballantine Books.
Delanty, G., 2003, "Consumption, Modernity and Japanese Cultural Identity: The Limits of Americanization?" in U. Beck, N. Sznaider, and R. Winter, eds., *Global America?: the Cultural Consequences of Globalization*, Liverpool: Liverpool University Press, pp. 114-33.
Firebaugh, G., 1997, *Analyzing Repeated Surveys*, Sage.
Glenn, N. D., 2005, *Cohort Analysis*, Sage.
Guillén, M. F., 2001, "Is Globalization Civilizing, Destructive or Feeble? A Critique of Five Key Debates in the Social Science Literature," *Annual Review of Sociology*, 27(1): 235-60.
萩原滋編，2007，『テレビニュースの世界像——外国関連報道が構築するリアリティ』勁草書房．
Held, D., 2004, *A Globalizing World? : Culture, Economics, Politics*, Routledge.
Held, D. and A. G. McGrew., 2003, *The Global Transformations Reader: An Introduction to the Globalization Debate*, Polity.
Inglehart, R. and W. E. Baker, 2000, "Modernization, Cultural Change, and the Persistence of Traditional Values," *American Sociological Review*, 65(1): 19-51.
小坂井敏晶，1996，『異文化受容のパラドックス』朝日新聞社．
厚東洋輔，2006，『モダニティの社会学——ポストモダンからグローバリゼーションへ』ミネルヴァ書房．
牧田徹雄，2008，「団塊の世代の軌跡——メディア，社会，家庭政策」NHK放送文化研究所編『現代社会とメディア・家族・世代』新曜社，pp. 106-28.
三宅一郎，2001，「対外国態度における冷戦構造とその変容」三宅一郎・西澤由隆・河野勝『55年体制下の政治と経済——時事世論調査データの分析』木鐸社，pp. 91-112.
NHK放送文化研究所編，2010，『現代日本人の意識構造』[第7版]日本放送出版協会．
Norris, P. and R. Inglehart, 2009, *Cosmopolitan Communications: Cultural Diversity in a Globalized World*, Cambridge University Press.
Nye, J. S., 2004, *Soft Power: The Means to Success in World Politics*, Public Af-

fairs（山岡洋一訳，2004，『ソフト・パワー――21世紀国際政治を制する見えざる力』日本経済新聞社）．
Raab, M., M. Ruland, B. Schönberger, H.-P. Blossfeld, D. Hofäcker, S. Bunchholz, and P. Schmelzer, 2008, "Global Index: A Sociological Approach to Globalization Measurement," *International Sociology*, 23(4): 596-631.
Ritzer, G., 2004, *The McDonaldization of Society*, Pine Forge Press.
Ritzer, G. and T. Stillman, 2003, "Assessing McDonaldization, Americanization and Globalization," in U. Beck, N. Sznaider, and R. Winter, eds., *Global America?: Cultural Consequences of Globalization*, Liverpool: Liverpool University Press, pp. 30-48.
作田啓一，2001，『価値の社会学』岩波書店．
佐藤卓己・渡辺靖・柴内康文編，2012，『ソフト・パワーのメディア文化政策――国際発信力を求めて』新曜社．
田辺俊介，2004，「『近い国・遠い国』――多次元尺度構成法による世界認知構造の研究」『理論と方法』19(2): 235-49．
田辺俊介，2008，「日本人の外国好感度とその構造の実証的検討」『社会学評論』59(2): 359-87．
太郎丸博，2005，『人文・社会科学のためのカテゴリカル・データ解析入門』ナカニシヤ出版．
Tomlinson, J., 1999, *Globalization and Culture*, Polity（片岡信訳，2000，『グローバリゼーション――文化帝国主義を超えて』青土社）．
鵜飼正樹・永井良和・藤本憲一編，2000，『戦後日本の大衆文化』昭和堂．
我妻洋・米山俊直，1967，『偏見の構造――日本人の人種観』日本放送出版協会．
Watson, J. L., ed., 1997, *Golden Arches East: McDonald's in East Asia*, Stanford University Press（前川啓治・竹内惠行・岡部曜子訳，2003，『マクドナルドはグローバルか――東アジアのファーストフード』新曜社）．
吉見俊哉，2007，『親米と反米――戦後日本の政治的無意識』岩波書店．
Zhou, X., 2005, "The Institutional Logic of Occupational Prestige Ranking: Reconceptualization and Reanalyses," *American Journal of Sociology*, 111(1): 90-140.

10章
後期近代の価値意識はどう変化したか

太郎丸　博

　本書では，これまでいくつかの価値意識の変化を詳しく分析してきた．この章では，それらの結果を総合し，後期近代の価値意識がどのように変化してきたのか，全体的なイメージを描いていく．特に後期近代（あるいはポストモダン）の価値意識に関する議論が，どの程度 1973-2008 年の日本にあてはまるのかに焦点を絞って論じていく．具体的には，

1. 平均的な価値意識は，後期近代社会論が予測した方向に変化したのか，
2. 価値意識の多様化は進んだのか，
3. 価値意識の変容はコーホート交代によって引き起こされたのか，
4. 価値意識に対する社会経済的な背景要因の影響は弱まったのか，

という4点について，論じていく．
　もちろん，われわれが扱える価値意識の項目は限られたものであり，価値意識一般について以下の分析結果を敷衍することはできない．また，このようなデータの分析結果は，あとで論じるように質問の尋ね方に強く依存する．それゆえ，以下の議論は，あくまである特定の尋ね方をした結果にすぎないので，暫定的で特定のパースペクティブからの議論であるということに留意すべきである．しかし，だからといって客観性を装い，断片的な事実を並べ立てるだけでそこで思考停止してしまうべきではない．限界を踏まえつつ行けるところまで議論を進めていこう．

1──どのような方向に価値意識は変化したか

　第1章で紹介したように，後期近代社会論では，人々の価値意識は前期近代とは反対の方向，あるいは反対ではないが，近代化論の予測とは異なる方向へと変化していくことが主張されていた．オイルショック以降の日本ではそのような価値意識の変化が起きたのだろうか．

1.1──現在／私生活志向

　第3章の生活目標の分析では，「豊かな生活」を築いたり，「世の中をよくする」ことを目標に選ぶ人は減少し，「身近な人達となごやかな毎日をおくる」ことや「その日その日を楽しくすごす」ことを目標に選ぶ人が増加していることが示された．第3章では，これを現在志向の強まりと解釈した．現在志向の強まりは，ギデンズらの再帰的な近代化論の予測と合致する．終わりのない戦争，十分に制御できない世界経済，進行する環境破壊のように，Giddens (1999=2001) に言わせれば，この世界は暴走しており，様々なリスクに満ちていると，ますます多くの人々が感じるようになっている．こういった世界では将来の不確実性が高いので，遠い将来のことよりも現在の生活の充実を志向する人々が増えるのは当然のことであろう．

　本書であつかった現在志向は，私生活志向に非常に近い．身近な人たちとなごやかにすごすことも，その日その日を楽しくすごすことも，私生活の重視とかなり近い考え方だからである．労働や政治の世界に興味を持たない人が増え，私生活に撤退してしまうという事態は，後期近代が論じられる以前から Habermas (1962=1973) や Bell (1976=1976) によって予測され憂えられていたものの，やはり後期近代社会論の予測に合致しているといえよう．これは第7章の政治参加の分析結果とも合致する．投票率の低下はよく知られた事実だが，特定の政党の応援といった伝統的な政治参加（エリート動員型と呼ばれる）だけでなく，署名活動やデモのような政府に対する異議申し立て活動（エリート対抗型と呼ばれる）も，減少が続いており，公共領域からの人々の撤退は明白である．

本書では詳しく分析していないが，このような私生活への撤退志向は，人間関係に関する質問項目の回答にもあらわれている．「日本人の意識」調査では，近隣，親族，職場の人々と，どの程度密接な人間関係を持ちたいか尋ねている．平均的に見ると，これらの地縁，血縁，職場縁をある程度重視する姿勢は2008年においても明らかであるが，1973年以降，このような領域を重視する人は少しずつ減少し続けている（NHK放送文化研究所編 2010）．職場や地域で何か問題が起きたときに労働組合や住民運動によって問題を解決しようという人も，多少増える時期もあるものの，長期的には減少傾向である．

　ただし，このような現在／私生活志向の強まりは，近代化とは反対の方向とか，近代化と直交していると考えるべきではあるまい．都市化に伴う地縁や血縁にもとづく共同体の弱体化，個人主義の強まりは，近代化論が主張し続けてきたものであり，私生活志向の強まりは近代化論者にとっても予想通りの変化だからである．しかし，近代化論が考えたような理性的で自立した個人が多くなったというよりも，短期的な心地よさを求める人々のベンサム的な世界のイメージである．こういった傾向には多くの社会学者が警鐘を鳴らしてきたわけだが，そういった価値観の強まりは，少しずつではあるが確実に進んでいるようである．

　このような現在／私生活志向の強まりの結果，ひとびとの生活満足度が高まったのかといえば，少しだけ満足度の高まりが見られる．しかし，第4章で詳しく見たように，その意味は微妙である．まず高齢層の生活満足度は若年や中年層よりも高いので，高齢化のせいで全体の平均的満足度が高まる．代数的要因分解法で調べてみると，平均満足度の上昇の40%は高齢化で説明がつく[1]．また，第4章で論じたように，近年の新しい世代の満足度の高さは，少子化によるコーホート混雑の解消によるものなのかもしれない．分析結果は割愛するが，回帰分析によっても現在／私生活志向によって生活満足度が高まるという結果は得られなかった．

---

1) コーホートではなく，年齢でグループ分けして代数的要因分解した結果である．ちなみに同年齢内の変化が顕著なのは1973–78年の間だけで，78年以降の満足度の微増はすべて高齢化で説明がついてしまう．

1.2——自己表出志向

　イングルハートによれば，後期近代には生存重視の価値観から，自己表出重視の価値観へと変化が生じるはずであった．この予測に合致する変化もいくつか観察された．生存重視は，生存だけでなく，生存のために経済的な豊かさを重視する価値観であり，自己表出重視は，個人の自由と平等，異質な他者への寛容を重んじる価値観でもある．こういった生存を重視する人の減少は，上の生活目標で「豊かな生活」を選ぶ人が減少していることにもあらわれていた（ただし，ワーディングは「しっかり計画を立てて豊かな生活を築く」となっており，「計画を立てて」のほうに違和感を感じる人が増えているのかもしれない）．また，第5章で見たように，性役割意識の弱まりも観察された．以前よりも多くの人が，男性も家事を分担し，女性も仕事を持ち，夫婦は別姓でもいいと考えるようになってきている．また，仕事についても，「健康をそこなう心配がない仕事」を理想的だと答える人が減り，「仲間と楽しく働ける仕事」や「専門的知識を生かせる仕事」を理想的だと考える人が増えている．これも生存重視から自己表出重視への価値観の変容を示していると考えられる．

　このような生存重視から自己表出重視へという価値観の転換は，後期近代に特有で，前期近代とは変化の方向性が異なる，というのがイングルハートの説であった．しかし，これについては批判がありうる．個人の自由や平等を求める運動は，啓蒙主義の時代から連綿と続いている（Mead 1936=1994; Bellah *et al.* 1985=1991）．普通選挙も，表現の自由や両性の平等といった基本的人権の尊重も，日本でも多くの欧米社会でも前期近代において法制化されたのである．また，経済を重視する価値観は今でもそれほど顕著に弱まったとは言い難い．上の理想の仕事でも，「失業の心配のない仕事」はかなりの人気で，時代によって変化するが，2–4位ぐらいになり続けている（2008年は2位）．経済を重視するかどうかは基本的価値観だけでなく，客観的な経済状況の影響もうける（景気が悪くなると経済を重視する人が増える）ので，解釈は難しいが，このような自己表出重視のトレンドをポストモダニティの表れと解釈するのはやや安易に過ぎるといえよう．

1.3──「伝統」のリバイバル？

　ポストモダン社会においては，前期近代に弱まった（あるいは弱まると期待された）価値観がリバイバルすることもあると主張されてきた．ナショナリズムと宗教・信仰がその例にあたるが，質問項目によってポストモダニストの予測通りの結果が得られたり，得られなかったりで，まちまちの結果になっている．本書ではナショナリズムを詳細に分析しているが，やはり項目によってトレンドが異なる．「日本に生まれてよかった」「日本の古い寺や民家を見ると非常に親しみを感じる」と感じる人の比率は非常に高いままでそれほど大きな変動が見られない．いっぽう，「日本は一流国だ」「日本人は，他の国民に比べて，きわめてすぐれた資質をもっている」の2つを選ぶ人の割合は，1973-1983年の間に上昇，その後2003年ごろまで減少し，その後2008年に若干上昇している．この2つに関しては，おそらく日本経済の調子や国際関係を反映しているため，明確なトレンドが見えないのかもしれないが，いずれにせよ，後期近代に入ったことで，ナショナリズムが強まったとか，弱まった，といった単純な議論には意味がなさそうである．

　本書では取り扱っていないが，宗教意識に関しても，明確な隆盛も衰退も観察できない（NHK放送文化研究所編 2010）．総じて，近代化論の楽観的なトーンは否定されるべきであるが，「伝統」のリバイバルという事態は，1973-2008年の日本には当てはまらない．現在／私生活重視の動向とも考え合わせると，後期近代と前期近代の断絶を強調するような議論は日本にはあまり当てはまらないといえる．Giddens (1991=1993) や Habermas (1981=2000) の言うように，近代の深化，徹底としてこの時期の平均的な価値意識の変化はとらえたほうがよさそうである．

2──多様化は進行したか

　それでは，1973-2008年の間に価値観の多様化は進行しただろうか．第9章では好きな外国の変化を検討したが，米国などの人気国を選ぶ人の比率が減少し，そのぶんあまり人気のない国を選ぶ人が少しずつ上昇した．このような変

化はふつう多様化と呼ばれるだろう．しかし，「多様化」という言葉は曖昧であるので，明確な定義を与えなければ多様化が進んだのかどうかは判断できない．ここでは価値観を連続変数として概念化している場合は標準偏差，離散変数として概念化している場合は質的分散で多様性の程度を測ることにする．

標準偏差は，個々人の価値観が全体の平均からどの程度離れているかの指標である．標準偏差は理論上はいくらでも大きな値をとりうるが，最大値と最小値がアプリオリに制約されている（例えば1–5の値をとる5点尺度ならば最大値が5より大きくなったり，最小値が1より小さくなることはない）場合，標準偏差が最大になるのは，半分の人が最小値，残りの人が最大値をとっている時である．しかし，これを価値観の多様性が最大の状態と呼べるかどうかについては議論の余地がある．しかし，このような二極化した状態はこれから扱うデータに関しては存在しない（どれも短峰形の分布である）ので，標準偏差で多様性を測っても問題ないであろう．

質的分散は理論上0から1までの間の値をとる統計量である．価値観が n 種類のタイプに分けられ，それらを $i=1, \ldots, n$ と表記し，それぞれの価値観のタイプを選ぶ人の比率を p_i とすると，質的分散は

$$1 - \sum_{i=1}^{n} p_i^2$$

で定義できる（Gibbs and Poston 1975）．少数派がさらに少数になり，多数派がさらに多数になると，質的分散は小さくなる．そして，すべての人が単一の価値観を選ぶとき0になり，逆に多数の価値観に分散し，個々の価値観を選ぶ人の比率がどれも小さくなると1に近づく．質的分散の値は価値観のタイプの数が多いほど大きくなりやすいので，カテゴリ数の異なる価値観に関して比較しても無意味である．

本書であつかった7つの価値意識のうち，複数の質問項目を使った性役割意識，投票外政治参加，ナショナリズムに関しては，各項目の最小値を0，最大値を1にして，単純加算してその標準偏差を計算した．生活満足度も連続変数とみなして標準偏差を，生活目標，仕事の価値，好きな外国は離散変数なので質的分散を計算した．各質問項目については，これまでの諸章を参照されたい．これらの多様性の調査年による変化を示したのが図10–1である．7つの価値

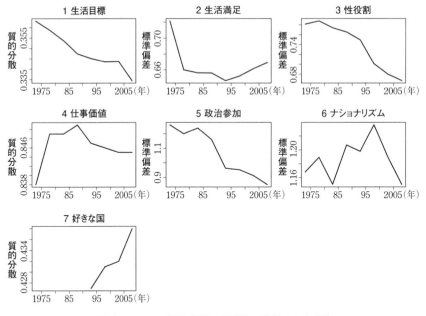

図10-1 7つの価値意識の多様性の時代による変化

意識の項目のうち、多様性のはっきりとした上昇が確認できるのは、好きな国だけである。残りの6つのうち、生活目標と性役割意識、政治参加はむしろ多様性が減少しており、残りの3つ（生活満足度、仕事の価値、ナショナリズム）に関しては明確な趨勢がない。

好きな国の多様性が上昇しているのは、前述のように人気上位の国を選ぶ人の割合が減り、マイナーな国を選ぶ人が増えたからであり、まさに多様化と呼ぶにふさわしい。しかし、生活目標に関しては最も多く選ばれていた「身近な人たちと、なごやかな毎日を送る」を選ぶ人の割合がさらに増え、最も選ぶ人の少なかった「みんなと力を合わせて、世の中をよくする」を選ぶ人がさらに減っており、多様性は減少している。性役割意識はおおむね弱まる方向に変化しており、極端に性役割意識の強い人が減少しているために標準偏差が減少している。投票以外の政治参加に関しても、多数派は投票以外にはまったく政治参加していないのだが、このような人がさらに増え、多様な形態の投票外政治参加をする人が減少しているために標準偏差が減少しているのである。全体と

10章　後期近代の価値意識はどう変化したか——209

してみれば多様化している意識項目は例外的であり，多様化テーゼは支持できないことがわかるだろう．

なお，複数の質問項目を使った性役割意識，投票外政治参加，ナショナリズムに関しては，単純加算して標準偏差の変化を検討したが，意識をいくつかのタイプに分けてその質的分散の変化を見るという方法もある．これについては付録の潜在クラス分析の結果を参照されたい．

3──価値変容はコーホート交代によって引き起こされたか

イングルハートの説によれば，基本的な価値観の変容は，古い価値観を持ったコーホートの人口が減少し，新しい価値観を持ったコーホートの人口が増加することによって引き起こされるとされた．このような説は 1973–2008 年の日本にあてはまるだろうか．これまでの分析を見ると，確かに出生コーホートはしばしば人々の価値観に影響を与えており，そのようなコーホートによる価値観の差は加齢や時代の変化によっては縮まらない場合もある．例えば 1929–43 年生まれの人たちは若い頃に戦争や戦後の混乱を経験しており，飢えや死の危険を知っている人が多い．このコーホートは一貫して愛志向（身近な人たちと和やかな毎日を送る）を重視する人が他のコーホートに比べて少なかった．また，戦前の教育を受けた世代は戦後の教育を受けた世代よりも，一貫して性役割意識が強く，この差は加齢や時代の変化によっては変化しなかった．また，投票外政治参加も 1953 年以前に生まれた世代のほうが熱心で，その後は新しいコーホートほど投票外政治参加には消極的であった．ナショナリズムに関しても同様で，古いコーホートほどナショナリスティックな価値観を持ちやすく，その傾向は時代や年齢を統制しても統計的に有意であった．さらに 1934–53 年生まれは，その他の世代に比べてアメリカを好む比率が低く，スイスを好む比率が高かった．

このように，コーホートによる価値観の違いは年齢や時代を統制しても明らかに存在している．しかし，それでは社会全体の平均的な価値観の変化は主に世代交代によって引き起こされてきたのだろうか．本書で取り上げた価値観のうち，時代による大きな変化が見られたのは，現在志向と愛志向の増大，性役

割意識の低下,投票外政治参加の減少であったが,このような変化はすべてのコーホートで生じている.つまり,明らかな個人変化を伴っている.個人変化の効果はコーホート交代の効果をしばしば上回っており,イングルハートの説は支持できない.むしろ社会全体の大きな価値観の変化は時代によってすべての世代の人が態度を変えない限り,なかなか起きえない,と考えたほうがよさそうである.

4──社会経済的背景要因の影響力はどう変化したか

最後に価値意識に対する社会経済的要因の効果は減少したのか検証してみよう.本書であつかった価値意識に関して,調査年別に,性別,年齢,学歴,職業を説明変数として回帰分析(カテゴリカル変数の場合はロジスティック回帰分析)をした.その際の決定係数(ロジスティック回帰分析の場合はNagelkerkeの擬似決定係数)を計算し,それらの時代に伴う変化をプロットしたのが,図10-2である.たしかに,現在志向や,仕事に関する内的価値,日本に対する自信,米国好き,といった項目に関しては決定係数の減少が見られる.しかし,性役割意識,エリート動員的な投票外政治活動,自民族中心主義,といった価値意識は2000年前後頃まで決定係数が上昇しその後減少している.これら3つの変化の大きさは,減少した4つの項目のそれより大きい.その他の項目に関してはあまりはっきりした傾向は見られない.つまり,性別,年齢,学歴,職業といった社会経済的要因が価値意識に及ぼす影響は,下がる場合も上がる場合も変化しない場合もあった.それゆえ,一般的に価値意識の存在被拘束性が減少したとはいえない,という常識的な結果である.すなわち,一部のポストモダニストたちの主張は我々のデータからは支持されなかった.

5──おわりに

以上が本書のまとめになるが,総じてポストモダニズム系の議論には否定的で近代の深化・徹底を主張する議論には比較的肯定的な結果であった.NHKの「日本人の意識」調査の2013年の単純集計の結果はすでに公開されている

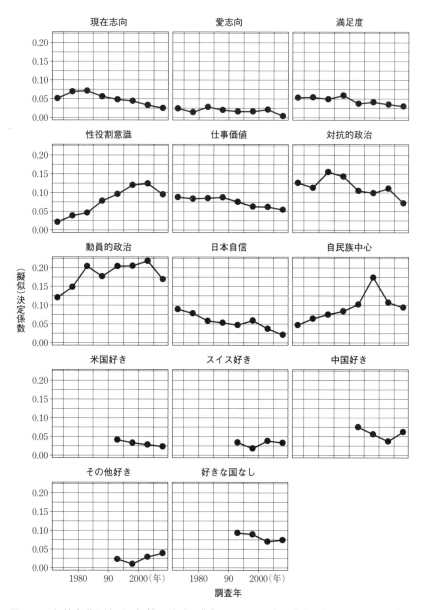

図 10-2 価値意識を性別，年齢，学歴，職業で予測した際の決定係数の時代による変化

が，私たちがここで主張した傾向や趨勢は 2013 年においてもほとんど変化していない（高橋・荒巻 2014a, 2014b）．ただし，繰り返しになるが，これは取り扱う価値意識や測定法に強く依存するので，異なるパースペクティブをとれば，異なる結論が出る可能性もあることを強調しておきたい．しかし，このような相対性を言い訳にして，データによる厳密な検証から逃避することは繰り返し批判しておきたい．

　もうひとつ強調しておきたいのは，様々な世代や人々の価値意識を幅広く調べ，比較することの重要性である．新しい世代の保守化（つまり新しいコーホートのほうが古いコーホートより保守的であるという事態）は社会学者の好む話題であるが，そのような傾向は私たちのデータからは示されなかった．むしろ，どちらかといえば若い世代のほうがリベラルである．性役割意識やナショナリズムに関して保守化が起きるときはあるが，あらゆる世代で生じており，若い世代だけをとりあげて保守化だと主張するような事例研究は，誤って保守化の原因を若い世代に押し付けていたということである．新しいコーホートの特徴を知るためには，古いコーホートとの比較が不可欠である．現代社会の特徴を知るためには，過去と現代の比較が不可欠である．理想的なデータを得ることはしばしば困難であるが，粘り強くできるだけ厳密にこのような比較を行うことこそ，社会の変化を正しく知るための早道なのである．

付録 A──潜在クラス分析

　複数の質問項目を使って 1 つの価値観を測定する場合，それらを足しあわせて量的な変数として扱うこともできるし，それらを適当に組み合わせて価値観をいくつかのタイプにわけることもできる．第 2 節では，複数の質問項目を足しあわせて，性役割意識，投票外政治参加，ナショナリズムの程度を示す量的な変数を作り，その標準偏差を価値意識の多様性の尺度として用いた．この付録では，それぞれの質問項目への回答の背後にある価値意識のタイプを抽出する方法である潜在クラス分析を使って（McCutcheon 1987），価値意識のタイプ分けを行い，それらの比率がどう変化したのか記述していく．

表 10-1　潜在クラス数とモデルの適合度（BIC♯）

潜在クラスの数	性役割意識	投票外政治参加	ナショナリズム
1	587.6	172.4	316.8
2	520.4	57.5	274.2
3	516.8	47.0	268.8
4	—	42.8	267.7
5	—	43.3	268.0

注：♯BIC の値が大きすぎるので見やすいように一律に 10 万をひいてから 100 で割っている．

パラメータの推定は Newton-Raphson 法で行っている[2]．局所最適解になっている（つまり最尤推定値が得られていない）可能性があるので，初期値をランダムに変えて 10 回推定を繰り返し，最も尤度の高い推定結果を採択している．以下では 3 つの価値意識に関する分析結果を示していく．

A.1──性役割意識

性役割意識を示す変数は 3 つあり，それぞれ 2，3，4 のカテゴリからなるので，最大で 3 つの潜在クラスを抽出できる．性役割意識の潜在クラスの数とモデルの適合度を示したのが**表 10-1** の 1 列目である．

これを見ると，潜在クラスが 3 つのとき最も BIC が小さい．それゆえ潜在クラス数を 3 とする．これらの潜在クラスの 3 つの質問項目への反応確率を示したのが**表 10-2** である．クラス 1 はその他の潜在クラスに比べて，夫は家事・育児を手伝うべきではなく，女性は結婚後すぐに仕事をやめ，とうぜん夫の名字を名乗るべきだと回答する確率が高い．つまりクラス 1 は最も性役割意識の強い潜在クラスである．これに対してクラス 3 は夫は家事・育児を手伝い，妻は出産後も仕事をし，どちらが名字を改めてもよい（あるいは別姓でもよい）と回答する確率が高い．つまりクラス 3 は最もジェンダー平等主義的な潜在クラスである．クラス 2 は両者の中間である．つまり，3 つの潜在クラスは性役割意識の強弱で一次元上に位置づけられる．それゆえ，3 つの意識のタイ

---

[2]　計算には R 3.2.1 の poLCA パッケージ 1.4.1 を用いた（R Core Team 2015; Linzer and Lewis 2011）．

表 10-2　性役割意識の潜在クラスの反応確率

	クラス1	クラス2	クラス3
夫は家事・育児を手伝うべき？			
そう思わない	0.59	0.04	0.05
そう思う	0.41	0.96	0.95
結婚した女性は仕事を続けるべきか？			
結婚後は家庭に	0.45	0.15	0.04
出産までは仕事を	0.39	0.54	0.23
出産後も仕事を	0.16	0.31	0.73
結婚した男女の姓はどうすべきか？			
当然妻が夫の名字を	0.59	0.37	0.19
現状では妻が夫の名字を	0.25	0.32	0.21
どちらが名字を改めてもよい	0.13	0.30	0.38
別姓でもよい	0.02	0.01	0.22

プがあるというよりも，すでに分析したように性役割意識の強弱を示す連続変数として概念化したほうが適切であると考えられる．したがって性役割意識の潜在クラスに関する分析はこれ以上行わないことにする．

A.2──投票外政治参加

次に，投票外政治参加に関する8つの質問項目に関して，潜在クラス分析を行った結果が表10-1の2列目である．潜在クラスの数を4つと仮定したモデルが一番BICが小さいので，これを採択する．この4つの潜在クラスの8種類の投票外政治活動への参加確率を示したのが図10-3である．クラス1はすべての投票外政治活動への参加確率が一番高く，クラス2，クラス3，クラス4の順に参加確率は低くなる傾向が見える．ただし，クラス3は署名と献金・カンパに関してだけはクラス2よりも参加確率が高い．署名とカンパはエリート対抗型の政治参加の特徴であるから[3]，クラス3は，ややエリート対抗型よりの価値意識の類型である．このように，4つの潜在クラスは，投票外政治参

---

[3]　献金とカンパではだいぶイメージが異なるが，政治献金の経験者とカンパの経験者では後者のほうが圧倒的に多いと考えられるので，ここでは「献金・カンパ」はカンパの意味で解釈している．

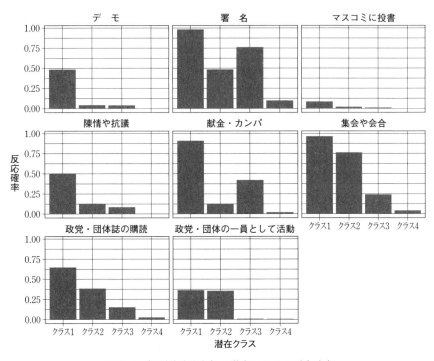

図 10-3 投票外政治参加の潜在クラスの反応確率

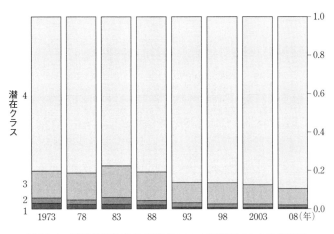

図 10-4 投票外政治参加の潜在クラスの時代による比率変化

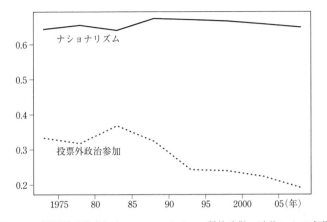

図 10-5 投票外政治参加とナショナリズムの質的分散の時代による変化

加の多寡を示す一次元の尺度上におおむね位置づけられるので，第2節のように，単純加算して標準偏差を計算して価値意識の多様性を見ることは妥当であろう．ただし，上記のようにクラス2とクラス3に関しては質的な違いもあると考えられるので，4つの潜在クラスの比率が時代によってどう変化したかを検討しておこう．これを図示したのが図10-4である．一番下の黒い部分がクラス1の比率を示し，その上の濃い灰色の部分がクラス2，その上がクラス3，一番上がクラス4の比率を示している．これを見ると，投票外政治参加に最も消極的なクラス4が常に多数派を占めており，その比率は1983年にやや減少してクラス1〜クラス3がそのぶん増加したものの，その後は再び少しずつクラス4が増加している．この各クラスの比率から質的分散を時代ごとに計算した結果が図10-5である．投票外政治参加の質的分散は，少数派であるクラス1〜クラス3の比率が増えた1983年に上昇しているが，その後は減少が続いているのがわかる．この傾向は図10-1の投票外政治参加の標準偏差の変化のそれとほぼ同じである．

A. 3——ナショナリズム

最後にナショナリズム関連の6つの質問項目を潜在クラス分析にかけた結果の適合度が表10-1の3列目である．潜在クラスを4つと仮定したモデルがも

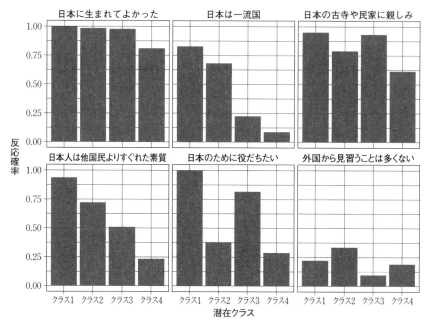

図 10-6　ナショナリズムの潜在クラスの反応確率

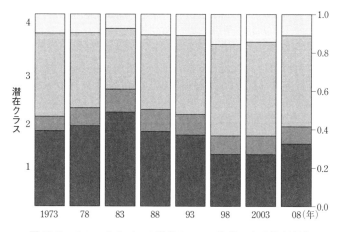

図 10-7　ナショナリズムの潜在クラスの時代による比率変化

っとも小さな BIC を示しているので,これを採択する.この4つの潜在クラスの6つの質問項目に対する反応確率(ナショナリスティックな選択肢を選ぶ確率)を示したのが,図 10-6 である.6つの質問項目に関して全般に反応確率が高いのは,クラス1であり,全般に反応確率が低いのはクラス4である.クラス2は,クラス1についでナショナリスティックな回答をする傾向があるが,クラス3よりも,日本の古寺や民家には親しみを感じにくく,日本のために役立ちたいとも思いにくい.クラス3は全般的に見ればナショナリスティックな回答をする確率はクラス2よりも低いが,古寺や民家への親しみと日本に役立ちたいという質問に対してはクラス2よりも高い確率で反応している.おおむね 1-4 の順でナショナリズムの強さを順序付けることは可能だが,クラス2のほうがクラス3よりもナショナリスティックかどうかに関しては議論の余地があろう.それゆえ,6つの変数を単純加算してその標準偏差でナショナリズムにかかわる価値意識の多様性をうまく測定できるかについてもやや疑問が残る.そこで,この4つの潜在クラスの比率が時代によってどう変化したのかを示したのが図 10-7 である.またこの質的分散を図示したのが図 10-5 である.もっともナショナリスティックであったクラス1が 1973-83 年にかけて増加し,多数派を形成する.それによって質的分散は減少するが,その後,日本への貢献と古民家や古寺に親しみを感じるクラス3の比率が増加し,クラス1を抜いて最も比率が高くなる.クラス1とクラス3の比率が拮抗したことによって一度は質的分散が増大するものの,その後も比率の最も高いクラス3の増加が続くために質的分散は減少している.このように多様性の増大といった傾向は 1973-2008 年のナショナリズムに関しては見られない.

A. 4——まとめ

以上のように,潜在クラス分析の結果,性役割意識,投票外政治参加,ナショナリズムに関して,一次元の尺度として概念化することの妥当性がおおむね確認された.投票外政治参加とナショナリズムに関してはやや性質の異なる潜在クラスが抽出されたので,潜在クラスの質的分散の時代による推移を検討したが,単純加算した尺度の標準偏差とほぼ同じトレンドが確認された.要するに,価値意識の多様化を示すような証拠は全く見つからなかった.

[文献]

Bell, D., 1976, *Cultural Contradictions of Capitalism*, London: Heinemann Educational Publishers（林雄二郎訳, 1976,『資本主義の文化的矛盾』（上・中・下）講談社学術文庫）.

Bellah, R. N., R. Madsen, W. M. Sullivan, A. Swidler, and S. M. Tipton, 1985, *Habits of the Heart: Individualism and Commitment in American Life*, University of California Press（島薗進・中村圭志訳, 1991,『心の習慣――アメリカ個人主義のゆくえ』みすず書房）.

Gibbs, J. P. and Dudley L. Poston, Jr., 1975, "The Division of Labor: Conceptualization and Related Measures," *Social Forces*, 53(3): 468-76.

Giddens, A., 1991, *The Consequences of Modernity*, Polity（松尾精文・小幡正敏訳, 1993,『近代とはいかなる時代か――モダニティの帰結』而立書房）.

Giddens, A., 1999, *Runaway World: How Globalization is Reshaping Our Lives*, Profile Books（佐和隆光訳, 2001,『暴走する世界――グローバリゼーションは何をどう変えるのか』ダイヤモンド社）.

Habermas, J., 1962, *Strukturwandel der Öffentlichkeit*, Frankfurt: Suhrkamp（細谷貞雄訳, 1973,『公共性の構造転換』未來社）.

Habermas, J., 1981, "Die Moderne: Ein unvollendetes Projekt," *Kleine Politishe Schriften I-IV*, Frankfurt: Suhrkamp, pp. 444-67（三島憲一訳, 2000,『近代：未完のプロジェクト』岩波書店）.

Linzer, D. A. and J. B. Lewis, 2011, "poLCA: An R Package for Polytomous Variable Latent Class Analysis," *Journal of Statistical Software*, 42(10): 1-29.

McCutcheon, A. L., 1987, *Latent Class Analysis*, Thousand Oaks: Sage.

Mead, G. H., 1936, *Movements of Thought in the Nineteenth Century*, University of Chicago Press（魚津郁夫・小柳正弘訳, 1994,『西洋近代思想史――十九世紀の思想のうごき』（上・下）講談社学術文庫）.

NHK放送文化研究所編, 2010,『現代日本人の意識構造』[第7版] 日本放送出版協会.

R Core Team, 2015, *R: A Language and Environment for Statistical Computing*, Vienna, Austria: R Foundation for Statistical Computing.

高橋幸市・荒巻央, 2014a,「日本人の意識・40年の軌跡(1)」『放送研究と調査（月報）』7月号：2-39.

高橋幸市・荒巻央, 2014b,「日本人の意識・40年の軌跡(2)」『放送研究と調査（月報）』8月号：2-23.

索　引

ア

愛国心（愛国主義）　14, 149–150, 170
アイデンティティ　8, 13, 56, 152, 154, 157–158
遊び　9, 51, 59
アメリカ／米国　14–15, 101, 112, 129–130, 132, 178, 181–183, 189–194, 197, 199
イースタリン・パラドックス（イースタリンのパラドックス）　7, 77
イデオロギー　3, 4, 152
イングルハート, R.　10–13, 84, 99–100, 112, 118–119, 126, 130–131, 153–154, 206, 210–211
因子分析　30, 103, 104, 137–139, 141–143
インターネット　149–150, 177, 187
ヴェーバー, M.　3, 5, 9
液状化近代　15
エリート動員型／エリート対抗型投票外政治参加　130–134, 141–146, 204
オイルショック　7–8, 51, 55, 76, 130, 144–145, 204

カ

階級／階層　3, 10, 16, 66–67, 121–125, 158, 172
外国人　6, 14–15, 149
格差／不平等　15–17, 81, 83, 121, 133–134, 158–159, 160–161, 169–170, 173
韓国　149, 151
ギデンズ, A.　3, 8, 56, 58, 204, 207
規範　2, 3–4
共産主義／社会主義　178–179, 181, 184, 187, 192
共同体　3, 5, 152, 154, 205
近代化　4–7, 56, 58, 71, 205

グローバル化（グローバリゼーション）　13–15, 155–158, 160–161, 167–168, 172–173, 177, 180–190, 194, 198–201
欠乏（欠乏仮説）　118–119
権威主義　153–154, 172
交差分類ランダム効果モデル（cross-classified random effect model）　44–45, 88
高度経済成長期（高度成長期）　51–52, 55, 60
幸福感　6–7, 60, 76–78, 82–85, 92–93
合理化　4–5, 16
国民国家　4, 6, 56, 157
55年体制／ポスト55年体制　134, 138, 142, 145–146
個人主義　4, 51, 205
コスモポリタニズム　14, 183

サ

再帰性　56
産業化／工業化　4
失業　155
資本主義　3, 5–6, 14, 56, 58
自民族中心主義　153, 158, 160, 162–164, 166–172
社会化　118–120, 154
社会経済的資源　133–134, 142, 144–145
若年層　149–152, 170–171
宗教　3, 5, 9–11, 207
就職氷河期　52, 59–60, 66
人権　5, 15, 206
新自由主義　15–16
親密性　58
生活目標　51–52, 56–58, 61–63, 66–67, 70, 72
生産／消費　9, 52
政治参加　129–134, 144–146, 204, 208–211, 215–216

221

政治的動員　133, 136, 142, 144–145
政治的関与　133, 136, 142, 144–145
生存志向／自己表出志向　12–13, 118–119, 206
性役割意識　99–107, 110–112, 214–215
前期近代／後期近代　8, 58, 203–204, 206–207
潜在クラス分析　30, 213–219
戦前／戦後　58–59

タ

脱工業化　1, 72
他人指向　51, 57
多様化　9–10, 182, 184, 189–192, 195, 197, 207–210
団塊ジュニア　59, 83, 121, 123, 136, 142, 145–146
団塊世代　59, 83, 121, 123, 136, 142, 145, 186, 192, 200
中国　149, 151, 179, 191–192, 194–195
デュルケム，E.　3–4
伝統主義／世俗合理主義　12, 118, 153–154
都市化　205

ナ

ナショナリズム　6, 14, 149–155, 157–160, 162–167, 169–173, 207–210, 213, 217, 219
年齢・時代・コーホート分析　18–19, 29, 33–47, 63–66, 82–85, 89–92, 185–186

ハ

バイアス　28, 30, 43–44
排外主義　14, 149–150, 171
ハイブリッド化　15

パーソンズ，T.　3, 6
ハーバマス，J.　3–4, 9, 204, 207
バブル崩壊　15, 51, 76, 146, 155
非正規雇用　15–16, 78, 161
貧困　11, 15, 66, 70
フェミニズム　4
福祉／社会保障　15–16, 102
物質主義／脱物質主義　10–12, 16–17, 51, 100, 118–119
保守／革新，右翼／左翼　146, 151, 179, 186–187
保守化　16, 101, 104–105, 110–112, 213
ポストモダン／ポストモダニティ／ポストモダニズム　7–10, 118, 203, 206–207, 211

マ

マクドナルド　161, 81, 183
マルクス，K.　3
マルチレベル・モデル／マルチレベル分析　36, 45–46, 88
満足度　2, 6–7, 77, 80, 85–86, 90, 205, 208–209
民主主義　129–130
メディア　153, 157, 177, 179–180, 200

ヤ

要因分解　46–47, 186, 192, 194
ヨーロッパ（欧州）　56, 178

ラ

リスク　56, 204
リーマン・ショック　18, 155
冷戦　4, 179–182, 184, 186–187, 189, 200
労働　5, 9–10, 102, 116, 124–126

執筆者一覧 （執筆順，＊印編者）

＊太郎丸　博　（たろうまる・ひろし）　京都大学文学系（文学研究科）准教授

　阪口　祐介　（さかぐち・ゆうすけ）　桃山学院大学社会学部准教授

　柴田　　悠　（しばた・はるか）　京都大学大学院人間・環境学研究科准教授

　小林　大祐　（こばやし・だいすけ）　金沢大学人間社会研究域人間科学系准教授

　永瀬　　圭　（ながせ・けい）　京都大学大学院文学研究科博士後期課程

　田靡　裕祐　（たなびき・ゆうすけ）　立教大学社会学部助教

　宮田　尚子　（みやた・なおこ）　公益社団法人国際経済労働研究所準研究員

　伊藤　理史　（いとう・たかし）　大阪大学大学院人間科学研究科助教

　永吉希久子　（ながよし・きくこ）　東北大学大学院文学研究科准教授

　藤田　智博　（ふじた・ともひろ）　株式会社原子力安全システム研究所研究員

編者略歴

1968 年　福岡生まれ
1991 年　大阪大学人間科学部卒業
1995 年　大阪大学人間科学研究科退学
　　　　　京都光華女子大学助教授，大阪大学准教授などを経て
現　在　京都大学文学系（文学研究科）准教授
　　　　　修士（人間科学）

主要著作

『人文・社会科学のカテゴリカル・データ解析入門』（2005 年，ナカニシヤ出版）
『フリーターとニートの社会学』（編，2006 年，世界思想社）
『若年非正規雇用の社会学』（2009 年，大阪大学出版会）
Labor Markets, Gender and Social Stratification in East Asia: A Global Perspective（ed., 2015, Amsterdam: Brill）

後期近代と価値意識の変容
日本人の意識 1973-2008

2016 年 9 月 27 日　初　版

［検印廃止］

編　者　太郎丸　博
　　　　　（たろうまる　ひろし）

発行所　一般財団法人　東京大学出版会
　　　　代表者　古田元夫
　　　　153-0041 東京都目黒区駒場 4-5-29
　　　　http://www.utp.or.jp/
　　　　電話　03-6407-1069　Fax 03-6407-1991
　　　　振替　00160-6-59964

印刷所　株式会社理想社
製本所　牧製本印刷株式会社

© 2016 Hiroshi Tarohmaru et al.
ISBN 978-4-13-050189-7　Printed in Japan

〈(一社)出版者著作権管理機構　委託出版物〉

本書の無断複写は著作権法上での例外を除き禁じられています．複写される場合は，そのつど事前に，(一社)出版者著作権管理機構（電話 03-3513-6969，FAX 03-3513-6979，e-mail: info@jcopy.or.jp）の許諾を得てください．

現代の階層社会 ［全3巻］　　　　　　　　　　　　　A5 各4800円
　［1］　格差と多様性　佐藤嘉倫・尾嶋史章　編
　［2］　階層と移動の構造　石田　浩・近藤博之・中尾啓子　編
　［3］　流動化のなかの社会意識　斎藤友里子・三隅一人　編

講座社会学 13　階層　直井　優・藤田英典　編　　　　A5・3800円

格差社会の福祉と意識　武川正吾・白波瀬佐和子　編　　A5・3700円

福祉社会の価値意識　武川正吾　編　　　　　　　　　　A5・5000円

変化する社会の不平等　白波瀬佐和子　編　　　　　　　46・2500円

ソーシャル・キャピタルと格差社会　辻　竜平・佐藤嘉倫　編　　A5・3800円

日本の家族 1999-2009　稲葉昭英・保田時男・田渕六郎・田中重人　編　　A5・5400円

日本の不平等を考える　白波瀬佐和子　　　　　　　　　46・2800円

相対的剥奪の社会学　石田　淳　　　　　　　　　　　　A5・4800円

ここに表示された価格は本体価格です．ご購入の
際には消費税が加算されますのでご了承下さい．